名 家 论 语 文 丛 书

名誉主编 　 主编
刘国正 　 曹明海

国家出版基金项目
NATIONAL PUBLICATION FOUNDATION

语文教材论

顾振彪｜著

山东教育出版社

图书在版编目（CIP）数据

语文教材论 / 顾振彪著 . — 济南：山东教育出版社，
2021. 6

（名家论语文丛书 / 曹明海主编）

ISBN 978-7-5701-1722-2

I . ①语… Ⅱ . ①顾… Ⅲ . ①语文教学－教材－研究
Ⅳ . ①H19

中国版本图书馆 CIP 数据核字（2021）第 109873 号

MINGJIA LUN YUWEN CONGSHU

YUWEN JIAOCAI LUN

名家论语文丛书　　　　　　　　　　　　　　曹明海/主编

语文教材论　　　　　　　　　　　　　　　　顾振彪/著

主管单位：山东出版传媒股份有限公司

出版发行：山东教育出版社

　　　　　地址：济南市市中区二环南路2066号4区1号　　　邮编：250003

　　　　　电话：（0531）82092660　　　网址：www.sjs.com.cn

印　　刷：山东临沂新华印刷物流集团有限责任公司

版　　次：2021 年 6 月第 1 版

印　　次：2021 年 6 月第 1 次印刷

开　　本：700 毫米 × 1000 毫米　1/16

印　　张：22.25

字　　数：300 千

定　　价：67.00 元

（如印装质量有问题，请与印刷厂联系调换）印厂电话：0539-2925659

刘国正先生为"名家论语文丛书"题词

论 文

若谓文无法，矩矱甚分明。暗中自摸索，何如步随灯？

若谓文有法，致胜须奇兵。循法为文章，老死只平平。

学法要认真，潜心探微精。待到秉笔时，舍法任神行。

谓神者为何？思想与感情。聆彼春鸟鸣，无谱自嘤嘤。

总 序

新时代语文教育的研究已进入一个深度挖掘中华优秀文化及精神财富的新境域，语文课改的阔大视野和思维创新之树根植于中华民族文化生活沃土之中，并且向"语文强天下"的教育方向伸展。在庆祝中华人民共和国成立70周年之际，我们积极策划并组织编写"名家论语文丛书"，旨在落实《中共中央 国务院关于全面深化新时代教师队伍建设改革的意见》，大力振兴新时代语文教师教育，促进新时代语文教师的专业发展。

"名家论语文丛书"，是新中国成立70年来第一次系统呈现我们自己的语文教育名家的作品。中国教育史本质上就是语文教育史，要写新中国语文教育史，就必须写好我们的语文教育名家。他们的语文教育思想和智慧、情感与理思、教学与研究，能直接勾画出新中国成立以来语文教育的课改轨迹和实践成果。以庆祝新中国成立70周年为节点，我们遵照中央关于加强新时代教师教育的指示要求，全力推出语文教育名家的精品力作，以更好地满足广大中小学语文教师专业发展的教学需要和语文文化生活新期待，为大力促进新时代语文教育改革、实现语文教育"立德树人"的教育目标提供良好的语文思想文化食粮。

首先，本丛书积极实施《中共中央　国务院关于全面深化新时代教师队伍建设改革的意见》中的指示要求，即"大力振兴教师教育，不断提升教师专业素质能力"，"培养造就学科知识扎实、专业能力突出、教育情怀深厚的高素质复合型教师"，"培养造就数以百万计的骨干教师、数以十万计的卓越教师、数以万计的教育家型教师"。作为语文教育名家，丛书作者团队打开创新的思维，拓展教学的智慧，求索新时代语文教学新的内质，标举新时代语文特有的教学理想和追求，探讨新时代语文教学思想和方法，给广大语文教育工作者带来新的教学信息，特别是通过与广大一线教师进行大量的语文教育对话，广泛交流新时代语文的情感智慧和教学思考。可以说，本丛书的问世恰逢其时，可以唤醒教师教育思想和丰富教学资源，以独特的与名家对话的渠道和形式培养造就符合新时代需要的高素质复合型教师。

其次，本丛书能反映语文教育自主性、独创性的最新研究成果，有助于持守中国特色语文教育的思想理念，完善教材编制，促进教学创新，提高语文教师的学科核心素养和教育教学能力素养。语文教育教学设计能力素养是教师实施教学活动的具体构思，是针对教学的整个程序及具体环节进行精心策划的思维流程。它是优化教学过程、保证教学质量和效果的有力措施。教学设计能力素养的核心在于课堂教学的建构与创新。基于学科核心素养的课堂教学设计创新，应该立足于"语言建构与运用"的教学基点。新时代教师要在把握学科核心素养、吃透课程标准精神的前提下，根据不同的学段和学生实际，创造性地进行教学设计。教师要凭借自己的教学智慧用心设计和经营课堂，对各种新型教学方式进行有效尝试。要想不断提升教学设计能力素养，教师在教学实践中必须把握教学目标、教学重难点、教学过程和教学策略等基本要素。对此，本丛书进行了不少教学论述和案例分析，而且这些教学细化例证分析颇具启示性和唤醒性。可以说，这是对新时代教师专业化发展素质的细化要求。

再次，本丛书深入研究阐释了中华民族优秀传统文化所蕴含的思想观念、人文精神、道德规范，对实现语文教育优秀传统文化的创造性转化和创新性发展具有重要意义。丛书提出语文教育"语言文化说"的观点，认为语文是文化的构成，应从语文本体构成的文化特质出发来分析理解语文教育，从而打破语文教育只是"知识获得的过程"的理论。倡导语文课程的文化建构观，建立以人的发展和完整性建构为主体的理论新结构，不仅有助于我们从理论上重新认识语文教育，而且有助于我们从实践上助推语用教学的文化渗透过程，以促进语用教学改革的深化，加快语用素养教育的进程。丛书昭示了新中国语文教育的发展水平，反映了语文教育最新的原创性成果，是对新时代语文教育的生动书写。

丛书作者皆为我国当代语文教育名家，是语文教育与课程改革的引领者，标举"立德树人""守正出新"的教育理想和追求。根据中央对新时代教师队伍建设改革的意见，着眼于新时代教师教育发展的需要，丛书内容侧重于三个方面：一是守正创新。丛书阐释了语文教育的基本特征和根本任务，包括语文课改、语文课程的根与本、语文教育的本来面目、语文教育的现代性等。二是立德树人。丛书着眼于核心素养的教学探索，以语用为本，以学生为本，以文本为本，包括语文教学的"实"与"活"、语文教学的反思与重建、语文阅读与成长、语文课程与考试等。三是教材建构。丛书围绕"该编什么""该怎么编""该怎样用"的原则方法，系统论述了高质量语文教材的编制与使用问题，具体包括语文教材的性质与功能、教材结构与类型、教材的教学化编制等。总的来说，丛书多层面探讨了语文课标、课改、课程、教材、教学、考试，以及传统与现代、问题与对策等，多视角展示了语文教育名家的教育思想和教学智慧。丛书既有高屋建瓴的指导性，又有具体而微的针对性，搭建了名家与教师对话的独特渠道。

从本丛书全新的营构创意来看，把"名家论语文"作为一种名家与教师的交流对话，是为新时代语文教师专业发展拓开的新场域。作为名家与教师以书面文字对接的阅读平台，本丛书实质上是主体与主体的对话、心灵与心灵的沟通，是情感的交流和思维的碰撞，是名家与教师交流语文思想智慧的对话场，能够切实引领语文新课改、语文新教材、语文新教学。

应该说，作为新时代语文教师教育的教本和范本，我们相信，本丛书对广大语文教师专业素养的提升及新时代语文教育课改的深化发展必将发挥积极的引领与助推作用。让我们携手共进，共同创造语文教育的美好未来！

曹明海

2020年6月于济南龙泉山庄

目 录

前　言

　　这是一本主要探讨中学语文教材理论问题的书。

　　语文教材的重要性，怎么估计也不会过分。它对受教育的青少年，影响范围之广、时间之久、程度之深，没有任何书籍可以与之相比，即使流行最广的普及性读物也是小巫见大巫。人说："我是吃米长大的，也是学语文书长大的。"诚哉斯言。人们从学校走向社会以后，仍然念念不忘、脱口而出的诗文，往往是在中小学语文教材中学得的。

　　我们党一直高度重视中小学教材建设。党的十八大以来，以习近平同志为核心的党中央对教材建设作出顶层规划与设计，提出一系列新理念，实行一系列新政策新举措。习近平同志还十分关心语文教材建设，对从教材中删去中国古代经典诗词和经典散文的现象提出批评，说"去中国化"是很悲哀的，应该把这些经典嵌在学生脑子里，成为中华民族文化的基因。

　　既然语文教材如此重要，党中央对语文教材

建设又如此重视，对语文教材理论的研究当然不能等闲视之。其实，早在20世纪上半叶，蔡元培、梁启超、胡适、王森然、夏丏尊、叶圣陶、朱自清、朱文叔、宋文翰、傅东华、孙俍工等著名学者和语文教材编纂家，都曾经对语文教材建设发表过许多精辟见解。尤其是夏丏尊、叶圣陶、朱自清三位先生，他们对语文教材建设的理论贡献尤为突出，是我们今天研究语文教材理论的起点。新中国成立以后，处在全新的社会政治条件之下，语文教材理论建设更多的是凝聚着集体的智慧和心血。吕叔湘、张志公、吴伯箫、张毕来、刘国正、黄光硕、张中行、张传宗等语言学家、语文教育家和作家，作为新中国语文教材建设的开拓者、耕耘者，曾经在叶圣陶率领下呕心沥血，苦心经营，作出了重大贡献。在改革开放的新时期，他们中间的一些人又总结几十年的实践经验，发表了一系列论文，从各个不同的侧面论述了有关语文教材建设的问题，为我国语文教材建设提供了新的理论财富。此外，顾黄初、朱绍禹、章熊等语文教育家发表了不少关于语文教材建设的论文，特级教师洪宗礼与柳士镇、倪文锦两位教授一起主编了《中外母语教材比较研究丛书》（6卷）和《母语教材研究》（10卷），课程教材研究所编写了《新中国中小学教材建设史（1949—2000）研究丛书·中学语文卷》——这些都大大扩充和丰富了语文教材理论宝库。

我正是在党的教育方针和习近平新时代中国特色社会主义思想指导下，在自己几十年中学语文教材编纂实践的基础上，充分吸取上述以本民族为主的古今中外语文教材理论精华，来组织本书内容、构建本书框架的。

全书除前言和后记外，共分为九章。这九章，内容安排的顺序大致是：第一章总论语文教材的性质，内容涉及语文教材的种种外部联系和内部联系，语文教材所具有的培养能力、发展思维、升华审美、承传文化等提升核心素养的教育教学功能。第二章论述语文教材的编写基础，其中理论基础分为三类——哲学思想、现代科学方法，教育学、心理学、思维科学，语言学、文章学、文艺学，国情基础有政治、经济、文化、民族心理和语文本身等方面。第三章主要论述语文教材的构成要素——语用教材加上经典阅读教材。语用教材以语用实践为主体，以课文为基础，以语感培养、言语技能训练为主线，以语用知识为辅助，以语用素养全面提高为依归；经典阅读教材选用经典名作。按不同的划分标准，语文教材可以分出多种类型。第四、五章分别介绍我国古代、近现代和当代语文教材的概况以及有代表性的语文教材，分别介绍并简评美国、英国、法国、德国、俄国和日本的母语教材。第六章论述语文教材编制中需要正确处理的几对关系："文"与"道"，以"文"为主，"文"中贯"道"；文言与白话，白话为先，文白兼顾，相互促进；知识与能力，能力为主，知识为辅，促使知识转化为能力。第七章论述中学语文教材编制的一般方法，包括教学目标的确定，课文的选择和加工，语文作业的设计，导学材料的编写，语文知识的提取和编排，以及整套教材、单本教材和单元的编排。第八章论述语文教材使用的前提、立场和方法，要求教师发挥主动性和创造性。第九章论述语文教学指导书的编写和使用，指出语文教学指导书的性质和作用、编制要求和编写类型，要求教师在钻研教材和了解学生的基础上，对教学指导书进行加工，有所取舍，为自己所用。

在按照上述框架撰写的过程中，我企图并尽可能满足如下要求：一是在不同的层次上对已有的实践经验作一些必要的理论阐述和理论概括，使之区别于一般的教材基本常识介绍。当然不敢说营造了系统的语文教材理论，但至少也企求对历史所提供的那些有价值的东西作一点带规律性的总结和分析，使之多少带有某种理论的色彩，可以引起人们思考的兴趣。二是在论述中适当注意实用性，兼顾理论性与实践上的可操作性，让教材编者既知道教材编制法也知道教材使用法，让语文教师既知道教材使用法也知道教材编制法，于是教材编者能编出更方便使用的教材，一线教师能更好地驾驭、使用教材。三是把历史经验渗透于各个专题的论述之中，而不把它抽取出来单独作纵向叙述，使之区别于语文教材史。这是因为考虑到广大读者需要了解的主要不是"史"的知识，而是能解决当下现实问题的教材理论。这样做也许对实现本书编写的目的是恰当的。

第一章
语文教材的性质与功能

一 语文教材的性质

语文教材是人类将自己长期积累的精神财富传递给后人的凭借物。这凭借物的特殊性，在它与语文教育、语文课程、语文课程标准等等的相互关系中体现出来。

（一）语文教育与语文教材

20世纪八九十年代，特别风行所谓"大语文教育"。意思是，除了在语文课堂内凭借语文教科书进行的语文教育以外，在学校、家庭乃至社会都普遍存在语文教育。学校内，教师的口语、学校领导的报告、学生的发言以及有声广播等，都属于口语教育；图书馆的书籍、报刊，学校的班级日志、布告、海报、通知等，都属于书面语教育。其中最主要的是，除语文外的其他各学科的教科书都是运用语言文字撰写的，可以说也是进行语文教育的载体；这些学科的教师都是用口语授课的，可以说也是口语教师。家庭内，父母是孩子最早的语言教师。家庭成员之间的言语交流，来访人员的谈话，广播电视上的语言，电脑、手机上的网络语言，订阅报刊、家庭藏书的阅读，无不在进行口语和书面语教育。社会上，会场上的报告，礼堂里的演说，剧院里的表演，市场上的叫卖，商店里的产品说明书，马路边的广告牌、指示牌，博物馆里的讲解，展览会上的宣传，乃至路人的对话等，一概是口语和书面语教育。

与统筹兼顾学校、家庭、社会三大系统语文教育活动的"大语文教育"相应的，就是"大语文教材"，即广义的语文教材，包括在学校、在家庭、在社会，一切对人们的语文行为产生影响的口头的、书面的材料。而语文教科书，只是其中的一小部分。

（二）语文课程与语文教材

在我国近现代语文教育史上，语文课程有个或分或合的发展过程。1904年《奏定中学堂章程》规定"中国文学"一科设置四门课程：读文、作文、习字、中国历代文章名家大略。1913年《中学校课程标准》规定"国文"一科设置六门课程：讲读、作文、习字、文字源流、文法要略、中国文学史。1923年《初级中学国语课程纲要》规定：初中"国语"一科设置六门课程——精读、略读、作文与笔记、文法讨论、演说与辩论、写字，高中"国文"设置五门课程——读书、作文、文法、文字学引论、文学史引论。以后历次修订课程纲要，其课程设置稍有增减，大致上无甚变化，即以读文、作文、习字为基本课程，以文法、作文法、文学史等等为辅助课程。新中国成立以后，语文课程就是一门综合性的"语文"，重点是讲读，配之以作文，以前的那些辅助课程，如文法、作文法、文学史等等，不另外设置，只在讲读和作文中相机传授。1956年至1958年上半年，曾把语文分为汉语、文学两门课程，但1958年下半年又恢复了旧例。进入新时期后，语文课程结构开始发生新的变化。

语文教材必然与语文课程的分合相适应。在20世纪20年代，语文课程开设过文字学引论、文学史引论，当时就编制出了有关文字学、文学史的教材；20世纪50年代，分别开设过汉语和文学两门课程，与之相应，就编制了《汉语》和《文学》两种教材；现在，高中语文分必修课程、选择性必修课程和选修课程，于是必修语文教材、选择性必修语文教材和选修语文教材应运而生。

（三）语文课程标准（教学大纲）与语文教材

早在20世纪20年代，梁启超就曾在《中学国文教学概要·序》中慨叹说国文教学有六"难"。一是论文选文缺乏深浅、是非的标准；二是旧论新说孰优孰劣，莫衷一是；三是人人可以凭一己之偏见而抹杀其他；四是"国文"本身，界说不清；五是名为一科，实际上内部头绪纷繁，内容庞杂；六是文海浩瀚，去芜存精，非有"伟大学力"者不足以胜任。这六"难"，关键只有两"难"——宗旨难明，标准难定。当然，宗旨难明，标准难定，语文教材就无从编起。语文教材编写的前提条件，应该是明宗旨、定标准。

我国从20世纪初起，就开始出台课程标准（教学大纲）。课程标准（教学大纲）一般就某门学科的教学回答如下四个问题：为什么教（目的）、教什么（内容）、怎样教（教法）、毕业最低限度（终端要求）。这些问题，是一门独立的学科在教学实践中必须明确的重大原则问题。在这些问题上所规定的要点，一经反映到课程标准（教学大纲）中去，就对教学实践产生具有法规性质的制约作用。因此，按照课程论的原理，课程标准（教学大纲）应是教材编写的依据（又是教学的依据，是教学评估的依据和考试考查的依据）。

新中国成立以前，从1929年颁布的语文课程标准开始，所有的语文课程标准都有"教材大纲"这一部分，规定语文教材的选材原则、编排体系以及所要达到的目标。但在国民党统治下，社会动荡，民不聊生，因此在民间教科书编制中，该课程标准中的"教材大纲"未能起多大影响。倒是叶圣陶1949年8月拟定的《中学语文科课程标准（草稿）》，虽然当时没有公开发表，只是内部传阅，却是解放初期中学语文教材编写的指针。这份"草稿"中特辟"教材"一节，要言不烦，阐说教材编写的种种问题，至今没有过时，仍能给人以启示。新中国成立以后的中学语文教学大纲与中学语文教材是紧密结合在一起的，可以说是两位一体，教材体现大纲，大纲规范教材。1986年以后，教学大纲规定的内容，在重视统一性的前提下又适当注意了灵活性，这使语文教材的编制既能做到规范化又能做到多样化，开创了语文教材建设新局面。

（四）语文教科书与语文教材

语文教材有泛指、特指、专指之分。泛指的语文教材，就是上文提到过的"大语文教育"观支配下认定的"大语文教材"。凡是对人们的语文行为产生影响的口头的、书面的材料，一律都是语文教材。夏丏尊说："国文科是语言文字的学科，除了文法修辞等部分以外，并无固定的内容的。只要是白纸上写有黑字的东西，当作文字来阅读来玩味的时候，什么都是国文科的材料。"[1]叶圣陶说："国文科的教材，将成非常广大的范围，环绕于学童四周的，无不可为国文教材。"[2]"凡是我国文字写成的东西都是国文科的材料。"[3]又说，一切报告者、演说者、广播员、新闻记者、作家、出版家都要注意语言文字对听众和读者的影响。[4]这是把一切对别人语言文字修养产生影响的书面和口头材料，都看作语文教材。

特指的语文教材，是指语文课上学生和教师所使用的材料。

---

① 夏丏尊：《学习国文的着眼点》，见《夏丏尊论语文教育》，河南教育出版社1989年版，第83页。

②《叶圣陶集》（第13卷），江苏教育出版社1991年版，第9页。

③《叶圣陶集》（第13卷），江苏教育出版社1991年版，第152页。

④《叶圣陶语文教育论集》（下册），教育科学出版社1980年版，第641页。

国家教委1987年在《关于颁发〈全国中小学教材审定委员会工作章程〉的通知》中说："根据国家教委颁布的中小学教学大纲，编写可供全国通用的中小学教材，包括教科书、习题集、练习册、教学挂图、音像教材、教学软件、选修教材等，以及供教师用的教学指导书、教学参考书等，必须经全国中小学教材审定委员会审定或审查。"从这段话里，可以看出教材除文字材料外，还有图像材料、电化教学材料，除学生用书外，还有教师用书，除必修课材料外，还有选修课材料。它们是一个教材系统。应该指出，这段话里没有提到的，比如学生课外读物，也应该认作是教材。实际上，欧美发达国家所说的教材，所包括的材料比我国更多。本书"美国语文教材介评"中就举了一例。

专指的语文教材，就是在语文教材系统中占有特别重要地位的语文教科书。人们在日常生活中说到的"语文教材"，往往是专指语文教科书。语文教科书又有多种别称，如语文课本、语文教本、语文读本等等。"教科书"是外来语。在我国，最早使用"教科书"来指称教学用书，是在19世纪中叶外国传教士来华办教会学校，成立所谓"学校教科书委员会"的时候。至于课本、教本、读本，则是传统称谓。现在在正式场合，多半用"教科书"，也有用"课本"的。为什么说语文教科书在整个语文教材系统中占有特别重要的地位？因为在语文学科中，学生接受知识、训练能力、开拓视野、陶冶心灵，其主要凭借物就是语文教科书，按教学大纲要求向学生传授的基本内容都囊括在语文教科书之内。至于语文教材系统中的其他材料，都是从属于语文教科书并与之密切配合的。诚如张志公所说："所谓'教材'，不单指一本'教科书'，而是应当包括教师用的、教学用的教学指导书或教学参考书、音像材料，以及学生用的各种辅助读物、课外活动材料等一个完整的系列。不过，在这完整的系列中，那本'教科书'

毕竟是核心。"①

综上所述，语文教材是按照语文课程方案和语文课程标准（或语文教学大纲）编写的教学用书。教科书是教材的主体，是师生教学的主要材料，是学生课外扩大知识领域的重要基础。

———————————

① 《张志公文集》（第五卷），广东教育出版社1991年版，第49页。

二　语文教材的功能

语文教材有培养语文能力、提高思维品质、升华审美品位、承传中华文化的功能。

（一）扩展语文知识，培养语文能力，积累语言材料

语文教材是扩展语文知识的凭借。叶圣陶说："知识不能凭空得到，习惯不能凭空养成，必须有所凭借。那凭借就是国文教本。"[①]众所周知，语文知识范围很广，包括语言学、文艺学、文章学、阅读学、写作学、口语交际学等。中学生学习这些知识，主要不是硬啃这些学科的知识讲义，而是通过诵读语文教材中各类典范的语言作品。叶圣陶说："国文教本中排列着一篇篇的文章，使学生试去理解，理解不了的，由教师给予帮助（教师不教学生先自设法理解，而只是一篇篇讲给学生听，这并非最妥当的帮助）；从这里，学生得到了阅读的知识。更使学生试去揣摩它们，意念要怎样地结构和表达，才正确而精密，揣摩不出的，由教师给予帮助；从这里，学生得到了写作的知识。"[②]把语文教材的课文作为凭借来获取语文知识，比单单死啃系统的多种学科知识讲义，至少有两点好处：第一，从课文阅读中得来的知识有血有肉，不是死板的条文，如吕叔湘所喻，是动物园里活的动物，不是陈列室里的动物标本。第二，是在教师指导下，学生自己思索探究得出完全可以融入其认知图式的语文知识，而不是现成的供学

[①]《叶圣陶语文教育论集》（上册），教育科学出版社1980年版，第3页。
[②]《叶圣陶语文教育论集》（上册），教育科学出版社1980年版，第3页。

生硬背的条文。因此，这些知识好懂、管用。

语文教材又是培养语文能力和习惯的凭借。叶圣陶说："国文教学的目标，在养成阅读书籍的习惯，培植欣赏文学的能力，训练写作文字的技能。这些事不能凭空着手，都得有所凭借。凭借什么？就是课本或选文。有了课本或选文，然后养成、培植、训练的工作得以着手。"①比如阅读能力和习惯的养成，就必须经过大量的阅读实践。教科书中一般有精读课文、略读课文，学生根据自己的摸索和教师指点的精读法、略读法，一篇篇地去精读或略读，从少到多，由浅入深，循序渐进，锲而不舍，精读、略读的能力和习惯由此逐步养成。又如写作能力和习惯的养成，也得以教科书为凭借。叶圣陶说："咱们拿读物到手，研读它"，"要达到彻底了解，得用分析的工夫，辨认作者思想发展的途径，这个工夫同时就训练了咱们的思想习惯"；"再说咱们跟作者之间的唯一的桥梁是语言文字，咱们凭借语言文字了解作者所想的所感的"，"不能不""提起那种自觉心，注意他怎样运用语言文字。注意他怎样运用语言文字，同时就训练了咱们的语言文字的习惯。写作可以从读物方面得到益处主要在这些地方"。②至于专门的作文教科书，当然更是养成写作能力和习惯的凭借了。

语文教材又是积累语言的凭借。人们积累语言，主要是两个途径：一是生活，二是阅读。在生活中，从群众的口头语言中学习生动的、活泼的、有血有肉的词汇、语句和各种表达方式。在阅读中，从优秀读物中积累典范的书面语。语文教材以文质兼美的选文为主体，这些选文的语言是作家从生活中提炼出来并经过精心加工、精心组织起来的语言，尤其是其中一些历代传诵的诗文名篇的语言，保留着大量精警的、含意深邃的、富有表现力的词汇和语句。这些经过千锤百炼的语言，至今仍然具有强大的生命力。学生反复诵读这些选文，背

---

① 《叶圣陶语文教育论集》（上册），教育科学出版社1980年版，第19页。
② 《叶圣陶语文教育论集》（上册），教育科学出版社1980年版，第210—211页。

诵、默写其中的精短篇章自然能吸取和积累高质量语言材料，提高语言水平。叶圣陶重视语文教材的语言积累，强调"把应该记忆的记忆起来"，但又说"最要紧的是消化，把消化所得化为自身的习惯"。[①]换句话说，最要紧的是在自觉积累的基础上创造性地加以运用。这是充分发挥语文教材的语言积累功能的必不可少的环节。

（二）发展思辨能力，提升思维品质

有学者指出："语文科是语言学科，同时也是思维学科。""在语文教学中，对语言和思维同等重视，是众多国家的现状，也是世界性的趋势。"[②]对学生进行思维教育，提升学生思维品质、发展学生思辨能力的主要凭借，就是语文教材。

语文教材是发展逻辑思维的凭借。不错，语文教材并非辩证唯物论、历史唯物论的讲义，但是，在几百篇文质兼美的课文中，在字、词、句、章所体现的丰富复杂的语言现象中，就饱含着革命的、唯物的、辩证的思想因素，在写作和口语交际教材中，无不引导学生运用马克思主义的立场、观点和方法。学生学习这样的语文教材，对马克思主义的立场、观点和方法，从逐步领会到学着运用；懂得离开了马克思主义的立场、观点和方法，将寸步难行、一事无成。久而久之，养成习惯。听说读写，无不如此，这是根本的思维训练。

教材中一篇篇文章，是由许多句子组成的，而句子则是由词组成的。词和词的组合，是人们思维的物质基础。实词，是反映人们认识客观事物所形成的概念的语言形式；虚词，是体现概念与概念之间诸种关系的语言形式。一个人掌握词语的多少，反映他掌握概念的多少以及概念与概念之间关系的多少。而概念以及概念之间的关系，是进行判断和推理的基础。由此可见，凭借教材加强词汇教学，发挥教材的词汇积累功能，可以培养和提高学生的思维能力，提升学生的思维

---

① 《叶圣陶集》（第12卷），江苏教育出版社1992年版，第212页。

② 朱绍禹编著：《中学语文教学法》，高等教育出版社1988年版，第16页。

品质。

教材除了课文外，一般还有围绕课文的提示、思考与练习题、有关资料。这些内容帮助学生在教师指导下，对课文下一番分析和综合的工夫。比如分段、归纳段落大意、总结中心思想、梳理写作特点等，不仅要得出简单的结论，而且要讲清这些结论的由来。这样，教材就成了培养分析综合能力的凭借。

语文教材不仅是培养逻辑思维能力的凭借，更是培养形象思维能力的凭借。所谓形象思维，就是用形象来思维。文艺作品所用的就是形象思维，而语文教材中的课文，文学作品占多数，尤其是高中语文教材。教材中的文学作品，一般都是名家名作。作家通过文学语言，运用一定的艺术手段，反映一定的生活内容，塑造形形色色的文学形象，表现出自己对社会对人生的理解和态度。学生阅读这些作品，必须开动脑筋，展开想象。通过想象，将抽象的语言文字还原为具象的形体；通过想象，将各自孤立、互不相联的细节、场景、人物等形象个体，整合为相互联结、有机统一、有血有肉、生动丰富的生活画面；通过想象，领悟形象之间、形象与自己的生活体验之间、形象与社会生活之间、形象与其所包含的意义之间的联系，从而使头脑中的形象活起来，成为真实的形象。作品的思想意蕴也就在潜移默化中为学生所理解和接受。[①]在这里，想象的培养就是形象思维能力的培养，而其凭借的就是语文教材中的文学作品。

语文教材又是培养创造性思维的凭借。创造性思维能从已知推出未知，这未知新颖又独特，且具有社会价值。有人认为，学生学习语文教材，只是接受书本知识，发展再现性思维，根本谈不上什么创新。心理学家认为，如果只是重复性学习，死守书本，不知变化，那么确是如此；如果是创造性地学习，那么就可以不限于再现性思维，敢于不拘泥，打破框框，大胆创新，从而培养创造性思维。语文教材

---

① 许定国主编：《文学鉴赏概论》，湖南师范大学出版社1999年版，第68页。

中选有大量的古代作品，这些古代作品除了放在当时时代背景下加以考察外，还要用今天的价值观来评价；语文教材中多数是文学作品，对文学作品的解读，往往是"一千个读者有一千个哈姆雷特""一万个读者有一万个林黛玉"。凭借语文教材，正可以引导学生用今天的标准衡量古代作品，并在文学阅读中塑造自己心目中的"哈姆雷特""林黛玉"，从而发展创造性思维能力。

（三）增进审美体验，培养审美能力

语文教材是增进学生审美经验、培养学生审美能力的凭借。语文教材由文字、语言、文章、文学等要素组成，而文字有文字美，语言有语言美，文章有文章美，文学有文学美。学生通过学习语文教材，接受美的熏陶。

语文教材中的汉字之美，首先是形体美。汉字是象形字，往往像一幅幅图画。"'山'（〣）字的形体像三个错置有序的直立山峰，突出了'山'之高峻；'水'（〻）字，三道波纹弯弯曲曲，尽现了'水'之柔美；'木'（朿）字，树干上面三个分枝，树干下面一个主根两个侧根，树枝旁逸向上，树根稳扎大地，'木'字将树的挺拔与稳健表现得淋漓尽致。'山''水''木'等字抓住了物体的内在神韵，以抽象的图画表现了大自然之美，一个字就仿佛是一幅写意画。"[①]其次是结构美。独体字，"有支点"，如"大""兴""欠"；"有底边"，如"尴""之""主""延"；"分主次"，如"水""小""求""尔"；"讲和谐"，如"串""半""川"。合体字，体现中和的对称美。中心对称，如"林""从""吕"；上下结构，如"歪""态""袭""簧"；左右结构，如"栋""清""射""狗"；半包围结构，如"边""闭""间""历"；全包围结构，如"田""园"；上中下结构，如"意""慧"；左中右结构，如"粥"；品字结构，如"磊""森""晶""众"。这些结构要么完全对称，要么力求对称，

① 孟华：《汉字之美》，载《中学语文》2008年第6期。

总是尽量让组成这个字的各个部件之间保持平衡，彼此协调，达到和谐。[①]再次是凝结的传统文化美、形象意境美。传统文化美，如"仁"，左为"人"，右为"二"，两个人，意含人与人之间的关系，人与人交往的第一原则就是仁爱；"信"，左为"人"，右为"言"，意含说话要算数，与人交往要讲信用；"武"，"止""戈"，就是不用武器，引申意思是战争是为了消灭战争，不战才是战争的根本目的。形象意境美，正如宗白华指出的："中国字在起始的时候是象形的，这种形象化的意境在后来'孳乳浸多'的'字体'里潜存着、暗示着。在字的笔画里、结构里、章法里，显示着形象里边的骨、筋、肉、血，以至于动作的关联。后来从象形到谐声，形声相益，更丰富了'字'的形象意境，像'江'字、'河'字，令人仿佛目睹水流，耳闻汩汩的水声。"[②]如"旦"字，上面是太阳象形符号，下面是地平线，一轮朝阳从远方的地平线处升起，我们可以感受到造字者当时的欣喜之情。复旦大学的校名取自古书"日月光华，旦复旦兮"，意思是每天升起的太阳都是新的，世界蒸蒸日上，日日更新，而学子们也应以这样的精神去学习。"旦"这个字具有鼓舞人心的力量。[③]学生体验语文教材中文字的形体美、结构美与凝结在文字中的传统文化美、形象意境美，就自然而然地提高了审美能力。

语文教材中的语言美，除通常说的准确美、鲜明美、生动美外，还有简洁美、细致美、明快美、含蓄美、平实美和藻丽美。简洁美，如人民英雄纪念碑的碑文，只有三句话，却概括了人民英雄们一百多年来为反对内外敌人、争取民族独立和人民自由幸福而英勇牺牲的全部光辉历史。细致美，如《在烈日和暴雨下》写热的程度，先从柳树、马路、便道三个方面描写，再用一个排比和比喻总括自然界的情

---

① 杨惠栋：《汉字的形态美和结构美》，载《安徽文学》2009年第10期。

② 宗白华：《美学散步》，上海人民出版社1981年版，第138页。

③ 叶朗、朱良志：《中国文化读本》，外语教学与研究出版社2008年版，第73页。

况，最后写动物和人酷热难耐的神态，使人有身临其境之感。明快美，语言直截了当，有什么说什么，有多少说多少，给人以明朗、畅快的感觉。如方志敏《可爱的中国》"我们相信，中国一定有一个可赞美的光明前途……与世界上各位母亲平等地携手了"，预见祖国光明的未来，语言明快。含蓄美，如《为了忘却的记念》的结尾，语带双关的"夜正长，路也正长"以及最后的"我知道"，把作者对现实的思考、对光明终将到来的坚定信念含蓄地表现了出来。平实美，如赵树理《老杨同志》写老杨到阎家村与广聚见面的第一个场面，几乎没有什么形容词之类的修饰语，也基本上没有使用华丽的词语以及各种修辞格，用的都是一些平平常常的词语，构成语言的平实美，给人厚重大方的感觉。藻丽美，如朱自清的《绿》"那醉人的绿呀……你却看不透她"只有一百多字，却用了许多形容性的修饰成分和华丽的词语，还用了比拟、比喻等修辞格，使文章生动、亲切而感人。[①]学生凭借教材体验语言的种种美，必然会提高审美能力。

　　语文教材中的文章美，一般指记叙文、说明文、议论文的美。记叙文的美，一是思想内容美。叙事记叙文往往反映人物美、社会美，如《一件珍贵的衬衫》表现周恩来总理在日理万机、国事繁忙的情况下仍然时时、事事严于律己，以身作则，不容许自己对群众的利益有一丝一毫的损害，《为了六十一个阶级弟兄》则流淌着干部、群众之间真诚、质朴无华的深情，表现了社会主义中国把人民生命放在第一位，一方有难、八方支援的精神风骨；而写景记叙文往往表现山河美、景物美，如宗璞《西湖漫笔》讴歌杭州西湖风景的"绿"与"变"，"黄龙洞绿得幽，屏风山绿得野，九曲十八涧绿得闲"，苏堤树上的绿苔"坚韧不拔"，花港观鱼荷叶上的绿色表现出"苗壮的生命力"，而绿色的西湖还正在变化中，变得快，变得好，变得神奇。二

---

　　① 张志公：《修辞概要》，上海教育出版社1982年版，第172—192页。

是结构布局美。具体来说，有顺叙，如《老山界》，有倒叙，如《一件珍贵的衬衫》，有插叙，如《红军鞋》；有条贯式，如《草地晚餐》，有平列式，如《人民的勤务员》，有串珠式，如《挖荠菜》。说明文的美，在思想内容方面，有建筑艺术美，如《雄伟的人民大会堂》，有生物美，如《花儿为什么这样红》，有科学技术美，如《奇妙的克隆》，有物候天象美，如《大自然的语言》，有工艺美，如《核舟记》，有读书美，如《读书四法》。在结构方面，有纵式结构美，按事物的发生发展、操作过程、前因后果来说明，如《景泰蓝的制作》；有横式结构美，按事物的空间方位、组织结构、品种属类、方式方法、特性功能来说明，如《故宫博物院》。议论文的美，在思想内容上，表现为论点美，如只有马克思主义才能救中国（《中国人民寻求救国真理的道路》），共产党员全心全意为人民（《读一位共产党员的遗嘱》），勤俭是美德（《俭以养德》），理想要远大（《崇高的理想》），为人应谦虚（《说谦虚》），学习该努力（《画蛋·练功》）。在论证上，表现为雄辩美。如《中国人失掉自信力了吗》，先是针对论敌，直接反驳，论证反动派早已失掉"自信力"，正在发展"自欺力"，揭露他们混淆"中国人"的概念，只不过想把自己装扮成"爱国英雄"，接着间接反驳，另立一个与论敌的论点对立的论点"有并不失掉自信力的中国人在"，然后讴歌自古及今的"中国的脊梁"，从而彻底驳倒论敌。学生沐浴在教材文章中美的世界里，自然会提高对文章的审美能力。

语文教材中的文学美，主要指散文、诗歌、小说、剧本的美。散文美是多方面的：一是结构美，人称"形散神不散"。如郁达夫《书塾与学堂》，似乎信笔由之，撒得开，从几个不同方面落笔，扩大作品容量，显示雍容气度；又收得拢，似乎不经意、不费力地归结到要表达的主旨上来。又如韩愈《送董邵南序》，先说董到河北会被人赏识，然后笔锋一转变换到相反的角度，对董到河北表示深沉的忧虑，传达出作者的真实想法，最后提出作者的希望——留在长安，为国效力。结构完整，转折处更具特色。二是文笔美。散文中常有格言一般的句子，画龙点睛，构成警策之美，如"先天下之忧而忧，后天下之乐而乐"（范仲淹《岳阳楼记》）、"业精于勤而荒于嬉，行成于思而毁于随"（韩愈《进学解》）、"那是孤独的雪，死掉的雨，是雨的精魂"（鲁迅《雪》）。文笔美多种多样，有的华美，如徐志摩的散文，有的纯朴，如孙犁的散文。即使同一作家的散文，有时也有不同的文笔美，如朱自清的《背影》朴素自然，《绿》清朗明快，《荷塘月色》则清幽美妙。诗歌美，首先是情感美。陆游《十一月四日风雨大作》饱含强烈的爱国之情，李白《赠汪伦》充满朋友之情，毛泽东《长征》洋溢着伟大的革命情怀，《孔雀东南飞》则歌颂爱情。其次是音乐美。诗歌讲究韵律和节奏，念起来朗朗上口。新诗没有古诗那么讲究，但是重造了新韵。如《桂林山水歌》中两节："云中的神啊，雾中的仙，／神姿仙态桂林的山！""情一样深呵，梦一样美，／如情似梦漓江的水！"节奏整齐，每句四顿，每节八顿；每节一韵，转韵自然，易诵易记。再次是凝练美。或勾画、组接最有特征性的画面进行概括性描写，如《木兰诗》用六句诗概括十年的军旅生活；或通过一个特定形象概括许多丰富的思想内容。这两种形象概括的方式，使诗歌成为最集中地反映生活的文体。表现长征，魏巍小说《地球的红飘带》用了47万字，毛泽东《长征》只用了八句诗56个字。小说美，第一，人物形象美。作者通过人物形象的塑造来反映生活，读者通过人物的思想性格领悟作品的主旨。孔乙己、阿Q、闰土、祥林嫂这些人物形象，富于艺术魅力，学生永远不会忘却。《七根火柴》中的无名战士、《老杨同志》中的老杨同志、《生命的意义》中的柯察金、《母亲》中的母亲尼洛夫娜，从这些光彩照人的人物形象身上，学生会感到革命人最美。第二，故事情节美。故事情节是人物性格和命运的历史，通常有开端、发展、高潮、结局这么一个过程。比如《驿路梨花》，"我"夜行投宿小茅屋，遇瑶族老人，获知梨花姑娘的传闻，又巧遇梨花姑娘的妹妹，从她之口又引出解放军营建了茅屋和梨花姐妹在照料茅屋的情节，全文波澜迭起，引人入胜。又如《水浒传》中写林冲："岳庙进香"，矛盾陡起，与高衙内相持之势出现徐舒之态；"误入白虎堂"，矛盾进入高潮；泣别娘子，发配沧州，使矛盾低平；"大闹野猪林"和"火烧草料场"的激烈场面之后，情节又趋于松舒。在腾挪跌宕、错落有致的艺术节奏中展现情节，突出性格，塑造典型。[①]

第三，环境描写美。环境描写是衬托人物性格、展示故事情节的重要手段，包括自然环境和社会环境的描写。自然环境的描写，如鲁迅小说《故乡》《社戏》中对绍兴农村景色的描写，沈从文小说《边城》中对湘西山区景色的描写，孙犁小说《荷花淀》《芦花荡》中对白洋淀湖区景色的描写，不但给作品人物投下浓浓的色彩，而且本身成为脍炙人口的段落。民情风俗的描写，如《促织》中对斗蟋蟀和求神问卜的描写，《边城》中对端午节龙舟竞渡的描写，《风波》中对家家在土场上吃晚饭的描写，往往既有知识性、趣味性，又带有人情味。社会环境的描写：人物性格是在一定的社会环境中形成、发展和变化的，只有充分地描写社会环境，才可能真实地揭示人物性格的现实依据。如《在狱中》（节选自《青春之歌》），以20世纪30年代前期学生运动为背景，反映全面抗日战争前夕社会的真实面貌。剧本美：（1）戏剧凝练美。戏剧演出只能在舞台上，一般不超过三小时，因此故事情节必须非常集中。曹禺的《雷雨》把三十年前、三年前和目下发生的事容纳在一天里，并把周、鲁两家两代人的种种矛盾冲突集中在周家客厅和鲁家住处来展开，时间上、地点上都高度集中。在有限的时空中表现了丰富的内容，显示出剧本的凝练美。（2）戏剧冲突美。戏剧冲突是戏剧情节发展的动力，是戏剧塑造人物的重要手段。通过人与人的冲突，展示人物的个性，如《威尼斯商人》，在夏洛克与安东尼奥的矛盾冲突中，暴露了夏洛克贪婪、吝啬、冷酷的个性；通过人物内心冲突，展示人物性格的

---

① 许定国主编：《文学鉴赏概论》，湖南师范大学出版社1999年版，第128、129页。

丰富性，如《长亭送别》（节选自《西厢记》），崔莺莺唱出内心的矛盾——张生此去若不得官，他们就不能结合，若得官，又怕张生成为大户人家女婿，表现出崔莺莺既追求自由爱情，又受门阀观念束缚的心情。（3）戏剧语言美。戏剧语言富于动作性，能起到交代前情、安排伏笔、展开矛盾、推动剧情发展的作用。有时一语说出，可以使整个舞台一片刀光剑影；有时一语化解，顿时风和日丽：戏剧语言调动着舞台。戏剧语言还讲究个性化，剧中人的语言是剧中人个性的自我表现。如《雷雨》中周朴园面对鲁侍萍，先是责问"你来干什么？""谁指使你来的？"，透露出色厉内荏、警惕防范的心理，后来是冷然发问"好！痛痛快快的！你要多少钱吧！"。这充满铜臭的话出自丑恶的灵魂，这几问揭示出带有封建主义烙印的资本家的个性。学生学习教材中的文学作品，感受和体验文学作品的语言、形象和情感之美，可以培养高尚的审美情趣和审美品位。

（四）传承中华文化，增强文化自信

语文教材的语言文字自身就是一种文化，是中华文化的重要组成部分，又负载了中华优秀传统文化、革命文化和当代先进文化。学生凭借语文教材，可以传承中华文化，理解多样文化，关注、参与当代文化，以担当传承、弘扬民族精神、民族文化的重任。第一，语文教材是学生传承中华优秀传统文化的凭借。语文教材中选有我国大量的古代作品，诗歌、散文、小说、剧本，一应俱全。这些作品都是民族精神铸成的文化瑰宝。有的抒发爱国主义豪情，反抗侵略，如《冯婉贞》《十一月四日风雨大作》；有的表现自己的理想，抒发豪情壮志，如《岳阳楼记》《涉江》；有的表达不畏艰险、排除万难去争取胜利的精神，如《愚公移山》《天将降大任于斯人也》；有的揭露反动统治者的残酷剥削、压迫，如《卖炭翁》《捕蛇者说》；有的歌颂祖国大好河山，如《忆江南》《登泰山记》；有的表现亲友之间的美好感情，如《祭妹文》《送孟浩然之广陵》；有的表达对理想社会、

美好生活的追求，如《桃花源记》《硕鼠》；有的表现对高洁品格的向往，如《爱莲说》《陋室铭》；有的阐明了学贵有志、学贵有恒的道理，如《劝学》《送东阳马生序》；等等。学生浸染在这些承载民族精神的作品里，必然潜移默化地受到中华传统文化的熏陶，为成为中华优秀传统文化的传人奠定基础。第二，语文教材是学生传承革命文化的凭借。语文教材选有一定数量的革命文化作品，内容也很丰富：有马克思主义经典作家的作品，如恩格斯《在马克思墓前的讲话》、列宁《伟大的创举》；有毛泽东等党和国家领导人的作品，以毛泽东的最多，论文十几篇，诗词好几首，如《改造我们的学习》《沁园春·雪》；有鲁迅等革命作家的作品，以鲁迅的最多，小说、杂文基本上平均每册教材都有一篇，如《孔乙己》《中国人失掉自信力了吗》；有公认的革命作品，如王愿坚《七根火柴》、峻青《党员登记表》；有大量的歌颂革命领袖、赞美人民英雄、宣扬革命历史的作品，如《朱德的扁担》《人民的勤务员》；有阐述革命道理的议论性作品，如《实践是检验真理的唯一标准》《讲讲实事求是》；等等。学生沐浴在这些作品负载的革命文化的阳光下，为成长为革命的文化人准备了条件。第三，语文教材是学生理解多样文化，关注、参与当代文化的凭借。多样文化，指不同民族、不同区域、不同国家的文化。语文教材不仅选大陆作家的作品，还选了港台作家的作品，如余光中《乡愁》、杏林子《生命，生命》；不仅选中国的作品，还选外国的作品，如美国海明威《老人与海》、英国莎士比亚《威尼斯商人》、法国莫泊桑《我的叔叔于勒》、德国海涅《西里西亚的纺织工人》、西班牙塞万提斯《堂吉诃德》、意大利亚米契斯《小抄写员》、丹麦安徒生《卖火柴的小女孩》、苏联高尔基《海燕》、捷克斯洛伐克伏契克《绞刑架下的报告》、保加利亚季米特洛夫《在莱比锡审讯的最后发言》、匈牙利裴多菲《我就是急流》等。当代文化，指语文教材的选文不仅有经典性，还有时代性。语文教材固然不能成为报刊文章的集锦，但绝不遗漏文质兼美的时文。如抗美援朝时选了

《谁是最可爱的人》，改革开放时选了《讲讲实事求是》，学雷锋运动中选了《驿路梨花》，等等。对当代文化，不仅要求学生理解，而且在课文的提示、练习中要求学生关注、参与，做到知行合一，把当代文化融化在自己的心中，落实在自己的行动上。

　　语文教材功能的四个方面是一个整体。其中语言文字方面的功能是基本功能，其他三个方面的功能是非基本功能，非基本功能是在基本功能的发挥过程中得以发挥的。

第二章
语文教材编制的基础

一　理论基础

语文教材的编制，要有坚实的理论基础。这理论大致上分为三类：一是哲学思想和现代科学方法，二是教育学、心理学、思维科学，三是语言学、文章学、文艺学。这三类缺一不可，而其中第一类是基础的基础。

（一）哲学思想和现代科学方法

不言而喻，这一哲学思想是马克思主义哲学思想。它是我们一切思想和行动的指南，当然也是语文教材编写的指南。因此，21世纪的语文课程标准，比如《全日制义务教育语文课程标准（实验稿）》在"教材编写建议"中规定："教材编写要以马克思主义为指导。"《普通高中语文课程标准（实验）》与《普通高中语文课程标准（2017年版）》有同样的规定。在这之前的20世纪下半叶的中学语文教学大纲，没有"教材编写建议"这个章节，因而没有"教材编写要以马克思主义为指导"的字样，但全文一概包含这个意思。比如从1978年到2000年，教育部颁布的九个中学（或初中，或高中）语文教学大纲，毫无例外地明确规定，语文教学要以马克思主义为指导，要培养学生辩证唯物主义观点。语文教学应如此，语文教材编写毫无疑问也应如此。至于1956年版的文学、汉语教学大纲和1963年版的中学语文教学大纲，连"语文教学要以马克思主义为指导"也没有提，不过它们强调了要培养学生的辩证唯物主义观点、社会主义思想道德。这也意味着，语文教材编写要以马克思主义为指导。总之，可以说，新中国成立以来的所有中学语文教学大纲与课程标准，无不或明或暗地规定了马克思主义哲学思想是语文教材编写的指导思想。

那么，在语文教材编写中，应该遵循马克思主义哲学的哪几个方面的原理呢？

1.实践性原则

马克思主义认识论之第一的和基本的观点是实践的观点。"实践、认识、再实践、再认识，这种形式，循环往复以至无穷，而实践和认识之每一循环的内容，都比较地进到了高一级的程度。"[1]在语文教材的编写实践中我们总结出了语文教材编写的理论。如2001年版《全日制义务教育语文课程标准（实验稿）》，在新中国语文教学大纲、课程标准史上，第一次增加了"教材编写建议"一节，对教材编写提出了九条建议。这九条建议不消说是从新中国成立以来的语文教材编写实践中产生的。它归纳了过去语文教材编写的经验，汲取了多套语文教材编写中的教训，引领了以后语文教材的编写，有助于以后语文教材质量的提高。就这样，教材编写的理论来自教材编写的实践，教材编写的实践不断验证、丰富教材编写的理论，而教材编写的理论又指导着教材编写的实践，教材编写实践与教材编写理论相互作用，彼此促进。应该说，这符合马克思主义认识论、实践论的精神。

---

[1]《毛泽东选集》，人民出版社1968年版，第273页。

"实践是检验真理的唯一标准"，语文教材编制得如何，要经过教学实践的检验。教育部中小学教材审定机构指出，检验教材的优劣必须通过教学实验，要科学地进行教材实验和教材质量的评估。新编教材在正式使用前，一般都要经过试教。在试教中，检验教材能否达到教学大纲或课程标准所确定的目的和要求，教学效果是好还是差，教师和学生是否欢迎。根据实验结论，修改、加工教材。即使试教结束，教材正式推广使用，还是要随时关注师生对教材的反映，收集关于教材的意见和建议，以便对教材作进一步修改。某省一套著名的初中语文教材，就经过了几个阶段的实践检验。第一阶段是个别班级实验，第二阶段是少量班级实验，第三阶段是较大面积实验，第四阶段推广试用，完成了"实践、编写、再实践、修改提高"这样多次循环往复、螺旋式提高。这套教材被教育部中小学教材审定委员会评为"一类教材"。可以说，这是以马克思主义实践论为指导所取得的成果。

2. 事物互相联系的原理

马克思主义唯物辩证法认为，事物的发展是事物内部的必然运动，而每一事物的运动都和它周围的其他事物互相联系着和互相制约着。因此，研究事物的发展规律，必须研究事物内部诸要素之间的关系，同时研究事物与其周围事物之间的关系。就语文教材的编写来说，编者在其内部，必须对教学目的与教学内容与教学方法，对阅读与写作与口语交际，对思想教育与能力训练与知识传授，对语言与文章与文学与文化，对记叙文与说明文与议论文，对文言文与白话文，对中国作品与外国作品，对汉族作品与兄弟民族作品，对课内活动与课外活动等诸种关系要有正确的理解与把握；在其外部，又必须对语文教材与社会生产力发展水平、与国家政治经济制度的性质、与社会意识形态的特点、与民族性格特征、与地方风俗习惯、与国家教育方针、与国家语言文字政策等诸种关系要有正确的理解与把握。所有这一切，都需要运用辩证唯物主义、历史唯物主义的事物普遍联系的观点、发展的观点、辩证的观点去分析、解决。

3. 系统性整体性原理

语文教材的编写必须运用马克思主义哲学方法，比如从马克思主义辩证法派生出的现代科学方法系统论、控制论和信息论。系统论有一条整体性原则，是唯物辩证法普遍联系原理的具体运用。系统论主张把事物当作一个有机联系的整体，始终注意把握各个要素在系统联系中所获得的新质——系统质。系统由各个要素组成，但它的功能并不是这些要素的功能的相加；这些要素在系统联系中产生的系统功能远大于各要素功能之和，即"整体大于各孤立部分之和"①。我们要用整体性原则指导语文教材编写和语文课文分析，要坚持用"整体—部分—整体"的方法。把课文各要素从课文整体中割裂出来，孤立地加以分析，然后把各要素的分析凑合在一起，得出整体的结论，这是不科学的。应该首先把握整体。张志公指出："看一篇文章，先读一遍，得其大要，再读，才知道文字结构层次的安排，又读，才能体会哪些词、句子用得准确、生动，从而对全文的理解也加深了一步。也就是说，理解的全过程是从大到小，从整体到局部，又从小到大，从局部到整体，走这么一个来回。"②也就是说，在课文整体、系统的语境中领悟局部的字、词、句，对局部字、词、句的把握进一步深化对课文的整体理解。就在这循环往复、不断深化的过程中，引导学生真正掌握课文。

4. 过程性发展性原理

马克思主义唯物辩证法认为，世间一切事物不仅作为系统而存在，而且作为过程而存在。恩格斯指出："世界不是既成事物的集合体，而是过程的集合体。"③所谓"过程"，是指事物发生、发展的历

---

① 董菊初：《语文教育研究方法学》，语文出版社1998年版，第90页。
② 《张志公语文教育论集》，人民教育出版社1994年版，第344页。
③ 《马克思恩格斯选集》（第四卷），人民出版社1995年版，第244页。

史。物质世界处于永恒发展变化之中，语文教材的编制当然不能例外。我们要重视语文教材编制史，弄清语文教材编制的来龙去脉。追溯历史的根源有利于从发展的角度观察现在。比如20世纪末的某些语文教材，受应试教育的影响，有搞字、词、句、篇机械训练的倾向，对人文教育有所忽视。造成这种状况的原因之一，是传统语文教材沦为科举考试的附庸这个痼疾没有完全消除，还在暗暗散发病毒。又如从20世纪初语文独立设科以来，语文教材在很长时间内只重视阅读与写作，忽视口语交际。其原因之一，是科举考试不考口语交际，古代教材当然没有口语交际的一席之地，这个积弊居然留存到今天。追溯历史的根源，还有利于从发展的角度展望未来。张志公在他的《传统语文教育教材论——暨蒙学书目和书影》中，总结了传统语文教材的经验和弊端，在此基础上提出了从幼儿到高中阶段语文教材改革的"一条龙"科学设想。他还亲自主编了一套很有新意的初中语文教材，鲜明提出"以知识为先导，以实践为主体，以能力养成为依归"的观点。可以说，这套改革型教材是在传统语文教材的基础上创造性发展而来的。

以上是语文教材编制中必须奉行的四项基本原理。这些原理对编制语文教材都有指导意义。语文教材编者在这方面的理论功底越扎实，在编制实践的过程中运用得越得心应手，教材编制的质量也势必越高。

（二）教育学、心理学、思维科学

语文教材与一般读物不同，它是根据语文课程方案和语文课程标准，按照学生的身心发展规律和认知规律，循序渐进地系统地传授知识、训练技能、发展智力、完善个性的特殊读物。编制语文教材必须充分顾及教师的教和学生的学，要求做到既利于教又利于学，尤其要有利于学。这样，教育学、心理学以及研究人类思维发展规律的思维科学，就成了必不可少的理论基础。

1. 教育学

教育学是研究教育规律的科学。它揭示了教育的本质、教育的发生和发展、教育的原则和方法。2001年版《全日制义务教育语文课程标准（实验稿）》规定，"九年义务教育语文课程的改革，应以马克思主义和科学的教育理论为指导"；2003年版《普通高中语文课程标准（实验）》也规定，"高中语文课程的建设，应以马克思主义和教育科学理论为指导"，教材编写"应以教育科学理论为指导"；《普通高中语文课程标准（2017年版）》则在修订工作的基本原则中规定，要"反映先进的教育思想和理念"。教育科学是语文课程建设的理论基础，也是作为语文课程建设组成部分的语文教材编制的理论基础。

孔子是儒家学派创始人，中国古代大思想家、大教育家。他编写教材的理论基础就是他的教育思想。他主张贤人政治，他的培养目标是有知识、有高尚道德的士、君子，他们能作君王的辅佐，能成百姓的表率。他要求学生有在天下推行"道"的使命感，有智仁勇的品质，希望他们去改造社会。他把德育作为整个教育的核心，其次才是文化知识教育和技能技巧教育。从这样的教育思想出发，他从古籍文献中整理出《诗》《书》《礼》《易》《乐》《春秋》等六经，作为教材。其中他最重视的是《诗》《礼》《乐》。他说"兴于诗，立于礼，成于乐"。诗乐而不淫，哀而不伤，符合中庸原则。礼用以区分尊卑上下，乐起调和作用，二者配合，能使等级制度通行无阻。这六经，是集文、史、哲于一炉的大语文教材，成为我国古代学校教育的核心内容。

宋代初年，在儒、佛、道三家长期激烈斗争之后，终于以儒家为主体，融合佛、道，建立起新儒学，理学教育思潮随之兴起。理学集大成者朱熹编写了一部影响深远的教材《四书集注》。这部书在理学教育思想指导下，致力于"明人伦"，教人以"德行道艺之实"，即按照《大学》"八条目"规定的格物、致知、诚意、正心、修身、齐家、治国、平天下，达到明德、亲民、止于至善的最高纲领。教育思想对教材编写的影响由此可见一斑。

在美国，赫尔巴特的教育思想，比如"文化阶段说"及"集中与相关"理论，直接关系到语文教材的编写。"文化阶段说"认为，儿童与青少年的兴趣和活动与人类早期的历史活动相类似。所以，语文教材要按照人类历史的文化发展阶段来组织。儿童早年，把荷马的《奥德赛》作为教材。在儿童后期，就该选读柏拉图的《理想国》了。所谓"集中与相关"理论，是指各学科教材要密切联系，有一个统一的目的，围绕一个中心，成为一个整体。而杜威的"教育即生长""教育即生活""教育即经验"的教育思想，主张语文教材的内容必须以儿童的直接经验为依据，与儿童的社会生活相协调。杜威提出教材的"迫切的问题是要在儿童当前的直接经验中寻找一些东西"[1]。这使教材密切联系儿童生活，但削弱了系统知识的讲述，导致学生语文水平下降。于是布鲁纳结构主义教育思想风行一时。该思想要求教材把知识结构作为主要内容，特别重视理论知识；倡导广泛使用"发现法"，使学生主动地学习，掌握独立获取知识的方法。该思想忽视了实用知识和基本技能，夸大了儿童学习的主观能动性，因此最终归于失败。接着兴起的是人本主义教育思潮。在这一思潮引领下，语文教材进行了又一轮改革。

20世纪初，欧美各种教育思想涌入中国。语文独立设科，专门的语文教材开始出现。赫尔巴特的"文化阶段说"首先受到欢迎。在语文教材编制上，该学说强调知识的系统性，主张教材的重点是讲述系统的书本知识，按照知识的逻辑系统组织教材。杜威的实用主义教育思想在中国也很有市场，直接影响到语文教材的编写。当时一些较有质量的小学语文教材，都重视儿童的接受心理，尽量做到儿童文学化。例如叶圣陶编制的《开明国语课本》，就以儿童生活为中心，取

---

① 赵祥麟、王承绪编译：《杜威教育论著选》，华东师范大学出版社1981年版，第32页。

材从儿童周围开始，随着儿童生活的进展，从家庭、学校逐步拓展到广大的社会。^①新中国建立后，苏联的教育思想进入中国，凯洛夫的《教育学》风靡天下。凯洛夫突出"双基"，于是我国的语文教材把"双基"作为主要内容。进入新时期后，世界上不同流派的各种教育思想纷纷登陆中国，影响到语文教材的编写。20世纪八九十年代，实行"一纲多本"政策，二三十套语文教材破土而出，其中有些教材赫然宣称受了某某进步教育思想的影响。

2. 心理学

心理学是研究心理现象及其客观规律的科学。心理现象指认识、情感、意志等心理过程和能力、性格等心理特征。作为心理学分支的教育心理学，主要研究在学校教育和教学过程中的种种心理活动及其发展变化的规律。心理学，特别是教育心理学，是语文教育与语文教材编制的重要理论基础。语言与心理不可分离，是新兴的交叉学科心理语言学的研究对象。皮特·科德说："语言运用是一种心理过程，学习一门语言也是一种心理过程。"^②语文教材编制必须受心理学理论的指导。

斯金纳的行为主义心理学提倡程序教学。程序教学的基本原则有四条：逻辑性原则，它把教学分成一步步的程序，按照逻辑法则进行，使教学具有很强的逻辑性；自动性原则，学生对教学的开始、终结、速度等有自己的决定权，不由别人决定；强化原则，对学生的操作活动给予及时、适当的强化，以激励学生；灵活性原则，学生可以根据自己的情况，对学习的时间、速度、方式灵活地掌握。为适应程序教学的需要，必须编制程序教材。这种教材根据教学目标和内容，通过对材料的选择、组织、设计、呈示、解释等编序过程而编成。它

---

① 《叶圣陶语文教育论集》（上册），教育科学出版社1980年版，第168页。

② ［英］皮特·科德：《应用语言学导论》，上海外国语学院外国语言文学研究所译，上海外语教育出版社1983年版，第307页。

将学科内容分成单元、小单元、更小的元素，然后将元素组织成逻辑的系列，最后用教学机器等形式呈现给学生。斯金纳认为，程序教学的关键是教材的编序。第一步是确定领域，第二步是收集名词、事实、定律、原则及事例，然后把这些排列成一个合理的发展次序，用直线式，或用衍支式。"直线式"只提供一条学习线路，学生沿着这条线路行进，不能跳跃，不能补充，要小步子和即时反馈。"衍支式"则可使学生脱离主线路而去学习一个辅助性程序，弥补了"直线式"的不足。斯金纳的教材编写原则有局限性，但也有值得借鉴之处。比如便于学生自学，符合循序渐进的规律，及时反馈强化可激发学生学习的积极性。现在语文教材的编制，无不讲究培养学生自学习惯，无不讲究由浅入深、从简到繁、线索分明、序列合理，很可能无形中受了斯金纳的影响。

皮亚杰的发展心理学认为，少儿智力的发展有阶段性和连续性。大致上分为四个阶段：感觉运动的智力阶段，前运算阶段，具体运算阶段，形式运算阶段。这四个阶段是一个不断演进发展的过程，具有连续性。教育必须既重视发展的阶段性，又重视发展的连续性，达到两者的统一。皮亚杰不仅对少年儿童不同成长阶段的认知结构作了总结，而且分析了数学、物理学、语言学、社会学等具体学科的学科结构，并说明学科结构与少年儿童的认知结构都存在一个构造过程，"这两类构造过程并不是像人们习惯上所想象的那样相距很远"[1]。由此，他对教材编写提出了具体意见。一是要求教材结构能与少年儿童的认知结构以及各发展阶段相协调，能被各年龄段少年儿童所接受，力图教材结构与少儿认知结构达成一致。二是要求按照严密的逻辑循序组织教材，因为"逻辑的内容促进中枢过程的发展，意思是有机体获得了经验范型，就能指导和主宰行为"[2]，最终通过教材的教学促进少年

---

[1]［瑞士］皮亚杰：《结构主义》，仉连生等译，商务印书馆1984年版，第100页。
[2] 陈孝禅等译：《皮亚杰学说及其发展》，湖南教育出版社1983年版，第57页。

儿童认知结构的发展。应该说，皮亚杰从发展心理学出发，对教材编写提出的这些要求是符合科学的，适用于语文教材的编制工作。事实上，从我国一些成功的语文教材来看，基本上都受到了皮亚杰的发展心理学的影响。语文教材的编排应从易到难、从简到繁，系列性与整体性统一；不仅要符合学生的接受心理，而且要促进学生认知结构和智力的发展。这些认识与主张，已经成为如今语文教材编制的铁律了。

社会文化历史学派心理学代表人物维果茨基倡导"内化"学说。他认为，学生的心理活动，首先属于外部的、人与人之间的活动，以后就内化为自身的内部活动，并且随着外部和内部活动相互联系的发展，就形成了高级心理机能。在教学与发展的关系上，他提出三点：一个是"最近发展区"，即学生现有水平与外力帮助下所能达到的水平之间的差异，消除差异的动力决定于教学；二是"教学应当走在发展的前面"，教学决定着学生智力发展的内容、水平和智力活动的特点，也决定着智力发展的速度；三是发挥教学的最大作用，强调"学习的最佳期限"，错过学习某一技能的最佳年龄，对学生的智力发展十分不利，开始某一种教学，必须走在学生心理机能形成的前面。[1]维果茨基的"内化"学说，长期影响我国语文教材的编制。依据"最近发展区"的理论，语文教材要符合学生的智力水平和接受心理，应有一定的难度，既不能一读就懂，也不能怎么读也读不懂，而应是通常说的"跳一跳，摘果子"。依据"学习的最佳期限"理论，语文教材规定学生在小学阶段认识3000字，"四会"2500字，初中阶段认识3500字，在初中阶段具备阅读一般文章的能力，能写记叙文、简单的说明文和议论文，到高中能鉴赏文学作品，能阅读浅易文言文，能写一般实用文章。学习语文的最佳期限是13岁以前，因此有几套语文教材都下大力气使学生"初中语文过关"。

---

① 林崇德：《教学与发展》，北京师范大学出版社1999年版，第65—67页。

人本主义心理学代表人物罗杰斯主张：学生是学习的主体，必须尊重学习者，重视学习者的意愿、需要和价值观；必须相信学生能自己教育自己，发挥自己的能动性和创造性，最终达到"自我实现"；必须重视教学中的情意因素，用情和爱，用信任和真诚去教学；必须教学生会学，引导学生掌握科学的学习方法。根据上述原则，学习就是学习者获得知识、技能，发展智力，探究自己的情感，学会与他人交往，阐明自己的价值观与态度，挖掘自己的潜能，达到最佳境界的过程。[①]罗杰斯的人本主义心理学，当然成了语文教材编制的理论基础。当下所有的语文教材都宣称以学生为本，语文教材不仅是"教本"，更是"学本"。教材的内容和呈现方式，都力求合乎学生的心理特征和学习要求，力求充分挖掘学生学习的潜能，使学生取得理想的学习效果。

建构主义心理学认为，世界是客观存在的，但对世界的理解和认知是由每个人自己决定的。由于每个人的经验以及对经验的信念不同，因此对世界的理解也不同。建构主义者关注怎样以原有的经验、心理结构和信念为主来建构知识，强调学习的主动性、社会性和情境性。[②]以建构主义心理学为理论基础，语文教材的编制首先注意怎样充分调动学生的主动性、积极性，使学生以现有知识经验和信念，对课本知识在理解的基础上作检验和调整，从而建构起自己的知识。其次，为了促进学生学习建构，教材提倡合作学习，设计师生、生生之间的多向交流、讨论活动。再次，为了促进学生学习建构，教材倡导情境性学习，消除传统教育脱离实际的痼疾，提高学生建构的兴趣和效率。

3. 思维科学

语文教材是发展学生思辨能力、提升学生思维品质的凭借。语文

---

① 张大均主编：《教育心理学》，人民教育出版社1999年版，第65页。

② 张大均主编：《教育心理学》，人民教育出版社1999年版，第66页。

教材之所以有这个功能，一大原因是，以思维科学为编制教材的理论基础。

思维科学告诉我们，学生思维的发展有阶段性和连续性。小学生的思维特点是从以具体形象为主要形式过渡到以抽象逻辑思维为主要形式，但这种初步的逻辑思维仍然是直接与感性经验相联系的，具有很大成分的具体形象性。初中生的思维发展特点是抽象思维逐渐占主导地位，但在很大程度上还属于经验型，他们的逻辑思维需要感性经验的直接支持。初中生思维的自觉性和独立性也有明显增长。高中生的思维具有更高的抽象概括性，理论思维开始形成。理论思维是从一般的理论、原则出发进行判断推理并作出论证的思维。这时他们开始能对自己的思维、观点作出论证，对各种经验材料加以理论的说明，对别人的观点一般不愿盲从，对自己经过深思熟虑的想法敢于坚持。可见，小学生、初中生、高中生的思维各有特点，表现出明显的阶段性。这几个阶段不是跳跃的，而是前一阶段为后一阶段作准备，后一阶段在前一阶段的基础上发展。比如小学生的思维继承了学龄前儿童具体形象思维的特点，初中生的思维虽然抽象思维逐渐占主导地位，但思维的具体形象性仍起重要作用，高中生的理论思维则继承了抽象思维的特点。这充分地表现出学生思维的发展是阶段性与连续性的统一。[1]正是从上述思维科学理论出发，小学语文教材尽量生动具象，多选取童话、寓言、故事之类作课文，作文从看图作文开始，逐步过渡到写简单的记叙文。初中语文教材，初一以记叙文为重点，初二以说明文为重点，初三过渡到以议论文为重点。作文主要写记叙文，逐步过渡到写简单的说明文和议论文。高中语文教材，高一是比较复杂的记叙文、说明文与文学作品，高二、高三是比较复杂的记叙文、议论文与文学作品。作文由写比较复杂的记叙文，逐步过渡到写一般的说明文、议论文。总之，尽可能使教材与学生思维的发展保持一致。

---

[1] 李秉德主编：《教学论》，人民教育出版社1991年版，第122页。

思维科学还告诉我们，学生的思维发展有一个从量变到质变的过程。5.5岁到6岁，是思维发展的第一个质变期，从具体形象思维向抽象逻辑思维过渡。小学四年级，也是思维发展的质变期。四年级前思维以具体形象成分为主要形式，四年级后思维则以抽象逻辑成分为主要形式。初中二年级，又是思维发展的一个质变期，思维开始从经验型转向理论型，开始逐步了解对立统一的辩证思维规律。[①]依据这个理论，语文教材编者应特别重视小学四年级和初中二年级的语文教材的编制，致力于适应学生思维质变期的需要，创造一系列条件，让他们的思维飞跃地发展。比如，人教社1992年版义务教育初中二年级语文教材，就是"联系生活，着重培养记叙、说明、议论的吸收和表达能力"，既为小学和初中一年级的语文学习作了小结，又为初中三年级和高中更深入的学习作了铺垫。

思维科学还告诉我们，学生的思维有共性，例如初中生思维的主要特征是抽象逻辑性，高中生思维的主要特征是理论性。不过，学生的思维也有个别差异。由于家庭背景、遗传素质、文化环境不同，学生的思维发展水平不同。以初中生为例，有些学生也许在小学时养成懒于动脑的习惯，对学习新的内容感到困难；也有些学生则从小善于思考问题，到了初中思维的逻辑性和理论性直追高中生。面对这种状况，语文教材首先应面向70%以上的思维中等水平的学生，但也要兼顾少量的尖子生和少量的后进生，这就是语文教材要有弹性，使后进生吃得了，使尖子生吃得饱，"允许后进，鼓励冒尖"。

（三）语言学、文章学、文艺学

关于语文，叶圣陶的解释是口头语和书面语，现在一般认为包括语言、文章和文学。语言学、文章学和文艺学，毫无疑问是语文教材编制的理论基础。

---

① 林崇德：《学习与发展：中小学生心理发展与培养》，北京师范大学出版社1999年版，第190页。

1. 语言学

在语言学、文章学、文艺学三门中，语言学是核心。皮亚杰说：
"语言学无论就其理论结构而言，还是就其任务而言，都是人文科学
中最先进，而且对其他科学都有重大作用的带头学科。"[①]语文教材可
以说是语言教材，基本元素就是语言文字。1963年《全日制中学语文
教学大纲（草案）》就规定，"中学语文教学的目的，是教学生能够正
确地理解和运用祖国的语言文字"。2011年《义务教育语文课程标准》
指出，"语文课程是一门学习语言文字运用的综合性、实践性课程"，
语文课程应引导学生"正确运用祖国的语言文字"。2017年《普通高
中语文课程标准》也指出，"语文课程是一门学习祖国语言文字运用的
综合性、实践性课程"，语文课程应培养学生"运用祖国语言文字的能
力"。语文教材的编制必须遵循教学大纲、课程标准的规定，致力于提
高学生运用祖国语言文字的能力，而要达到这个目的，必须以语言学
理论为基础。

语言学涉及面极广，如文字学、语音学、语义学、词汇学、语法
学、修辞学、语用学、语境学、语体学、社会语言学、心理语言学、
应用语言学、交际语言学等。这些学科的理论都是语文教材编制的基
础。以识字教材的编制为例，我国古代训诂学、文字学、音韵学十分
发达，古人就以这些学科理论为基础编制了诸种蒙书，如《仓颉篇》
《急就篇》以及后来的《三字经》《百家姓》《千字文》等。从20世
纪初，特别是五四新文化运动以后，我国一些留学国外的教育心理学
家用科学实验的方法对汉字汉语的特点及其学习规律进行了科学研
究。以他们的研究成果为依据，我们改革传统教材，实现识字教材
的现代化。新中国成立后，20世纪50年代，利用文字改革委员会的
研究成果，小学语文教材中先编排《汉语拼音方案》，接着生字按
音、形、义分别归类，集中编排，引导学生"集中识字"。到了改

---

① 倪宝元主编：《语言学与语文教育》，上海教育出版社1995年版，第23页。

革开放的新时期，识字教学研究又有新成果，即提高识字教学的关键在于博采众长、熔多种识字方法于一炉。于是，小学语文教材中"集中识字""分散识字""看图识字""归类识字""反义词比较识字""会意识字"等兼收并蓄，一切以传授识字方法、提高识字效率为指归。

我国古代语言学是经学的附庸，称为"小学"，地位不高，不受重视。古代的学校教材中，基本上没有语言知识。到了近现代，外国的语音学、词汇学、语法学、修辞学传入我国，与我国古代语言学熔为一炉，从而为语文教材改革提供了前提和条件。1904年《奏定初等小学堂章程》规定小学生要学习动字、实字、虚字并予以区别，1923年《初级中学国文课程标准》规定初中生要学习修辞学大意，1929年及三四十年代《小学语文课程标准》规定小学生学习文法修辞，《初中语文课程标准》规定初中生在小学的基础上学习文法的词性、词位、句式、修辞、组织法和藻饰法等。按照这些规定，上述语言知识编进了语文教材。试想，如果没有20世纪初的语言学研究成果作基础，语文教材从纯文选型跃进到包含知识的综合型，怎么可能？

在很长的时间内，语言知识以语法为主。因此，20世纪50年代，在吕叔湘指导下，由张志公主持，语言学界经多次研讨，集中多位语言学家的智慧，得出一个《暂拟汉语教学语法系统》。据此才编出1956年初中汉语课本。80年代，又是在吕叔湘指导下，由张志公主持，在哈尔滨召开语法和语法教学讨论会，全国著名语言学家、学者、优秀教师119人参加，经集思广益，形成《〈暂拟汉语教学语法系统〉修订说明和修订要点》。张志公在会后又反复征求各方面意见、反复修改，经吕叔湘审定后，最后以《中学教学语法提要（试用）》之名发表。根据这一提要，编者在人教版中学语文课本中编入系统的语法知识。没有《暂拟汉语教学语法系统》和《中学教学语法提要（试用）》这两项科研成果，语文教材中语法知识将无所适从。

索绪尔《普通语言学教程》首先区分了语言和言语。我国语言学家岑运强在《语言学概论》中也指出："所谓言语，有两方面的含义。其一，言语就是讲话（包括写作），是一种行为动作；其二，言语就是所讲的话（包括所写的话），是行为动作的结果。概括起来，言语就是个人讲话（写作）的行为和结果。""语言就是人们用以说（写）和存在于所说（所写）中的音义结合的词汇系统和语法系统。"[①]语言是社会约定俗成的规则系统，言语是符合语言规则的个人行为；语言规则系统有稳固性，处于相对静止状态，言语则处于不断运动的状态之中。语言来自言语，并寓于言语之中；个人言语行为必须遵守语言规则。随着语言和言语的区分，诞生了语用学、篇章语言学和交际语言学等，这就为语文教材的编写提供了新的理论基础。在过去很长时间里，语文教材编排的是静态的语言知识，主要是语法知识。虽然编者意在将语言知识转化为学生的语言能力，然而静态的语言知识只能对语言的输出起一定的监察作用，对提高学生运用语言文字的能力不能提供直接的帮助。而索绪尔的言语理论催生出的语用学，不仅关注语言本身，更关注语言的运用。于是，编制语文教材，以语用学为指导成了必然的选择。从20世纪八九十年代开始，中学语文教材一直致力于构建语用知识系统，也就是张志公说的实用语言知识系统，这是相对于过去的纯粹的语言理论的知识系统而言的。新世纪的初、高中语文课程标准一概强调"语言文字运用"，规定"语言文字运用"为高中选修课程。2017年的高中语文课标更把"语言建构与运用"置于语文四大核心素养的核心位置。遵循语文课程标准的规定，初中语文教材编入了语言运用知识短文，高中语文选修教材《语言文字运用》也已面世。语文教材正是在语言学理论的支撑下把培养语用能力落到了实处。

2. 文章学

文章，广义的指所有组成篇章的书面语言，狭义的指诗歌、小

---

① 岑运强：《言语的语言学导论》，北京大学出版社2006年版，第44页。

说、剧本等文学作品以外的"非虚构的""实用的"作品。文章学的研究对象是狭义的文章，比如记叙文、说明文、议论文和应用文，主要研究文章自身构成的规律、文章的写作规律和文章的阅读规律。

中学语文教材首先要培养学生的一般文章读写能力。一是因为这是大多数公民在生活中和工作上必备的修养，而文学作品的欣赏和创作只是少数人的事儿；二是因为文章的读写是文学作品的读写的基础。叶圣陶呼吁教材选文应包括一般人生活上触及的各类文字，如果教材偏重文艺，忽略了非文艺类选文，就减少了学生生活上、学习上的若干受用，这是教材的失误。他还指出，一般文章易于剖析、理解，也易于仿效，从此立定基本，才可以学习文学作品。[①]在中学语文教材中，尤其是初中语文教材，文章必然占主要地位。中学语文教材的选文既然以文章为主，那么教材的编制以文章学为理论基础是理所当然的了。

20世纪上半叶的语文课程标准，就从文章学理论出发，对语文教材的编制提出一些要求。一些语文教材的编制体现了课程标准的精神。比如较为通行的傅东华编复兴初中《国文》六册与宋文翰编《新编初中国文》六册，都是初一偏重记叙文、抒情文，初二偏重说明文、抒情文，初三偏重论说文、应用文。而夏丏尊、叶圣陶编《国文百八课》则"是彻头彻尾采取'文章学'的系统的"[②]，它"以文章学的理论统摄全书，以一般文章理法为题材的文话为中心编组单元，单元之间前后关联，左右照应，使全书形成一个比较完整、比较科学的文章体系"[③]。这是20世纪上半叶以文章学理论为基础编写的最有代表性的教材，它影响到20世纪下半叶语文教材的编制。

20世纪下半叶的中学语文教材，除1956年到1958年上半年汉语、

---

① 《叶圣陶语文教育论集》（上册），教育科学出版社1980年版，第61页。

② 《叶圣陶语文教育论集》（上册），教育科学出版社1980年版，第180页。

③ 曾祥芹：《文章学与语文教育》，上海教育出版社1995年版，第323页。

文学教材独领风骚外，其他多数时间是以一般文章为主的语文教材风行天下。尤其是著名的1963年版中学语文教材，定下了初中记叙文、说明文、议论文，高中比较复杂的记叙文、比较复杂的说明文、比较复杂的议论文的格局。"文革"后80年代的中学语文教材沿袭了1963年版中学语文教材的编制方法。当时"不要把语文课教成文学课"的口号余响未歇，教材课文大都是一般文章。即使有些课文是小说、散文，往往也当作记叙文处理。课本上课文以外的内容，如单元提示、课文说明、自学要求、知识短文、资料链接等，也大都是文章或文章片段。可以说，当时的中学语文教材基本上是文章教材。

文章学认为，文章本身和文章的读、写都是有规律可循的。文章由主旨、质料、结构、语言、表达方式和文体等要素构成。主旨是文章在说明事物、阐述道理、反映生活时所表现出的基本思想，要求正确、深刻、集中、鲜明。质料是指组成文章本体、用来表现主旨的内容材料，包括人物、事件、景物、事例、数据、道理等，要求搜集要多，选择要精，运用要巧。结构是文章的内部构造，是对质料的具体恰当的组织和安排，包括开头和结尾、段落和层次、过渡和照应、文章标题等，要求能反映客观事物的内部规律，能为表现主旨服务，并注意适应文体特点。语言是作者进行思维和表达思想的工具，也是构成文章的物质形式。文章是反映客观事物、组成篇章的书面语言，文章语言要求准确、明白、简洁、生动。文章的内容需要一定的表达方式表达出来，内容不同，表达方式也不同。主要的表达方式有记叙、描写、议论、说明和抒情等，每种表达方式都有一定的要求。文体就是文章的体裁样式，任何文章都要以一定的文体表现出来。文体可分为记叙文（消息、报道、回忆录、游记、传记、抒情散文等）、议论文（政论文、科学论文、杂文等）、说明文（事物说明文、事理说明文、说明书、内容提要等）、实用文

（书信、日记、调查报告、总结、合同等）。①

文章学认为，文章的写作活动表现为"物—意—文"的过程，即客观事物呈现在作者面前，作者把主观情思照射上去，孕育新意，然后写出来。其中必经三个阶段：一是"以心接物"的认识阶段；二是"缘物生意"的创造阶段；三是"缀文表意"的表达阶段。写作文章，要经过认识、创造、表达三重转化。②文章的阅读活动表现为"文—意—物"的过程，正好是写作思维走向的逆运转：从文章的语言文字出发，沿着句、段、章、篇的顺序依次前进，回环解释，整体辨识其体式，逐级理解其情意；再跳出文外，延及作者主体和事物客体，深思文章的社会历史价值；最后使精神营养化为改造主客观世界的自觉行动，才算达到阅读的终点。其中必经三个阶段：一是"感言辨体"的认形阶段；二是"入情得意"的取神阶段；三是"运思及物"的笃行阶段。阅读文章，要经过"感受、领悟、活用"的三重转化。③

上述文章学理论指导了语文教材的编制。文章本体的知识与文章读写的知识是语文教材中语文知识的主要组成部分。比如改革开放以来的中学语文教材大致上编排了下列文章读写知识短文：记叙·说明·议论，记叙的要素，中心和材料，前后一贯、首尾一致，读书提要和写作提纲，记叙的顺序，描写和说明，几种说明文的结构和用语，说明事物要抓住特点，记叙中的议论和抒情，论点和论据，立论和驳论，读书笔记，议论中的说明和记叙，说明文的科学性，比较复杂的记叙，论证的方法等。文章读写能力是语文能力的核心，语文教材依据文章学建立文章读写能力训练系统。比如1992年多套九年义务教育初中语文教材无不编排了下列文章阅读、写作能力训练的内

---

① 张寿康主编：《文章学概论》，山东教育出版社1983年版，第74—111页。

② 张会恩、曾祥芹主编：《文章学教程》，上海教育出版社1995年版，第326页。

③ 张会恩、曾祥芹主编：《文章学教程》，上海教育出版社1995年版，第337页。

容——阅读部分：整体感知课文的大概内容；感受课文的语言所表达的思想感情；借助工具书理解词语在上下文中的含义和作用；从课文中找出感受最深的句子和段落；抓住一段文字的中心，找出关键性语句；看出课文各个部分之间的联系，大体了解课文的思路和中心意思；根据不同表达方式和体裁的特点阅读课文；从课文的内容中体会作者的态度或观点；就课文的内容、语言、写法提出自己的看法或疑问；体会课文中一些句子的深层含义；用普通话正确、流利、有感情地朗读课文；集中注意力默读课文；用圈点、批注的方法精读课文；用摘录或制作卡片的方法积累阅读的材料；写读书心得笔记。写作部分：观察、分析周围的事物，用自己的话写出观察的结果和感受；随时收集、积累语言材料；根据写作需要，确定表达的内容和中心；选择恰当的表达方式，比较准确地表达自己的意思；合理安排内容的先后、详略；运用想象和联想，丰富表达的内容；记事写人，内容具体，有真情实感；选用恰当的说明方法，有条理地说明事物的特征；发表自己的看法，有一定的根据，作一些简单的分析；根据目的、对象、场合，选择比较恰当的语句；根据需要，对文字材料作缩写、扩写、改写、续写；学写一般的应用文；养成修改文章的习惯。

毋庸置疑，语文教材中的文章知识和文章读写训练的内容，大都植根于文章学理论。文章学是语文教材的主要理论支撑之一。当然，时代在发展，文章学理论也在发展变化中，语文教材中的文章知识和文章读写能力训练的内容也应与时俱进，随之发展变化。

3. 文艺学

文艺学本名是文学学，是研究文学的发展过程、相关知识、基本规律、文学活动中的个案的学科。它一共有三个分支：文学史、文学批评、文学理论。三个分支相互渗透、相互作用。文艺学的三个分支跟语言学、文章学一样，也是中学语文教材编制的理论基础之一。

20世纪上半叶，文艺学已影响到国文课程教材。1912年《中学校令施行规则》规定，国文学科要旨包括"涵养文学之兴趣"，宜授"文学史之大概"。1913年《中学校课程标准》规定，第四学年教学内容包括"中国文学史"。1923年《新学制课程标准纲要·初级中学国语课程纲要》在"目的"中规定，要"引起学生研究中国文学的兴趣"；在"内容"中规定，要学生精读小说、诗歌等文学作品；在"毕业最低限度的标准"中规定，要求学生"能欣赏浅近文学作品"，并列出小说、戏剧、散文的略读书目。1923年《新学制课程标准纲要·高级中学公共必修的国语课程纲要》在"目的"中规定，"培养欣赏中国文学名著的能力"；在"内容与方法"中，对精读的书籍，要求学生自己研究，须有详细的了解，并注重文学的技术，对略读的书，则要求了解欣赏书中大体。1923年《高级中学第一组必修的特设国文课程纲要·（二）中国文学史引论》，在"目的"中规定："1. 使学生略知中国文学变迁沿革的历史。2. 使学生了解古文学与国语文学在历史上的相当位置。3. 引起学生研究文学的趣味。"在"内容"中，要求学生从《诗经》学到民国初年的文学。1929年《初级中学国文暂行课程标准》在"目标"中要求学生"养成""欣赏文艺的兴趣"；在"教材大纲"中提出"能使学生对于文学获到最低限度的常识，或引起欣赏的兴趣"；在"毕业最低限度"中要求学生"能欣赏浅近的文学作品"。1929年《高级中学普通科国文暂行课程标准》在"目的"中规定，"继续培养学生欣赏中国文学名著的能力"；在"作业要项"中，要求学生每学期精读一部名著，对读物有详细的了解，并注重于文学的技术之指示；在"毕业最低限度"中，要求"精读名著六种而能了解与欣赏"，"略读名著十二种而能大致了解欣赏"。三四十年代修订或新编的国文课程标准，对文学教育的目的、内容与方法，与1929的课程标准基本一致，没有大的变动。国文教材的编制，遵循课程标准的规定，以文艺学理论为指导，确定文学教育的内容与呈现方式，主要是文学作品选文与文学知识。比如影响很大的初中语文教材《国文百八课》，虽说是按文章学系统编写的，但也编排了不少文学作品课文和文学知识短文。它们是《水浒传》《三国演义》《红楼梦》《西游记》《儒林外史》《镜花缘》《子夜》等长篇小说的节选，《孔乙己》《项链》《最后一课》等短篇小说，杜甫、王维、陶潜等的诗歌，田汉的《苏州夜话》、易卜生的《娜拉临走之一幕》等戏剧，朱自清的《荷塘月色》、郑振铎的《海燕》、鲁迅的《秋夜》等散文。编排在"文话"中的文艺学知识短文也有好多篇：《记叙文与小说》《小说的真实性》《韵文和散文》《诗的本质》《戏剧》《抒情诗》《律诗》《叙事诗》等。又如著名的《开明国文讲义》，共三册。其中第一、二册侧重于文章的类别和写作的技术方面，不过在"文选"中也选了一定量的文学作品课文，在"文话"中也撰写了一定量的文艺学知识短文，情况跟《国文百八课》类似。而第三册则是文学史教材，从古到今、从中国到外国，编排了三十课文学作品和三篇文学论文、杂感，以及十二篇文学史话。

文艺学对20世纪下半叶、21世纪初的中学语文课程教材的影响，与20世纪上半叶有所不同。1956年至1958年上半年，实行汉语、文学分科，于是文学教材横空出世，一般文章基本上被撇在一边。这是我国20世纪最为亮丽的一套中学文学教材。初中部分编入文学常识短文二十篇，包括多种文学体裁知识（民歌和民间故事、寓言、童话、诗歌、散文、剧本、小说的特点）、文学基础理论知识（叙述和描写、文学作品是写人的、作品的思想内容、怎样看作品的好坏、文学作品的结构分析、从文学获得的知识、从文学受到的陶冶）、文学史知识（我国的古典文学、我国的现代文学）、作家介绍（杜甫、屈原、鲁迅、瞿秋白）。高中部分编入文学史知识短文四篇（秦代以前的文学、两汉魏晋南北朝的文学、唐代文学、宋代文学）、文学基础理论知识短文八篇（文学的起源，民间口头创作同文学的关系，形象和典型的概念，文学中的人民性、阶级性、党性，各种体裁的艺术特点，批判的现实主义和社会主义现实主义的概念，评价古典文学作品的历史主义原则，我国文学的独特性和创造性），又编入革命导师的经典性文艺学论文，如毛泽东的《在延安文艺座谈会上的讲话》和列宁的《论党的组织和党的文学》等。不过在20世纪下半叶的前四十年中，除了1956年至1958年上半年这套文学教材短暂的辉煌外，绝大多数时间内文学教材被边缘化，文艺学无用武之地。直到1986年的中学语文教学大纲提出高中生应"初步具有鉴赏文学作品的能力"，以及1988年的义务教育初中语文教学大纲要求初中生"初步具有欣赏文学作品的能力"，文艺学才重新成为中学语文教材编制的理论基础，文学教育亦回归语文教材。在改革开放的大背景下，文艺学旧貌换新颜，纠正了过去一度用阶级分析代替艺术分析、以政治标准代替文学标准的倾向，教材编制随之发生可喜的变化。

20世纪80年代，西方各种各样的文艺学理论涌入中国。比如，社会历史批评，以人类的社会生活为比照系统，以描绘社会生活的逼真程度作为评判文学作品优劣的尺度；文本批评，着眼于文学作品本身，关注其言语组织方式的批评，主要由英美两国的新批评学派和法国结构主义组成；心理批评，着眼于作品形成的心理原因和作品所包含的心理因素的批评，其中包括精神分析批评和原型批评；[①]读者反应批评，考察读者的阅读活动，分析读者在阅读过程中的感受和反应的批评；等等。其中，读者反应批评、接受美学、对话理论，对中学语文课程教材影响最大。2001年版《全日制义务教育语文课程标准（实验稿）》指出："阅读是学生的个性化行为，不应以教师的分析来代替学生的阅读实践。应让学生在主动积极的思维和情感活动中，加强理解和体验，有所感悟和思考，受到情感熏陶，获得思想启迪，享受审美乐趣。要诊视学生独特的感受、体验和理解。"2003年版《普通高中语文课程标准（实验）》、2011年版《全日制义务教育语文课程标准》、2017年版《普通高中语文课程标准》，均强化了2001年版课标的这个精神。这个精神贯彻到语文教材编写中，教材尽量调动学

---

① 顾祖钊：《文学原理新释》，人民文学出版社2002年版，第409—419页。

生解读作品的主动性，创设条件便于学生对文学作品作个性化的多元解读。比如，文学课文的练习设计就注意引导多元解读，对《病梅馆记》的主题思想、对《雷雨》中周朴园的评价、对《项链》中女主人公的看法等等，都不求统一答案。

文艺学理论的更新，引起中学语文教材选文标准的更新。过去的语文教材，所选的外国文学作品，主要是19世纪批判现实主义作品和苏联、俄罗斯的作品；我国古代文学作品，主要是反映阶级斗争的作品；我国现当代文学作品，主要是反映革命斗争的作品。在文艺学新观念指导下，摒弃过去选材问题上的条条框框，于是西方现代派文学作品，如卡夫卡的《变形记》、海明威的《老人与海》、荒诞派的《等待戈多》选进来了，胡适、梁实秋、徐志摩的作品选进来了，描写爱情的作品也选进来了。只要是文学经典且适合学生阅读，就选作课文。

文艺学新理论新观念，有一些以短文形式出现在教材中，有一些则渗透在课文的提示、注释和练习中。短文如《怎样读诗》《散文的艺术魅力》《谈谈小说》《谈谈戏剧文学》等。过去教材中曾选了一篇文学赏析文章《〈咏柳〉赏析》，遭到一位学者的批评。该学者认为《〈咏柳〉赏析》根据的是苏联20世纪50年代的文艺观，其"美就是生活"、美就是真的观点不到位、不确切。有的学者用解构主义、文化批评、女权主义等理论对《咏柳》重新作了分析。后来教材撤下了《〈咏柳〉赏析》。同时，文艺学新理念引导学生对教材内所有文学课文都用马克思主义文艺理论作解读、分析。比如对鲁迅的小说，过去往往机械运用社会历史批评法，总是企图从鲁迅小说中挖掘中国现代革命史的形象说明，甚至把政治家关于中国历史性质以及近现代史的论述直接作为小说的主题思想，即使涉及小说的文学性，也只在人物、情节、环境三要素陈旧、单一的圈子里打转，忽视小说的审美内容和艺术形式。新世纪中学语文教材试图用新文艺观阐释鲁迅小说，比如用小说叙事学理论阐释名家名作。有一套义务教育初中语文教材九年级下册就选编了叶圣陶的《揣摩——读孔乙己》一文，里边谈到人称问题，即叙事学理论问题；又有一套课程标准初中语文教材九年级下册《孔乙己》一文"研讨与练习"，设计了这样一道题："作者为什么通过一个小伙计'我'的眼光来讲述孔乙己的故事？体会一下这种写作角度与直接用第三人称描写的不同效果。"这也涉及叙事学理论。还有一套课程标准高中语文选修教材《外国小说欣赏》，第一单元就谈小说的叙事学理论——叙述角度、叙述人称、叙述腔调、叙述速度，接着依据这一理论谈小说欣赏。这就给小说欣赏吹进了一股新鲜的空气。以马克思主义文艺学理论、进步文艺学理论作基础，就改换了语文教材的面貌。

二 国情基础

语文教材的编制，当然要基于国情。与语文教材编制直接有关的，有政治、经济、文化、民族心理和语文本身等方面。

（一）政治制度和政治思想

"统治阶级的思想在每一时代都是占统治地位的思想。"①中国封建社会实行封建专制统治，封建意识形态占了统治地位。作为封建社会主流意识形态的儒家思想，集中表现为"三纲"（君为臣纲、父为子纲、夫为妻纲）、"五常"（仁、义、礼、智、信）等伦理规范。在这种意识形态支配下的语文教材，无可避免地充斥"三纲五常"等封建思想。孔子倡导的"五经"、朱熹集注的"四书"，就是如此。即使蒙学读物，比如《百家姓》，从中也可以看出受到封建政治的制约。《百家姓》本来是姓氏的汇编，本身并没有什么含义，宋代创编的《百家姓》却因当时皇帝姓"赵"，特地把"赵"列为全书第一字，意思是"赵"为天下第一姓。又如，到了清朝末年，有一本小学国文读本开头第一课就写道："我是大清民，我爱大清国。"封建统治已经穷途末路了，还牢牢抓住语文教材不放。

欧洲中世纪封建社会中，僧侣封建主和世俗封建主的意识形态占统治地位。这种意识形态的核心精神是对上帝的虔诚，人有原罪，主张禁欲。在这种意识形态支配下的语文教材，主要是《圣经》。文艺复兴和宗教改革运动，极力推崇人性，提倡人文主义，喊出了"知

---

① 《马克思恩格斯选集》（第一卷），人民出版社1972年版，第98页。

识就是力量"的口号，以充分发挥人的主体作用，去认识、征服自然和认识、肯定自我。个人主义是资产阶级意识形态的核心。在这种意识形态支配下的语文教材，强调面向生产实践和生活需要，讲究实用性。现代资本主义在人与人的关系上，主张"天赋人权""自由、平等、博爱"，鼓励竞争，追求个人幸福。这种意识形态的核心是"民主个人主义"。在这种意识形态支配下的语文教材，充斥着所谓"民主""自由""人权"的内容。

当改变中国历史和亿万人民命运的改革开放走到新的关键节点之际，以习近平同志为核心的党中央高举新时代改革开放旗帜，再启催人奋进、勇往直前的壮阔征程。语文教材编者必须基于这一基本国情，在教学目标的确定、课文的选用、助读材料的编写、作业练习的设计等方面，要力图体现我国政治制度的特点和政治思想、政治路线的原则要求。习近平同志在给人民教育出版社老同志的回信中强调："坚持正确政治方向，弘扬优良传统，推进改革创新，用心打造培根铸魂、启智增慧的精品教材。"

（二）社会生产力

社会生产力发展水平也是影响教育、影响语文教材编写的主要因素。一方面，社会生产力发展水平制约语文教材的编写；另一方面，编写语文教材要为发展社会生产力服务。在欧洲，以蒸汽机的发明和使用为标志的第一次工业技术革命，要求工人具有小学的文化水平；以电动机的发明和使用为标志的第二次工业革命，要求工人具有初中的文化水平；以原子能、电子计算机的发明和使用为标志的第三次工业革命，要求工人具有高中文化水平。为了适应生产力发展的这种要求，欧洲各国教育不断变革，语文教材也不例外。第一次工业革命时期的语文教材旨在培养起码的读写能力，使学生能认清指路牌，能写自己的名字；第二次工业革命时期的语文教材增添了语文知识内容，进一步培养读写能力，使学生的语文水平基本过关，在生活中和社会交往中语文基本够用；第三次工业革命时期的语文教材加大了文学比重和文化含量，以进一步提高学生的语文能力，丰富学生的语文素养，使学生成为有一定语文水平的有文化修养的人。

从生产力发展水平看，我国虽然还是发展中国家，但经济总量居世界第二位，而且优越的中国特色社会主义制度和改革开放政策，保证我国的生产力稳定、持续地不断向前发展。生产力的发展依靠科学技术，科学技术的发展依靠人才，而人才的培养依靠教育；所以，教育要为生产力发展服务，为培养各级各类建设者和接班人服务。作为教育一部分的语文教材编制，当然要肩负起其历史重任。语文教材的编制要注意符合为生产力发展培养合格人才的新要求，要注意体现科学技术为第一生产力的时代新特点。

我国幅员辽阔，自然条件复杂，从东北平原到云贵高原，从东南丘陵到西北山地，绵延千里，边疆与内地，城市与乡村，经济发展很不平衡。一线大城市的生产力发展水平与中等发达国家的生产力发展水平相差无几，而"老少边穷"地区还刚刚脱贫。面对这种情况，语文教材的编制要充分反映各个地区生产力发展的不同需求。一是统编教材要增加弹性，"保底不封顶"，让条件好的地区的学生"吃得饱"，让条件差的地区的学生"吃得了"；二是实现教材的多样化，有面向大多数地区和学校的主流教材，也有面向部分学生的地区教材和校本教材，以便各类学校和学生各取所需。

（三）民族文化

语文教材是文化的载体，本身也是文化。21世纪颁布的中学语文课程标准非常强调这一点，要求教材编制务必突出文化。例如，2011年版《全日制义务教育语文课程标准》指出"语言文字是人类最重要的交际工具和信息载体，是人类文化的重要组成部分"，要求学生"认识中华文化的丰富博大，吸收民族文化智慧。关心当代文化生活，尊重多样文化，吸取人类优秀文化的营养"。又如，2017年版《普通高中语文课程标准》更把"文化传承与理解"作为语文学科的核心素养，要求学生"继承和弘扬中华优秀传统文化、革命文化、社会主义先进文化，理解和借鉴不同民族和地区的文化，拓展文化视野，增强文化自觉，提升中国特色社会主义的文化自信，热爱祖国语言文字，热爱中华文化，防止文化上的民族虚无主义"，并规定了四个"学习任务群"——当代文化参与、科学与文化论著研习、中华传统文化专题研讨、跨文化专题研讨，并提出"教材编写建议"——"要高度重视继承和弘扬中华优秀传统文化、革命文化和社会主义先进文化，自觉维护国家统一和民族团结，体现对文化多样性的理解和尊重，有助于增强民族自尊心、爱国感情和文化自信，形成正确的世界观、人生观和价值观。"

语文教材的编制当然要贯彻执行上述规定和建议，首先要使教材成为继承和弘扬中华优秀传统文化的重要凭借物。对于文选型教材来说，要尽量选入传统文化经典。如朱自清所说："我可还主张中学生应该诵读相当分量的文言文，特别是所谓古文，乃至古书。这是古典的训练，文化的教育。一个受教育的中国人，至少必得经过古典的训练，才成其为一个受教育的中国人。"[1]又说："在中等以上的教育里，经典训练应该是一个必要的项目。经典训练的价值不在实用，而在文化。"[2]通过经典作品的学习，学生可接受优秀传统文化，成为有文化的中国人。实际上，注重本民族传统文化教育是各国母语教材的通例：英国英语教材有崇尚英国古典文学教育的传统，一向大量选入以莎士比亚为代表的古典作家作品；德国中小学德语教材中，以歌德为代表的古典作家作品始终占主要地位；法国人以法兰西文化为荣，本民族雨果、莫泊桑、巴尔扎克等大作家的作品在中学法语教材课文中占80%以上。我国有五千年的光辉历史，古典文化源远流长，伟大

①《朱自清语文教育经验》，教育科学出版社2007年版，第27页。
②《朱自清选集》（第二卷），河北教育出版社1989年版，第3页。

作家群星灿烂，不朽作品不胜枚举。我国语文教材理应无比重视突出优秀传统文化，包括哲学、政治、经济、科学、宗教、教育、道德、文学、艺术乃至饮食、服饰、工艺、交际、礼仪等方面。就文学而言，先秦散文、汉乐府、南北朝民歌、唐诗、宋词、元曲、明清小说等，在教材中都应占一席之地。我国某版语文教材一度删掉了一些古代经典诗词和散文，习近平同志明确表示"很不赞成"，说"去中国化"是很悲哀的，应该把这些经典嵌在学生脑子里，成为中华民族文化的基因。在2014年2月24日中共中央政治局集体学习会上，习总书记强调中华优秀传统文化教育"要从娃娃抓起，从学校抓起，做到进教材、进课堂、进头脑"。语文教材的编制必须不折不扣地落实这个重要指示。

其次，语文教材还是弘扬革命文化和社会主义先进文化的凭借物。我国近百年来，在中国共产党英明领导下，新民主主义革命和社会主义革命取得了伟大胜利，新民主主义文化和社会主义文化成就辉煌。语文教材无可置疑地要蕴含革命文化和社会主义先进文化，加强革命文化教育，包括革命传统教育。从1963年版中学语文教学大纲开始，所有中学语文教学大纲、课程标准，一概强调中学语文课程要加强革命传统教育。1991年教育部颁布《中小学语文学科思想政治教育纲要》，要求通过语文教育"使学生认识中国共产党为中国革命事业所建立的丰功伟绩，认识中国共产党人的远大志向、献身精神和高尚品德，使学生懂得没有共产党就没有新中国，从而更加热爱共产党"。2004年，教育部发布《关于语文课程标准实验教材增加革命传统教育篇目的通知》，明确要求各版中小学语文教材增加革命传统教育的课文。2011年版《义务教育语文课程标准》规定语文课程要"继承和发扬中华优秀文化传统和革命传统"，"教材要注意继承与弘扬中华民族优秀文化和革命传统"。2017年版《普通高中语文课程标准》专设"中国革命传统作品研习"和"中国革命传统作品专题研讨"两个学习任务群，要求学生"诵读革命先辈的名篇诗作，体会崇高的革命情怀"，激发"热爱中国共产党、热爱社会主义祖国的感情"。无须多言，努力体现革命文化是中学语文教材的神圣职责。

社会主义先进文化的核心和灵魂是社会主义核心价值观：富强、民主、文明、和谐，自由、平等、公正、法治，爱国、敬业、诚信、友善。这24个字，概括了要建设什么样的国家、建设什么样的社会、培养什么样的公民的问题。中共中央《关于培育和践行社会主义核心价值观的意见》以及党的十八大、十九大指出，必须把社会主义核心价值观教育融入中小学教育。语文课程当然责无旁贷。2011年版《义务教育语文课程标准》指出，语文课程应"体现社会主义核心价值观的引领作用，突出中国特色社会主义共同理想，弘扬以爱国主义为核心的民族精神和以改革创新为核心的时代精神，树立社会主义荣辱观，培养良好道德风尚"。2017年版《普通高中语文课程标准》更加强调社会主义核心价值观教育：在"课程目标"中提出"坚定文化自信，自觉弘扬社会主义核心价值观"；在"课程性质"中指出"发展思辨能力，提升思维品质，培育社会主义核心价值观"；在"基本理念"中提出"坚持立德树人，弘扬民族精神，融入社会主义核心价值观教育"；在"教材编写建议"中提出"教科书编写要坚持立德树人，体现社会主义核心价值观"。对于上述种种，语文教科书编者决不能掉以轻心，必须坚决践行。

我国的语文教材基本上是"文选型"教材，以选文为主。教材负载的文化，主要蕴含在选文里。因此，为弘扬我国优秀传统文化、革命文化和社会主义先进文化，必须大大增加富于"文化含量"的课文。何谓富于"文化含量"的课文？一般说来，应是文化经典名篇。施蛰存说："要有一个基本教材，由教育部组织全国最有权威的学者来编，选的篇目必须是适宜中学生阅读的、众所公认的名篇，然后固定下来，十年八年不变，这样不管你在什么地方念书，一提起那些文章，大家都读过，使全国的青少年有一个比较统一的语文水平。"[1]这里所说的"语文水平"，是语言文字水平，也是文化水平。2011年版《义务教育语文课程标准》附录中列出了"优秀诗文背诵推荐篇目"和"关于课外读物的建议"，2017年版《普通高中语文课程标准》也有类似的附录。这些附录中列出的篇目，大都可称为文化名篇。附录还要求教师向义务教育阶段学生推荐中外各类优秀文学作品、科普科幻作品、各类历史及文化读物、传记，以及介绍自然科学与社会科学常识的普及性读物，向高中阶段学生推荐当代优秀文学作品、科技与人文方面读物。这是对教师的要求，更是对教材编制者的要求。教材编者必须把多选文化经典名篇作为编辑准则。

语文教材的汉语汉字本身也承载着丰富的文化信息，主要指汉语语音、词汇、语法和汉字形体所包含的文化信息。其中，词汇与文化的关系最为密切，蕴含的文化信息最为丰厚。例如，汉语词源意义包含了古人的传统观念，"囱"、"蔥"（葱）、"窗"、"聰"（聪）是一组同源字，"囱"是走烟的通道，"蔥"的特点是叶子中空，"窗"是墙上通气的洞、"聰"指接受外界事务通达。由此可知古人对聪明的认识，认为聪明是内心对外界的感受通达。又如，汉字的原始构形理据中必然带有一定的文化信息，许多表示颜色的词在选字时都用"系"（细丝）作义符，这就反映了汉族的文化习俗。中国古代丝织业发达，人们对颜色的认识与丝绸染色有关，因此很多记录颜色的字用"系"作义符。又如，汉字的形体会随着记录词的音义变化和所指对象的变化而发展变化。在甲骨文中，"艹"和"木"这两个构件的分工还不是很严密，许多字从"艹"和从"木"没有区别，到小篆中"艹"和"木"已作了明确分工，这说明到了周秦时期，人们对草本植物和木本植物的区分已很清楚。又如，构词上的差别，是地域农业文化差异的反映。同是表示"粉末"这一类物质，以种植小麦为主

---

[1] 王丽：《中国语文忧思录》，教育科学出版社1998年版，第88页。

的北方，多用本义为"麦面"的"面"这个词来派生其他词——"胡椒面儿"、"药面儿"、"白面儿"（海洛因）等；而以种水稻为主的南方，多用本义为"米粉"的"粉"这个词来派生其他词——"胡椒粉"、"药粉"、"白粉"（海洛因）等。[①]

汉语汉字是中国文化的重要内容，又是中国文化中其他文化项的主要载体。汉语汉字文化是语文教科书的重要基础，语文教科书大厦必须建筑在汉语汉字文化的基石上。

（四）民族心理

民族心理与民族语言有密切的联系，民族心理往往制约着语言行为的表现形式。汉语文教材的编制，必须了解、尊重民族语言心理传统。第一，中庸心理。这是历史悠久的传统心理。《老子》中说："不敢为天下先。"《论语》中说："过犹不及""允执其中"。这种中庸心理表现在语言上，例如：知足常乐；比上不足，比下有余；不求有功，但求无过；有理三扁担，无理扁担三。汉语里委婉的表达方式比较丰富，例如：某人取得很大成绩，还自谦离人民的要求尚远；某人写了一本书，后记中总要说"缺点在所难免，请读者不吝指正"一类的话；请客人吃饭，面对满桌子的菜，还声明没什么吃的，请包涵。这都是中庸心理造成的语言现象。第二，群体心理。在汉语词汇中，由"狗"构成的词和短语以及由"犭""犬"构成的汉字，往往含有贬义——走狗、疯狗、狗崽子、狗急跳墙、狗仗人势、狼心狗肺、狗嘴里吐不出象牙，犯、狂、猖、狰狞、狡猾，等等。而以"羊"为构件的字词，往往含有褒义——美、善、义（義）、羑，都从共同的构件"羊"带来吉祥、美好的意思。造成这个现象的原因是什么呢？《说文》"独"字条后说："羊为群，犬为独。"羊的习性是聚在一起成为羊群，而狗喜欢独来独往。褒羊贬狗正符合民族群体心理。这种群体心理还反映在表现人际关系的词语中，汉语词汇系统蕴含了把

[①] 张岱年、方克立：《中国文化概论》，北京师范大学出版社2004年版，第118—120页。

个人与国家、民族联系起来的倾向。比如，把中国血统的人都称为"同胞"："港澳同胞""台湾同胞""兄弟民族同胞""男同胞""女同胞"。即使已经加入外国国籍的华人，也称之为"海外同胞"。"同胞"本来指同一母亲所生的兄弟姐妹，而用来指中华民族的所有成员，则显示了强烈的群体心理。[①]群体心理在以"同""齐""众"为核心的成语群中也有反映，比如"同心协力""同甘共苦""同仇敌忾""同声相应""同舟共济""同心同德""齐足并驰""众志成城"等。第三，同化心理。汉语总是尽量同化外来文化，使外来文化融入汉语文化，实现语言文字从形式到内容的文化认同。一是外来词的中国化。如果是音译词，就采用省音译法，将多音节缩略为单音节或双音节，使之更接近汉语词语的特性，如和尚、菩萨、佛、禅等；或采用半音译法，如啤酒、爱克斯光等，方便读者理解；或采用谐音译法，如乌托邦、佃农、霓虹灯、踢踏舞等，使词义饶有风趣，具有本土特色。在汉语的外来词中，音译词是少数，大量的是意译词，基本上汉化了，符合读者心理，如火车、黄油、铁路、马力、地狱、慈悲、烦恼、因果等。此外，还有一种对外来词进行同化的手段，就是用中国事物作比拟，在原有的汉语前加上表示外来意义的词素，如洋葱、西餐、番椒、胡麻等。[②]民族心理除上述三种以外，还有从众心理、攀比心理、封闭心理等。凡此种种，语文教材编制者应该有所了解，并联系这些民族心理编制教材，以便于本民族青少年学生更易于学习与探究。

（五）民族语言文字

语文教材必须体现汉语汉字的特点，遵守国家汉语言文字的政策。汉语的主要特点：一是非形态语言，影响到语音、语汇、语法以及文字、应用等各个方面；二是使用的地域广、人口多、历史久，因

---

① 沈锡伦：《中国传统文化和语言》，上海教育出版社1995年版，第25—34页。

② 王国安、王小曼：《汉语词语的文化透视》，汉语大词典出版社2003年版，第213页、283—286页。

而语汇越来越丰富，但方言多，古今语言交错。汉语语音的特点：以元音为主体，开音节（以元音结尾的音节）很多，因此发音响亮；语素和词有声调，可区别语义。这两个特点使汉语说起来有音乐美，但声调是难点。汉语语汇的特点：语汇丰富，因为语汇单位的形成不受形态的束缚，组合起来方便、灵活，又因为语汇的各种成分中，成分越小，多义性越大，与不同的成分组合就会产生各种不同的意思，又因为汉语历史悠久，普通话与各种方言纵横交错，不断融合，互相影响，从而丰富了语汇；语汇变化快，发展迅速，适应社会发展变化而产生的新语汇非常多；语汇非常灵活，很难概括出规律，使得语言运用能力的高低在很大程度上取决于语汇掌握的多少。汉语语法的特点：汉语组合以二合为主，带有民族特点；汉语组合简便、容易，强制性的规则少，只要符合语义、逻辑事理，约定俗成，就能组合在一起；各级语言单位的组合具有一致性，从语素与语素的组合、词与词的组合、短语与短语的组合，到句与句的组合，组合方式和组合关系基本是一致的。汉字的主要特点：常用汉字7000个左右，其中最常用字3000个左右；汉字是音节文字，一个字表示一个音节；汉字没有形态变化，互相组合非常容易，能够记、写丰富、复杂的汉语；汉字的表意功能强，形声字的形旁能提示一个意义范畴，足以引起人的联想、想象，且能锻炼人的思维能力。编制语文教材必须基于上述汉语汉字的特点。例如，汉语是非形态语言、汉语的每个字表示一个音节、汉语的词十分活跃等三个特点，带来汉语言容易形成整齐的句子、容易构成对偶、容易押韵的效果。我国古代蒙学教材《三字经》《弟子规》《声律启蒙》等，正是利用这个有利条件编成的。又如，根据汉字的特点，大致上认识到2000字，就可以阅读3000—3500字汇量的读物，但在突破认识2000字，特别是在认识5000字大关以前，学生不得不阅读远低于他们智力的十分简单的读物。为解决这个矛盾，充分利用汉字的优点，避开汉字的缺点，从20世纪60年代开始，先出现多种"集中识字"教材，在全国不少地区的学校使用，接着由教育部发文推广"注音识字，提前读写"教材，使学生边识字边阅读与他们的智力匹配的读物。又如，利用汉语汉字特点编写的"三百千"等启蒙读物，运用三言和四言韵语，大致上包括文言的各种基本结构。由于念起来像唱歌一样，学生自然而然就养成文言习惯，以后顺利过渡到读文言文。韵语读物是跨越口语与文言间那条鸿沟的桥梁。新世纪小学语文教材的编写，借鉴古代蒙学教材的经验，同样利汉语汉字的特点，在小学低、中年级语文教材中，编排三言和四言韵语作课文，有意识渗透文言基本结构，到小学高年级时，语文教材里再编排短而浅的文言文。北京出版社出版的某版小学语文教材就是这样编排的，因此受到好评。

新中国成立以来，国家颁布了一系列语言文字政策、法令和规定，如《简化字总表》《现代汉语常用字表》《现代汉语通用字表》《第一批异体字整理表》《普通话异读词审音表》《汉语拼音方案》《出版物汉字使用管理规定》《部分计量单位名称统一用字表》《国家通用语言文字法》等。这些政策、法令和规定旨在使汉语汉字规范化、标准化。《国家通用语言文字法》就明确规定："国家通用语言文字是普通话和规范汉字。""学校及其他教育机构以普通话和规范汉字为基本的教育教学用语用字。""使用的汉语文教材，应当符合国家通用语言文字的规范和标准。"既然如此，语文教材编者应当不折不扣地恪守和执行国家的语言文字政策和法令。20世纪末，有人提倡"识繁用简"，在日常生活中使用简化字，同时又认识繁体字，这一观点得到不少人的认可。于是有些语文教材编者心动了，计划把"识繁用简"渗透入教科书，结果马上被有关部门叫停。国家语言文字法是红线，触碰不得。

第三章
语文教材的构成要素和类型

一 语文教材的构成要素

中学语文教材由两部分组成——语言运用与经典阅读，可以合编成一本书，也可以分编成两本书，还可以把文言独立出来，编成三本书。

（一）语言运用教材

语言运用教材以语用观为指导，旨在培养正确理解与运用祖国语言文字的能力，即阅读能力、写作能力和口语交际能力。语言运用教材以语言运用实践为主体，以课文为基础，以语感培养、言语技能训练为主线，以语用知识为辅助，以语用素养的全面提高为依归。

1. 以语言运用实践为主体

语言运用实践包括识字与写字、阅读、写作、口语交际和综合性学习。语用能力只能在语用实践中培养，也就是在阅读中学习阅读，在写作中学习写作，在口语交际中学习口语交际。语用实践是教材的主体。

整套语言运用教材，从纵向看，语用实践活动是一个系统，包括阅读、写作、口语交际和综合性学习等支系统；从横向看，读、写、听、说又融会贯通，相辅相成，构成一个集成块，犹如一块合金。一套书是一个大集成块，一册书是一个中集成块，一个单元是一个小集成块，所谓"分则系列清楚，合则相互为用"。

要紧的是，为语用实践活动设置情境。语言运用总是在一定的情境中进行的。设置情境，可以增强语文与生活的联系，拉近教材与学生的距离，激发学生学习语文的兴趣，突出学生的主体地位；便于开发更多学习资源，使语用实践活动丰富多彩。语用实践情境最好是真实的生活情境。如果虚拟生活情境，可以借助录音、录像、电脑、电视、手机和网络，力求语用实践活动情境像真的一样。

2. 以课文为基础

过去一向说课文是教材的主体，这不能说没有道理。然而，课文是为适应语用实践活动的需要而选编的，它从属于语用实践活动，所以说它是教材的基础似乎更恰当。

通常说课文要文质兼美，这自然是对的，但稍嫌笼统。[①]有些课文只是例子，那些语言运用的规律性知识，学生一般不从理论性著作的抽象条文中学，而从课文这例子的研读中汲取。这类课文要求是"适例"，起理科教学中直观教具的作用。有些课文只是样品，学生应用自己的经验去阅读课文，动态生成怎样读的方法性知识，以便用来阅读教材外同类文章。这类课文要求有典型性。有些课文是语用知识短文，或者是提供语用实践活动资料的文章。这类课文要求适用，即使是病文也无不可。

传统的文选式教材，一切以选文为转移；而语用教材，一切服从于语用实践活动，课文作用仍然重大，但只是基础。

---

① 王荣生：《语文科课程论基础》，上海教育出版社2003年版，第316页。

3. 以语感培养和言语技能训练为主线

贯串于语用实践系统的主线，就是语感培养和言语技能训练。《义务教育语文课程标准（2011年版）》规定："语文教学要注重语言的积累、感悟和运用，注重基本技能训练，给学生打下扎实的语文基础。"积累语言是获得语感的前提，感悟是对语言的玩味和揣摩，运用是通过由感悟形成的语感进行语用实践。基本的技能训练近几年来在不再把训练作为主题词的形势下有所放松，其实科学的言语技能训练，不仅不应该忽视，而且应该加强。当务之急是既反对过去"题海战术"式的纯工具训练，也反对玄虚的难以捉摸的所谓感悟，把语感培养与言语技能训练紧密结合起来，成为语用实践系统的主线。

具体说来，要解决三个方面问题：第一，设计语感培养和言语技能训练的项目和步骤。叶圣陶先生说，特别需要调查和研究的是语文训练的项目和步骤。为了培养学生具备应有的听、说、读、写的能力，究竟应当训练哪些项目？这些项目应当怎样安排才合乎循序渐进的道理，才可以收到最好的效果？对这些问题，我们至今还是心里没有数。[①]又说，切实研究，得到训练学生读作能力之纲目与次第，据以编撰教材，此恐是切要之事。[②]第二，制定语感培养和言语技能训练的规格、标准和要求。张志公先生说，小学、初中、高中，说话、读书、作文，都应有明确的规格和要求，有的要有数量的规定，例如文字、词汇、阅读量，有的要有程度和准确度的规定，例如读和写，各种技能都应有熟练度和准确度的规定。[③]第三，构建语感培养和言语技能训练的模式。有些学者构建了语感培养的模式，有些学者构建了言语技能训练的模式，也有个别学者构建了语感培养与言语技能训练相结合的模式，但都未经大规模实践的检验，没有获得广泛的认

---

① 叶圣陶：《重视调查研究》，见《叶圣陶集》（第13卷），江苏教育出版社2004年版，第216—217页。

②《叶圣陶语文教育论集》（下册），教育科学出版社1980年版，第744页。

③《张志公语文教育论集》，人民教育出版社1994年版，第31—35页。

同，更没有在全国推行。上述三方面问题主要是课程层面的问题，一旦解决了，教材中以语感培养和言语技能训练为主线的问题才有条件随之解决。

4. 以语用知识为辅助

语言运用教材旨在培养语言运用能力，而语言运用能力主要在语言运用实践中形成。教材中编进语言运用知识，是为了辅助语言运用能力的养成。掌握必要、有用的语言运用知识，可以提高训练的效率，避免训练在低水平上重复甚至陷入盲目试误的怪圈；还有助于语感的形成和升级，使学生不仅知其然，而且知其所以然。语用知识，主要是程序性、策略性知识，对养成语用能力的辅助作用切不可低估。

问题是，语用知识系统至今模糊不清。语用知识涉及一个广阔的学科群：语用学、心理语言学、文化语言学、社会语言学、篇章语言学、语体学，写作学、阅读学、文章学，等等。需要立足于语文教学实际，按照中学生语用能力的发展规律，从这个学科群里遴选、提炼、融会出一个简明、好懂、有用的语用知识系统来，进而据以编撰教材。这大概要经过两三代人的努力。

5. 以语用素养的全面提高为依归

语用素养的全面提高，指语用能力、知识，以及情感、态度、价值观方面的和谐发展。

有学者指出："教育乃是建构个体主观精神的过程……精神的运动在更新和扩展中把教育过程所包含的东西都给内化了，把所有的意义都保存了，如知识和技能，都寓于精神之中，对它们的获得和应用都是在精神的作用下实现的。"[1]培养语感、训练技能、获得知识，不是孤立进行的，而总有情感、态度和价值观等非智力因素的参与。情

---

[1] 金生鈜：《理解与教育：走向哲学解释学的教育哲学导论》，教育科学出版社1997年版，第116页。

感、态度和价值观促进语言运用能力的养成，同时，在养成语言运用能力的过程中，情感受到熏陶，价值观得以提升。换言之，语言运用能力与情感、态度、价值观是一体的，它们互帮互补、共同发展。

全面提高语用素养，是编制语言运用教材的出发点和归宿。

（二）经典阅读教材

经典阅读教材选用古今中外的经典名作。经典含义有三：一是它凝聚着人类精神文明成果的精华，是世代人民的主要精神食粮；二是永不过时，有超越时空的艺术魅力；三是拥有最广大的读者，而且百读不厌、常读常新。阅读经典名作，可以使学生从小就接触经典作家，站在精神的制高点上，接受优美语言的熏陶，丰富语言素养，为有个性的全面发展打下精神和语文的底子。

选用的经典名作中，主要是文学作品。我国教育方针规定，要使受教育者在德、智、体、美、劳诸方面都得到发展。而学习文学作品，正可以培养学生的审美情趣和审美能力，使学生的人生艺术化。美育是一切教育的基础，能为学生的全面发展注入强大的正能量。当今世界，高度发展的科学技术、利润至上的商品经济，有把人异化为"单向度的人"的危险。网络背景下的碎片化阅读、低俗化阅读又加剧了这种危险性。人的物质生活日益丰裕，精神世界却趋于贫乏，甚至丧失精神家园。学生学习文学作品经典，通过审美的中介，可以有效防止"单向度"化，进而走向全面发展。从我国语文教学史，特别是近一二十年语文教学实践来看，文学作品在经典阅读教材中占80%左右较为合适。

我国古代文言诗文经典是经典阅读教材的重要组成部分。加强青少年的优秀传统文化教育已经成为全党全民的共识。古代文言诗文本身就是传统文化的一部分。民族的语言即民族的精神，民族的精神即民族的语言，二者的同一程度超过了人们的任何想象。[1]文言诗文还体现了民族的思维方式，负载了古代典章制度等文化内容，尤其是传达了我国古代列圣先贤的情意与思想，比如讲仁爱、重民本、守诚信、崇正义、尚和合、求大同。当下，全球化大潮浩浩荡荡，文化多元化愈演愈烈，中华民族文化受到强烈冲击。引导学生从小学习文言诗文经典，从而掌握民族语言，增强民族精神，巩固精神支柱，形成共同理想，既非常必要又十分紧迫。大多数人认为，古代文言诗文在经典阅读教材中，初中占30%—50%、高中占60%—80%较为适当。

在经典阅读教材中，外国经典也应占一席之地。世界已经进入全球化的时代，随着经济全球化，文化的交流、融合不断加深。我们应引导学生具备国际视野，理解、尊重和汲取外国先进文化。一方面把根扎在我国优秀传统文化之中，另一方面要把外域文化中的精华"拿来"，使学生成为立足祖国、胸怀全球的世界公民。长期以来，鉴于外国作品译文带有翻译腔，不是地道的汉语，主张至多选用10%。现在一般认为选用20%较为适宜。当然译文既要尽量接近地道的汉语，又要保持原著的风格。

经典阅读教材必须保证一定的量。欧美发达国家大都制定了中小学必读书目。德、法、英、美等国将必读书的主要章节编进教材，没有编进教材的部分也列入考试范围。跟欧美发达国家相比，我国教材中的经典作品占比大为逊色。新世纪语文课程标准已附上《优秀诗文背诵推荐篇目》和《关于课外读物的建议》，比过去有长足的进步，但仍有很长的路要走。建议教育部聘请几百位国内一流专家，专门遴选中学生必读经典，文章至少200篇，整本书至少30部，另外指定几十种乃至一二百种经典作品供学生课外选读。必读经典的全文或主要章节尽量编入教材，不能编入教材的部分也列入考试范围。另外，应规

---

①［德］洪堡特：《论人类语言结构的差异及其对人类精神发展的影响》，姚小平译，商务印书馆1999年版，第52页。

定课外读物也是教材，要求学生认真阅读。

经典阅读教材必须适合中学生学习，所以要按照中学生的心理特征和接受能力编写。就整体来说，初中侧重文学、语言，高中侧重文学、文化；就文学来说，初中主要是少年文学，高中主要是青春文学和成人文学；就文言诗文来说，初中作为重点，高中进一步加强。有一种很有影响的主张：文言文初中不编排，到高中再编入。这种主张是不妥当的。语言学家、心理学家一致认为，14岁以前是学习语言的黄金期。这个时期学习文言诗文效果最好，绝大多数孩子不用花过多精力，就能把文言诗文学到手。错过这个时期，事倍功半不说，而且很有可能再也学不好了。

经典阅读教材主要供学生在教师指导下自学。编者在教材中着重指点自学的步骤和方法；就课文的重点、难点和精彩点出少量思考题，不求回答，旨在把自学引向深入；只要求写读书报告，形式不拘，长短不限，写出读后所得即可。教师应引导学生在课堂上就课文进行提问、答疑和讨论，在课外举办读书报告会、演讲会和辩论会，在网上开展读书交流，通过校内外媒体展示阅读成果。

经典阅读教材与语言运用教材各成系统，相对独立，应充分发挥它们各自的优势。一个着力于语言的储存、学养的积累和精神的提升，一个着力于读、写、听、说等语用能力的发展。它们相互联系：前者是后者的基础，没有保质保量的经典阅读，语用能力如沙上建塔，难以形成；后者促进前者，没有一定的语用能力，经典阅读难免劳而寡效。经典阅读不妨结合写作、口语交际，语言运用不回避把经典作品作为例子和凭借，不过都是自然联系，不生拉硬扯。

中学语文教材经过百年来的改革，不断进步，但始终难如人愿，乃至饱受诟病。一大原因就是丢掉了我国古代语文教材重视经典阅读的传统，没有借鉴国外重视文学阅读的经验，以致语用能力的培养丧失了基础。实际上，大家早已发出疑问：教材局限于有限的若干篇实用性文章，"螺蛳壳里做道场"，怎么能养成语用能力？因此，必须大量增加经典作品。打造理想的语文教材，一是要把当下的教材优化为真正的语用教材，二是让经典阅读占据教材的半壁江山，二者不可偏废。

此外，语文教材要有弹性。它有核心部分，就是纸质课本；有拓展、延伸部分，可以利用网络、软件。教材是开放的，有各种渠道通向平行学科，通向生活，通向听、说、读、写的汪洋大海。我们要借助现代科技，使教材的功能最大化。

二　语文教材的类型

从不同的角度划分，语文教材有不同的类型。一种语文教材，还可能具有几种类型的属性。随着科学技术的突飞猛进和文化教育的快速发展，语文教材的新类型将不断产生。大略说来，语文教材可以分为以下若干种类型[①]：

（一）按性质区分的语文教材

按语文教材的性质，可以分为两大类：

1. 语言教材。

2. 文学教材。

语言教材包括语音、文字、词汇、语法、修辞等内容。文学教材包括古今中外文学史上重要作品，以本国的为主；还包括经典性文学论文，讲述文学史基本知识和文学理论基本知识。

过去的苏联和现今的俄罗斯始终使用这两大类教材。在欧美，中学高年级一般也使用文学教材。我国在20世纪50年代学习苏联，正式编写和使用过这两类教材。

（二）按能力训练区分的语文教材

从能力训练角度，可以将语文教材分为三大类：

1. 阅读教材。

---

① 朱绍禹主编：《中学语文教材概观》，人民教育出版社1997年版，第13—15页。

2. 写作教材。

3. 口语交际教材。

我国自1986年实行"一纲多本"政策后，把语文教材分编为阅读教材与写作教材的，七八家都不止。口语交际教材大都自成系统，但多数附在写作教材后，自成一本书的也有，不过较少。

（三）按地位区分的语文教材

按语文教材所处地位，可以分为两大类：

1. 必修语文教材。

2. 选修语文教材。

必修语文教材中还有必修与选择性必修之分，选修教材也有必选与非必选之分。如此编制，既要求全体学生达到基本要求，又可以使每个学生的兴趣和特长得到充分发展。

（四）按使用场所区分的语文教材

1. 课内语文教材。

2. 课外语文教材。

课内语文教材供课堂教学使用，有人称为"主课本"；课外语文教材供学生在课外自读，有人称为"副课本"或"自读课本"等。课外语文教材品种多，数量大，内容丰富，形式活泼。它与课内教材，如鸟之两翼、车之两轮，缺一不可。

（五）按学习主体区分的语文教材

按不同的学习主体，我国汉语文教材可以分为七大类：

1. 国内内地汉族学生用汉语文教材。

2. 国内香港学生用汉语文教材。

3. 国内澳门学生用汉语文教材。

4. 国内少数民族用汉语文教材。

5. 国内外国人用汉语文教材。

6. 国外华人用汉语文教材。

7. 国外外国人用汉语文教材。

由于学习主体不同，这七类教材有或大或小的差异。人民教育出版社除主要编写供内地汉族学生用的语文教材外，还与北京语言大学、北京外国语大学等单位一起，编过其他几类语文教材。随着"一带一路"倡议的深入人心，随着人类命运共同体的构建，对外汉语文教材事业势必蒸蒸日上。

（六）按编排方式区分的语文教材

按编排方式，语文教材可以分为三大类：

1. 分编型语文教材。

2. 合编型语文教材。

3. 分编合册型语文教材。

分编型把语文教学内容分别编成几种教材；合编型把语文教学内容混合编成一种教材；分编合册型则是把语文教学内容分成几个相对独立的系统，但又编在一本书里，企图取上述二者之长，避上述二者之短。世纪之交的语文教材，大都采用第三种编排方式。

第四章
我国语文教材概观

一　我国古代中小学语文教材概观

我国古代语文教材源远流长，只是大都与伦理道德教材、政治历史教材、百科知识教材融汇在一起，专门传授语文知识、训练语文技能的语文教材比较少见。这里主要根据张志公先生对我国传统语文教材的研究[①]，作简单介绍。

早在先秦两汉时代，我国就重视对少年儿童的识字教育和句读训练。《汉书·艺文志》著录了识字课本十家三十五篇。周秦时代，有太史籀的《史籀篇》，李斯、赵高和胡毋敬分别作的《苍颉篇》《爰历篇》和《博学篇》。两汉时代，史游《急就篇》流行最广，同时的识字教材还有《苍颉篇》（包括《苍颉》《爰历》《博学》）、司马相如《凡将篇》、李长《元尚篇》、扬雄《训纂篇》、班固《训纂篇续编》等。经过魏晋南北朝到隋唐，蒙学教材有

---

① 张志公：《传统语文教育教材论》，上海教育出版社1992年版。

了进一步的发展。一是在《急就篇》的基础上产生了很多新的识字教材，其中最重要的是《千字文》，再就是出现了滥觞于《开蒙要训》的大量"杂字"书以及其他一些蒙学用的字书。二是出现了新的进行封建思想教育的蒙书，如《太公家教》和《女论语》等。三是产生了讲掌故的知识类蒙书，如《兔园册》和《蒙求》等。于是，蒙学教材包含了互相配合的三方面教育：识字教育、封建思想教育、知识教育。

在唐代的基础上，宋代有新的发展。到元代，基本上完成了一套蒙学体系，产生了大批新蒙书。以后只有小的发展和补充，再没有大的变动。第一，识字教材方面：继承《千字文》，补充《百家姓》和《三字经》，成为完整的一套"三百千"识字教材；"杂字"教材有很大发展，成为识字教材的另一条路线。第二，封建思想教育的教材方面：一是在《千字文》《三字经》中渗透封建思想教育；二是以程朱理学为依据，产生教材《小学》和大批类似的书；三是产生大批韵语的训诫读物。第三，历史知识教材大批出现，如《史学提要》等；介绍各科知识的教材也出了一些，如《名物蒙求》等。第四，初步阅读教材面世，如诗歌读本《千家诗》、散文故事书《书言故事》《日记故事》等。第五，在初步识字和初步阅读教育基础上，产生属对类读写训练教材、程式化的作文训练教材，以及专作初学教材用的文章选注本和评点本。

宋元以下，在某些方面还有些发展，产生出一些新的教材。识字教材，有新的"三百千"，但生命力不强，倒是"杂字"书有较大发展。封建思想教育教材和知识教育教材，也产生一些新书，如《小儿语》《弟子规》《鉴略》《幼学》《龙文鞭影》《昔时贤文》等等。清末维新运动之后，还出现一些介绍新知识的蒙书，如《时务蒙求》《地球韵言》《算学歌略》等；也出现了以进行封建思想教育为主的诗歌教材，如《小学千家诗》等，属对的训练教材一直沿用下来；还出现了继续采用选注评点办法选编的新的文章选本，以及跟科举考试结合的八股文训练教材。讲基本的文字、声韵等知识的蒙书和蒙学用的工具书也出了一些。

从上述先秦到清末的蒙学语文教材发展的大致情况可以看出，我国古代语文教材基本上分为下列几类：集中识字教材（"三百千"），另一路识字教材（"杂字"），写字训练教材；识字教育与思想教育、知识教育相结合的教材，书法训练教材；初步的读写训练教材（散文故事、诗歌、属对），语文知识教材，工具书；进一步的读写训练教材，包括古文选注评点本、自学读物等。下面从蒙学教材、文选教材、诗选教材、经学教材中介绍有代表性的几种。

《千字文》。我国古代蒙学教材以"三百千"影响最大、流传最广，而"三百千"中的"千"，即《千字文》，成书最早。相传南朝梁时代，梁武帝令学者周兴嗣从王羲之书写的碑文中拓取不重复的一千个字，编纂成文。周兴嗣"一夕编缀进上，鬓发皆白"[1]。《千字文》把一千个字组织成250个句子，每句四个字。全文大致上可以分为四个部分。首先从开天辟地说起，讲述天象、岁时和自然界的名物，歌颂古代帝王和太平盛世。然后阐说应该怎样修身持己，为人处世：要懂得伦理纲常，要遵守仁、义、礼、智、信基本准则；要行善；要孝顺父母、友爱兄弟，要竭力侍奉君主；要具有气节、正义、廉洁、谦让等美德。接着主要讲述有关上层社会的情况：古代都城的豪华宫殿、精美文物，皇帝大臣的非凡气派、文治武功，秀美辽阔的中华大地，是建功立业之处。最后描述民间恬淡的田园生活，赞美隐居田园的人们；倡导谨慎处世、宠辱不惊、以俭为荣、热情待人、顺应自然、修德积福、一生美好。《千字文》以儒家思想为纲，熔各种知识于一炉；条理清楚，句法整齐；讲究声律，每两句为一组，每组双句都押韵，并注意平仄；讲究对仗，对偶句占全文的三分之二；强调用典使事，追求文采辞藻；语句平白如话，易记易诵。《千字文》具有很高

---

[1]［唐］李绰：《尚书故事》。

的文化价值，是后世书法家进行书法创作的重要载体，隋唐以后的著名书法家大都有不同书体的《千字文》作品传世，这扩大了《千字文》的影响。《千字文》还传播到兄弟民族地区，以至世界各地。

《三字经》。"三百千"中的"三"，虽然在三本书中成书最晚，却是"蒙书之冠"，被称为"经"，享有"千古一奇书""袖里《通鉴纲目》"的美誉。大多数学者认为《三字经》是南宋学者王应麟编的，也有人认为它是宋末区适子或明代黎贞编的。全文一千多字，可分为四个部分。首先讲述教育和学习对孩子的重要性，举了两个例子来加以说明，并论述孩子应如何学习，即先学做人，再学知识。接着列举需要学习的基本常识，如数学知识以及关于自然界、人类社会的常识——数字、三才、三光、三纲、四时、五行、五常、六谷、六畜、七情、八音、九族、十义。然后介绍学习文化经典的步骤与方法，即学会句读，理解辞意，在此基础上循序渐进地学"四书""六经""子书"及历史（从三皇五帝到元灭金）。最后用十多个古代圣贤发愤勤学的故事，勉励孩子好好学习。《三字经》以一千多字篇幅，涵盖了中国文化的基本常识，概括性强，又深入浅出，通俗易懂，三字一句，注重押韵，朗朗上口，便于记诵。它的语言包罗了文言的基本结构，反复用到文言的主要虚词，它是孩子学习语言的好教材。《三字经》问世后，模拟它的读物不胜枚举。《三字经》被译成英、法、俄、日等多国文字。20世纪末，联合国教科文组织将《三字经》列入"世界儿童道德教育丛书"，在全世界发行。

《百家姓》。"三百千"中的"百"，比不上"三""千"，但也不可或缺。早有学者指出："初入社学，八岁以下者，先读《三字经》以习见闻，《百家姓》以便日用，《千字文》亦有义理。"[①]可见，《百家姓》可以让孩子通过识字熟悉姓氏，以利于日常人际交往。姓氏文化是我国传统文化的一部分，学习姓氏文化，可以增强孩子"我们都是

---

① ［明］吕坤：《社学要略》。

龙的传人"的认同感。《百家姓》的作者不可考，成书于北宋初年。书中"赵"姓排列第一，因为这是宋代皇帝之姓。后来《百家姓》的改编本，如明代《皇明千家姓》，以"朱"姓打头，因为明代皇帝姓朱，清代《御制百家姓》，以"孔"姓打头，因为清代皇帝尊孔。这说明，《百家姓》也没有离开政治。《百家姓》把没有意义的姓氏连贯起来，四字一句，句句押韵，韵律和谐，音调优美，易读易记，并能促使孩子快速认字。

"三百千"所指三本书，各自发挥各自的作用，但合起来又有整体优势。一是只用一本书教孩子识字，孩子难免感到单调，三本书各有特点，可以提高孩子学习的积极性；二是三本书中任何一本，单字量不到两千，而三本书合起来，除去复字不算，恰好两千左右，符合初步识字阶段的需要；三是三本书的内容合起来，能比较全面地增加孩子的知识，增进孩子的日常运用，促使孩子懂得更多道理。

《弟子规》。一般认为《三字经》着重于知识学习，而《弟子规》着重于传授处世规矩。它成书于清代康熙年间，作者李毓秀（后经贾存仁修订）。这本书以学规、学则形式对孩子进行伦理道德教育。作者根据朱熹的《童蒙须知》，对《论语·学而》中孔子的一句话"弟子入则孝，出则弟，谨而信，泛爱众，而亲仁。行有余力，则以学文"作了深入浅出的解释。全书有五部分，首先是"总叙"，点明全书的总纲，表明本书是遵照孔圣人的训教而编成的学童处世规则——孝敬父母，友爱兄弟；言行谨慎，讲求信用；对民众有广泛的爱心，亲近品德高尚的人；一有余力，就多多学习文化知识。下面四个部分，包括七方面内容。第一，"入则孝"。古人认为"百善孝为先"。《弟子规》指出学童在家里应该听从父母的教诲，努力满足父母的需要，尽量敬爱父母，使父母安乐。还列举一些故事，以增强说服力，如黄香扇席暖褥、闵子骞芦衣顺母、汉文帝亲尝汤药等。第二，"出则弟"。阐述要友爱兄弟，互相团结，还要友爱朋友以及周围的人。只要兄弟和睦，孝道也在其中。要做到这一点，一是看轻财物，二是注意言语。还要求学童在用餐、就座、行走、说话等方面都要养成良好习惯。第三，"谨"。学童行为必须谨慎，不要给自己和别人添麻烦；养成良好的日常行为习惯，生活中处处小心，懂得自律，说话、做事都中规中矩；按社会原则与人交往，该做的做，不该做的不做。第四，"信"。与"孝""弟"一样，"信"也是一个实践"仁"这一最高道德原则的基础道德规范。"信"是"五常"之一。要求学童诚信为先，"诈与妄"万万不可。还要求学童说话要恰到好处，不合义理的事不要答应，见别人长处就学习，见别人缺点就自省，听到表扬仍继续努力，受到批评就虚心接受。第五，"泛爱众"。要求学童爱一切人，爱天地万物。在同一片蓝天下、在同一片大地上，只要是人，都应相亲相爱。还要求学童舍得付出，服务众人；不巴结富人，不轻视穷人，对朋友不喜新厌旧；赞美别人的善行，批评人注意方式方法，不张扬别人隐私；受人恩惠，必须报答；与人交往，吃亏是福。第六，"亲仁"。要亲近有仁德、讲仁义的人。这样的人说话公正无私，没有忌讳，也不去谄媚讨好别人。亲近他，拜他为师，就会天天进步，错误减少。反之，小人就会乘虚而入，带来无穷祸害。第七，"余力""学文"。有时间、精力，则学习圣贤经典。前面六个方面，都是让学童"力行"，去实践，尽力去做，以提升道德水平；这第七方面则要求通过"学文"来指导前面的实践，使二者相辅相成。书中还介绍了读书的方法，即要心到、眼到、口到，要有好的读书环境，读书要有选择。综上所述，《弟子规》讲述了我国古代几千年形成的博大精深的伦理文化，学童在家、出外时待人、接物和学习上应该恪守的规范，是中国古代的学童守则。它的语言精练易懂，故事浅显典型，三字一句，合辙押韵，朗朗上口，便于记诵，因此影响之大，仅次于《三字经》。

《古文观止》。古文选注评点本作为阅读训练的主要教材，在宋代已大量出现。到清代中叶，特别流行的有《古文观止》《古文释义》《古文笔法百篇》等，其中《古文观止》最为著名。编者为吴楚材、吴调侯。全书选录从先秦到明代的文章222篇，分为12卷。从选文数量说，古代文章选本多的300篇以上，这需要塾师挑选着教，少的百篇以下，要由塾师另选文章补充，《古文观止》选200多篇恰恰适中，用着正好。古代文章教学经验证明，学童熟读200多篇文言文，文言文基本读写能力大致可以过关。从选文标准说，一是选素有定评、脍炙人口的名文，二是要适合学童阅读。编者的观点是"重其所当重，轻其所当轻"。全书以先秦历史散文为重点，从《左传》《国语》《战国策》《公羊传》《穀梁传》《礼记檀弓》中选70篇，约占总数三分之一。汉代以《史记》为重点，唐代以韩愈、柳宗元为重点，分别选24篇、11篇；宋代以欧阳修、苏轼为重点，分别选13篇、17篇；元代未选；明代选方孝孺、王守仁、归有光等人作品；清代未选。平心而论，所选文章大多数是名篇佳作，其思想性、艺术性都达到了很高的水平。从选文体裁说，以散文为主，也收入少量骈文、韵文。体裁多种多样，有论说、序跋、奏议、诏令、赠序、书、牍、传状、叙记、杂记、碑志、典志、箴铭、颂赞、哀祭、辞赋、骈文等等，基本上反映我国古代千姿百态的文体。从选文编排来看，以时代为经，由古到今，以作家为纬，大体上显示出我国古代散文发展的脉络，突出了古代散文发展的重点。全书还对选文作了评点：每句或每几句之下，加上一点简要的评注，辅助读者理解文义；每篇之后有几句扼要的总评，指点一下全篇的主旨和写法。所有评点，都要言不烦，点出关键，以引发学童思考，领悟文章精髓。《古文观止·序》说："古文观止一编，阅其选，简而赅，评注详而不繁，其审音辨字，无不精切而确当。""以此正蒙养而裨后学，厥功岂浅鲜哉。"此言大体可信。鲁迅先生也说，《古文观止》和《昭明文选》"在文学上的影响，两者都一样的不可轻视"[1]。

《唐诗三百首》。在诗选教材中，应该提到《千家诗》。不是有

---

[1] 转引自方洲：《青年必读书手册》，中国青年出版社1998年版，第160页。

"三百千千"的说法吗？这最后一个"千"就是指《千家诗》，南宋刘克庄编。选诗二百多首，大都通俗易懂，朗朗上口，易诵易记；知识性强，便于学童"多识于鸟兽草木之名"；多数有较高精神境界，利于学童陶冶感情、净化心灵；大部分艺术水平高，是名家名作。不过与《唐诗三百首》相比，《千家诗》还是有种种不足之处的。《唐诗三百首·序》说："世俗儿童就学，即授《千家诗》，取其易于成诵，故流传不废。但其诗随手掇拾，工拙莫辨，且止五七律绝二体，而唐宋人又杂出其间，殊乖体制。因专就唐诗中脍炙人口之作，择其尤要者，每体得数十首，共三百余首，录成一编，为家塾课本。俾童而习之，白首亦莫能废，较《千家诗》不远胜耶？谚云：'熟读唐诗三百首，不会吟诗也会吟。'请以是编验之。"这段话难免带有个人成见，但《唐诗三百首》的确胜《千家诗》多多。《唐诗三百首》系清代乾隆年间孙洙编选。他效法《诗经》"诗三百"，也选诗三百余首。这些诗差不多都是经过一千多年淘洗的名家名作，以明白易解为主。计选诗近八十家，初唐不到十家，盛、中、晚唐各二十多家。入选的诗较多的八家，其中盛唐四家——杜甫、王维、李白、孟浩然，中唐二家——韦应物、刘长卿，晚唐二家——李商隐、杜牧，大致上反映了唐诗的面貌。《唐诗三百首》编配各体诗，有五言古诗、七言古诗、五言绝句、七言绝句、五言律诗、七言律诗、乐府。五言古诗、乐府与七言古诗、乐府的数量差不多，五言律诗的数量超出七言律诗、乐府，七言绝句、乐府又超出五言绝句、乐府。这反映了唐代各体诗发展的情形。[1]在作品内容上，《唐诗三百首》丰富多彩，各方面的题材大致都有，如描绘和平生活，反映战争景象，哀怜百姓疾苦，讥刺丑恶势力。一般题材，如相思、离别、慈幼、慕亲、友爱等；重大题材，如关于读书人的人生道路，苦读、干谒、应试、恩遇、迁谪、思归、隐居等。此外，选诗还有咏古、朝会、宫词、边塞、从军、酬

---

①《朱自清说诗》，东方出版社2007年版，第221页。

应、听琴、赏画、观舞等题材。应该说，《唐诗三百首》广泛地反映了当时的社会现实和人们的心灵世界。在作品艺术上，《唐诗三百首》吸收了过去诗歌艺术的经验，加以发展创造，达到了难以企及的高峰。它难以模仿，无法替代。伟大诗人如李白、杜甫、白居易，可以说是中国古代诗歌的代名词。《唐诗三百首》还有注释和评点。注释只注事，简明扼要。评，附在诗的行旁，指出写法和作者的意图，偶尔评论诗句的工拙；点，以句圈或连圈方式，点明好句和关键句。这都有利于读者领悟诗的意旨，提高欣赏能力。

"四书""五经"。学童在学习蒙学教材以后，接着学习"四书""五经"。"四书"之名，起自南宋朱熹。他从《礼记》中摘出《大学》（孔子的弟子曾参所作）、《中庸》（孔子的孙子、曾参的弟子子思所作），分章断句，加以注释，又为《论语》（孔子的弟子及再传弟子记录整理）、《孟子》（子思弟子的弟子孟子根据自己弟子的记录补充编纂）融合各家的注，统称《四书章句集注》，作为学童教材。他还主张，应"先读《大学》，以定其规模；次读《论语》，以立其根本；次读《孟子》，以观其发越；次读《中庸》，以求古人微妙处"。[①]《大学》讲如何到达至善之境，即三纲领八条目。三纲领就是《大学》的第一句话："大学之道在明明德，在新民，在止于至善。""明明德""新民""止于至善"是人生追求的最根本目标。八条目是"格物、致知、诚意、正心、修身、齐家、治国、平天下"，其中"修身"是核心，前面四个条目是为了修身，后面三个条目是修身后所要实现的目标。道德只有发自内心的自觉自愿，才能达到至善，因此修身当然是核心。从《大学》入门以后，又该怎样去行动呢？这就要学习《论语》《孟子》。《大学》只是提出纲领，《论语》则告诉人们行动方案，通过仁来规范个人的各种行为。仁是《论语》的核心。孔子说"克己复礼为仁"，即主动地克制自己的行为，使自己的行为

---

① ［南宋］黎靖德编：《朱子语类大全》。

符合礼的要求，这就是仁的意义。提出仁是倡导一种道德的自觉。仁就是"爱人"，仁爱就是对他人的热爱、关心和帮助。仁爱精神内涵丰富：子女对父母的爱是"孝"，弟对兄的爱是"弟"，孝悌是仁之本；提倡宽容，对犯错误的人切忌处理过严，"人而不仁，疾之已甚，乱也"；不惜牺牲一己私利，勇于担当，"当仁不让于师"；急人所急，给人以实际利益，这就是"惠"；等等。《孟子》则把《论语》的"仁"推演为"仁政"。"仁"不仅是个人修养应当自觉遵守的规范，而且是治国理政的根本理念。孟子认为，仁政的核心是爱民。爱民就要实行王道，主要措施是置民恒产，给人民土地，让他们都占有一定的财产。如果百姓没有财产，"无恒产者无恒心"，国家就不可能稳定。百姓能养家糊口，安居乐业，然后再以礼乐教化。人民生活安定，又受了教化，社会风气就会向好，国家的基础就会牢固。学习了《大学》，接着学习了《论语》《孟子》，最后学习《中庸》。中庸是最高的道德。道德自觉，政治安定，就为具备最高道德打下了基础。孔子说，"中庸之为德也，其至矣乎！民鲜久矣"①，老百姓很少能做到。中庸的"中"，就是恰如其分，掌握一个度；中庸的"庸"，就是平常的意思，也是用的意思。中庸就是"用中"。中庸的含义丰富，如"和"。"礼之用，和为贵。"②这个"和"的意思，是恰到好处。只要拿捏好分寸，大小事情都能做得得心应手。又如"诚"。天最讲诚，四季规律不变，人应该效法天，也讲诚。"诚者，天之道也；诚之者，人之道也。"③以人道的诚之德去配天道的诚，是德行的天人合一。

"五经"即《诗》《书》《易》《礼》《春秋》。朱熹认为，应该先学"四书"后学"五经"，"盖其难易、远近、大小之序，固如此而不

---

① 《论语·雍也》。

② 《论语·学而》。

③ 《孟子·离娄上》。

可乱也"①。"五经"由孔子整理编定，原先是"六经"，还有《乐》经，后来失传，才称之为"五经"。孔子以"六经"为教材，开经学教材之先河。"五经"中《诗经》收诗歌305篇，是我国最早的一部诗歌总集。从《诗经》中可以学习语言运用，学习怎样表达自己的感情。孔子对他的儿子说："不学诗，无以言。"②从《诗经》中可以学到多方面知识，开阔视野，"多识于鸟兽草木之名"。《诗经》是孔门弟子道德修养的教科书，指导怎样生活、做人。孔子说："诗三百，一言以蔽之，曰：'思无邪。'"③"邪"指违背儒家道德准则。《诗经》还是人们交流思想、从事社交活动、宣传治国道理的必读书，"诗，可以兴，可以观，可以群，可以怨"④。学习《诗经》可以引导人从政，在各种场合从容应对。《诗经》不仅是文学作品，还是哲学经典。《荀子》引用《诗经》就有70多处，汉代《韩诗外传》索性专门通过《诗经》来讲政治的道理、做人的规范。

《礼》包括《周礼》《礼记》《仪礼》，简称"三礼"。《周礼》讲周代的官制，《礼记》是秦汉以前各种礼仪论著的选集，《仪礼》是周代各种礼制的汇编。"三礼"中《礼记》的影响最大。"四书"中的《大学》《中庸》就摘自《礼记》。《礼记》中的《礼运》，讲大同、小康的社会理想；《学记》讲社会教育的必要性、意义和方法；《乐记》讲在礼的引导下，通过音乐陶冶感情，调节人际关系。《礼记》还详述社会政治、家庭人伦等诸多方面的各种典礼的意义与制礼原则。《礼记》中的"礼"主要有六种：冠礼，即成年礼，举行冠礼就说明孩子成年了，应负起成年人的责任；婚礼，合百年之好，以延续子嗣；丧礼，"慎终追远，民德归厚"；祭礼，祭天地日月、山川河

---

① 转引自邱汉生、熊承涤主编：《南宋教育论著选》，人民教育出版社1992年版，第171页。

②《论语·季氏》。

③《论语·为政》。

④《论语·阳货》。

流，报答大自然的养育之恩；聘礼，聘用人的礼节，告诉被聘人的责任是什么；乡射礼，是一种体现尊老爱幼的民间射箭礼仪。

《书》即《尚书》，后称《书经》，被称为"帝王之书"。《尚书》是唐尧、虞舜、夏、商、周五代的历史文献，有帝王文告、训词以及君臣间的谋略、对话，其中大部分是周代政府的公告。这些公告总结了夏商两代兴盛的经验和失败的教训，如为百姓谋福利，就受到百姓拥护，残害百姓，百姓就奋起反对。于是周代公告提出"民为邦本"的思想，认为"天视自我民视，天听自我民听"，强调统治者只有德行高尚，才能得到人民拥戴、上天庇佑。《尚书》的这些思想奠定了中国文化人文精神的基础，那就是以人事为根本。《尚书》成为中国文化最根本的人文精神的重要来源。①

《易》又称《周易》《易经》，包括《经》《传》两部分。《经》由阴爻、阳爻两种符号配合组成八卦，象征八种事物，再将八卦两两相重，组成六十四卦，象征事物间各种关系。每卦有卦辞，每爻有爻辞。《传》解释卦爻辞的七种文辞，即系辞（分上、下）、文言、说卦、序卦、杂卦、彖辞（分上、下）、象辞（分大象、小象），合为十篇，称为"十翼"。《传》里讲到《周易》的起源、八卦的形成等理论问题，此外或者说明卦的排序，或者解释卦辞，或者综述卦包含的意义。《传》是对《经》的解释系统。《周易》是占卜的书，但它含有民主性的精华。比如《彖辞》把"天地盈虚，与时消息"看成人类社会和大自然的普遍原则，认识到变化与变化规律的存在。又如《系辞》提出"一阴一阳谓之道"，阴阳相互作用产生万物，进而指出"穷则变，变则通，通则久"，万物在变革中发展。这些都含有朴素的辩证法思想。

《春秋》是我国现存的第一部编年体史书，按年记载了鲁国春秋

---

① 楼宇烈：《中国的品格——楼宇烈讲中国文化》，当代中国出版社2007年版，第71页。

时期242年间的史事。相传由孔子删定。孔子下笔慎重，对人物、事件寓有褒贬，毫不避讳，世称之为"春秋笔法"。《春秋》记载了当时政治、经济、天文、地理、军事、灾异等方面的材料，比如对日食和哈雷彗星都有较为准确的记载，但它文字简短，只记载某年某月发生了一件什么事，至于事情的来龙去脉及事情包含的意义，都没有展开说明。于是出现解释《春秋》的《左氏传》《公羊传》《穀梁传》三传。《左传》多以史事说明、补充经文；《公羊传》《穀梁传》则侧重解说经文的"微言大义"，没有史事的补充。在汉代，《公羊传》《穀梁传》影响很大，晋以后《左传》地位迅速上升，远超《公羊传》《穀梁传》。《左传》解说《春秋》，二者"互为表里，相待而成"。《左传》用具体史事说明《春秋》的纲目，订正《春秋》的错误，补充应写而《春秋》未写的内容。《左传》记载了春秋时期许多重要的史实，保存了此前的若干传说古史，有较高历史价值。它叙事有条有理，写人栩栩如生，间有分析评论，有较高的文学价值，为后世史传文学奠定了基础。

在上述林林总总的古代教材中，影响最大的是"三百千"蒙学教材与"四书""五经"。一般情况下，都是先学习蒙学教材，过识字写字关，然后就学习"四书""五经"。"三百千"蒙学教材有一些值得借鉴的经验。一是集中识字。"三百千"共同提供了两千多字，让学童在一年至一年半的时间内集中学习。二是当分者分。"字"，以认为主，讲、用、写方面放慢一点，不齐头并进。因为认、讲、用、写各有各的特点，各有各的规律。三是使用韵语、对偶。句子简短整齐，容易押韵，念起来朗朗上口，便于朗读，便于背诵，便于记忆，可以让学童在不知不觉中受到语言美、声音美的感染熏陶。当然，"三百千"也有不少不足之处，如内容上除有封建性糟粕外，彻头彻尾成人化，脱离学童实际。让学童硬认、死背大部分根本不懂的字，学童不免感到枯燥，提不起兴趣。此外，在"三百千"中，字的出现和组织很少照顾到汉字构造的规律。① "四书""五经"的影响远超过"三百千"，特别是明清科举考试，要"代圣贤立言"，以《四书集注》为依据，所以"四书"成为一般知识分子安身立命之书。以"四书""五经"为代表的儒家学说塑造了中华民族的生活方式、人生态度、价值取向、思想方式、情感表达方式。儒家文化构成中华文化最重要的组成部分，在当代仍很有价值。儒家提倡"天人合一"，主张天人关系的和谐；提倡"中庸""和而不同""过犹不及"，主张人际关系和谐。当今是和平与发展的时代，当然离不开人与自然的和谐、国家关系的和谐、人际关系的和谐。儒家津津乐道人本意识，孔子说"为仁由己"，孟子说"道惟在自得"，都肯定个体主体的独立性和自主性；又强调"人贵物贱""民为邦本""民贵君轻"，这是古代民主思想的萌芽。当下建设新时代中国特色社会主义民主可以从儒家的人本、民本思想中汲取有益养分。儒家文化所体现的忧患意识，包含悲天悯人和承担责任两层意义。当天人合一的境界、人我和谐的秩序被打破之时，就产生"不忍之心""恻隐之心"，在这一基础上引发责任感。这种忧患意识对历代仁人志士胸怀天下、奋发进取、不懈追求传统的形成产生积极的影响，我们今天也可以从中得到有益的启示。面对现实严峻的挑战，我们需要那种深沉的忧患意识和强烈的责任感，去实现人类的崇高理想。儒家传统崇尚道德，把道德作为评价人格的依据、人们的行为准则、国家兴衰的标志。今天我们讲究法治，同时还要批判地继承发扬崇尚道德的传统。儒家强调力行，强调实践的重要性。"天行健，君子以自强不息。"②儒家强调通过自我道德实践达到"内圣"目标，通过社会政治实践达到"外王"目标，鼓励历代志士仁人投身现实、刚健自强、知难而进、奋发有为、改造社会、献身国家。儒家主张力行的

---

① 张志公：《传统语文教育教材论——暨蒙学书目和书影》，上海教育出版社1992年版，第128页。

② ［南宋］朱熹：《周易本义》。

这一传统今天仍值得继承并发扬光大，以利于我们更好地建设新时代中国特色社会主义。[①]当然，"四书""五经"也有很大的局限性。它倡导的纲常礼教、等级观念，让人们安于专制统治下的奴才地位，与今天的民主、平等观念尖锐对立；它过分突出道德的作用，以德治排斥法治，甚至将道德人格化，塑造出所谓"圣人"，把"圣人"描绘为全知全能的"神"，从而忽视群体；它过分强调家庭的重要性，因而在社会生活和价值观方面，把家庭成员间的血缘关系推到最重要的地位，这在当下也有消极影响；等等。汲取其民主性精华，剔除其封建性糟粕，是我们今天对"四书""五经"应抱的态度。

---

① 邵汉明、刘辉、王永平：《儒家哲学智慧》，吉林人民出版社2011年版，第1—6页。

二　我国近现代中小学语文教材概观

（一）清末民初、20世纪20年代中小学语文教材

19世纪末20世纪初，中国沦为半殖民地半封建社会，陷入亡国灭种的危险之中。一些先进知识分子在救国图存的热潮中，主张开发民智，推行思想启蒙，措施之一就是开办新式学堂。新式学堂就需要新式教材。自然科学教材可以从西方引进，母语教材无处可寻，只能继续用"四书""五经"与一些文章选本。这些教材从内容到形式都不适应新式学堂教学的需要，于是自编语文教材应运而生。据有关史料，最早的自编小学语文教材是1897年由南洋公学陈懋治、沈庆鸿等编写的《蒙学课本》，共两编。在此基础上，1901年，由朱树人修订、南洋公学出版《新订蒙学课本》，共三编，由商务印书馆代印。《新订蒙学课本》把蒙学教育作为普及教育，意识到必须促进学童德智体全面发展；在教学童识字、写字的平台上，注重联系学童生活，并传播新知识、新思想、新事物。全书语言浅近易懂，使用极浅文言与白话，引导从口语到书面语的过渡，便于学童诵读、理解、记忆。该课本的缺点是无标点，也不按学期学年（当时没有学制）以及学科（当时没有分学科）编写，所以它是现代意义上教材的雏形。①不过它毕竟是"近代我国最早编写的小学语文教科书"②，有开创之功。追随其后的不在少数，其中影响较大的有无锡三等公学堂、上海澄衷蒙学堂、

---

① 石鸥：《百年中国教科书忆》，知识产权出版社2015年版，第57—61页。

② 顾明远主编：《教育大辞典》（第二卷），上海教育出版社1990年版，第312页。

上海三等公学堂、京师大学堂等分别编写的蒙学课本。

1902年，清政府颁布《钦定学堂章程》，史称"壬寅学制"，但未实施。经修订后，改称为《奏定学堂章程》，于1904年1月正式颁布并实施，史称"癸卯学制"。该章程相当于课程方案，对教材编写是指导也是约束。根据《奏定学堂章程》、新学制，商务印书馆率先编辑出版了"最新中小学国文教科书"。其中《最新初等小学国文教科书》由庄俞、蒋维乔、杨瑜统编写，高凤谦、张元济和日本人小谷重、长尾槙太郎校订。该书《缘起》云："按儿童脑力体力之发达，循序渐进，务使人人皆有普通之道德知识，然后进求古圣贤之要道、世界万国之学术艺能，庶几拾级而登，无或陨越。"书中语言平实活泼。《最新高等小学国文教科书》由高凤谦、张元济、蒋维乔编写。课文不是选现成文章，一概由编者自写，反映当时中国和外国的政治、经济、科学、文化等方面情况。这是我国第一套按国文学科编写的教科书，第一套按学年学期编写的教科书，第一套呈现大量新知识、新事物的教科书。当时，有一些书局也编写出版了小学国文教科书，大都是对商务版教科书的模仿，影响就很有限。1906年清政府学部编纂了《初等小学国文教科书》《高等小学国文教科书》《女子初等小学国文教科书》，这套"部编教材"体例效法商务版和文明书局版教材，由于取材多不合儿童心理等原因，遭到不少批评。

1912年1月，中华民国成立，政府下令禁用清朝教材。中华书局发表宣言书："立国根本在乎教育，教育根本，实在教科书。教育不革命，国基终无由巩固；教科书不革命，教育目的终不能达也。"[1]从1912年1月推出"中华教科书"开始，到1913年，包括国文教材在内，整套中小学教材全部出齐。这是中华民国第一套系统的中小学教科书。1912年9月，民国教育部颁布新学制。中华书局于1912年12月开始出版"新制中华教科书"，其中国文教科书的编纂目的是："甲　遵

---

[1]《中华书局宣言书》，载《申报》1912年2月23日。

守教育部所定教育宗旨，注重道德教育，以实利教育、军国民教育辅之，更以美感教育完成其道德。乙　阐发共和及自由平等之真义，以端儿童之趋向。丙　提倡国粹以启发国民之爱国心。丁　兼采欧化以灌输国民之世界知识。戊　注重国民常识以立国民参政之基础。己　表章汉满蒙回藏之特色，以示五族平等。"[1]这套教科书力图具有时代特色。

1912年4月，商务印书馆开始发行"共和国教科书"。这套教科书按照民国教育宗旨和学制编写。其中的《教育部审定共和国新国文》，使用年限长，重印次数多，影响很大。教育部审定意见是：文字浅显，所选教材不出儿童所见事物之外，颇合小学程度。初小第一册开篇即是："人、手、足、刀、尺、山……"

民国初年，杜威实用主义教育思想传至中国；1915年，国民政府颁布《特定教育纲要》，推行实用主义教育，于是商务印书馆于1915年下半年开始推出"实用教科书"。这种教科书突出实用性，注重联系生活，解决实际问题，编排简洁明了。教育部对《实用国文教科书》的审定意见是："查是书选择材料以及序次文字均注重实用方面，与标名相符，可供国民学校之用。"[2]中华书局则于1915年12月开始出版反映新教育思想的"新式教科书"。这套教科书旨在适应"实用主义，自学辅导主义"，"务贯彻国民教育之真正目的"。令人注意的是，《新式国文教科书》每册都附有四篇白话课文。教育部审定意见："查本书最新颖处，在每册后各附四课，其附课系用官话演呈，间有与本册各课相对者。将来学校添设国语，此可为其先导，开通风气，于教育前途殊有裨益。至各册所用文句，其次序大致与口语相同。令教员易于讲授，儿童易于领悟。在最近教科书中洵推善本。"[3]

---

①《中华教育界》，1913年第2卷第9期。

② 北京教育图书社编纂：《国民学校实用国文教科书》（第三册），商务印书馆1921年版，封三。

③《中华教育界》，1916年第5卷第1期。

　　20世纪初，在新文化运动影响下，提倡国语统一和言文一致，形成一股时代潮流。商务印书馆抢得先机，1919年8月推出《新体国语教科书》，由庄适编写，黎锦熙等校订。我国小学语文教科书由"国文"改为"国语"，从这套教科书开始。这套教科书把生字单独列出，注上音，几课之后有语言练习，课文力求口语化。教育部的审定意见："是书专为国民学校练习国语而设，用意可嘉。"①中华书局则从1920年3月开始出版配合国语运动的《新教材教科书国语读本》。这套教科书用白话文编写，生字全部注音，全书用点号（逗号）、句号等六种新式标点符号。

　　1920年年初，商务印书馆又推出"新法教科书"，涵盖中小学各学科，一概用国音、国语和新式标点符号编写。其中《新法国语教科书》，切合当时教育新趋势，编写体例新颖。教育部审定意见是："这部书形式实质两方面都还分配得宜，可以作为高等小学校国语教科用书。"中华书局则在1920年6月开始编辑出版"新教育教科书"，以适应当时国语、注音字母运动的需要。其中《新教育教科书国语读本》，编选语体文，注重语法和生字的次序。字的笔画、生字的数目、每课的分量，都由少到多；语法，从简到繁，由浅入深。读本讲究科学性。

　　以上所述语文教科书，主要侧重于小学。至于中学，在20世纪初较长的时间里，仍沿袭旧制，采用现存的各种选本。直到1908年，才由商务印书馆正式编辑出版中学语文教科书。是年5月，商务印书馆推出林纾编的《中学国文读本》；1910年，商务印书馆又推出吴曾祺编的中学用《国文教科书》。这两套教科书打破过去不按学期学年编写的惯例，或一学期一册或一学年一册；而且不再依传统按时代先后由远及近编排，而是逆向上溯，由近及远，从清文上溯至秦汉文。这样做有利于学生先读思想、生活较为切近的文章，而后再读近古、

---

　　① 庄适编：《新体国语教科书》，商务印书馆1920年版，封三。

中古、上古文章，也易于学生接受。选文又加上助读成分，在文章佳妙处添加连圈，并在顶部加批，有的还有评论，有利于学生理解。不过，总的说来，这两套教科书基本上还是选文加少量批注，改革的幅度不大。

1912年国民政府颁布的《中学校令施行规则》规定，国文一科"要旨在通解普通语言文字，能自由发表思想，并使略解高深文字，涵养文学之兴趣，兼以启发德智"，"国文首宜授以近世文，渐及于近古文，并文字源流，文法要略及文学史"。按照这样的规定，中学语文教科书必须有较大的改革。一是在国文读本方面。比如1915年中华书局出版的《新制国文教本评注》，谢无量编，共四册，供四年制中学用。这套教科书一改历来以时代为序的做法，而依文字深浅为序编排，开创以文体编列单元（即"编"）的新体例，便于读写结合。又注重"评注"，包括题解、作者简介、夹评夹注、顶批、黑圈白圈、总评及注释，使学生"读一篇可知结构之妙用，读全书可悟作法之不同"。二是出现了语文知识读本。1904年出版的《文字源流》，张之纯、庄庆祥编，是关于文字学的；1913年王梦增编、中华书局出版的《中华中学文法要略》，1915年庄庆祥编、商务印书馆出版的《文法要略》，是关于文法学的。

1922年，国民政府颁布新学制，次年，全国教育会联合会又颁布《新学制课程标准纲要》，于是新学制教科书纷纷问世。这些教科书继续打破过去教科书文言文一统天下的局面，但对白话文与文言文二者在教科书中的比例与编排方式不尽一致。有的是纯白话文教科书，比如民智书局1922年版、孙俍工和沈仲九编写的初中《国语文读本》。有的是白话、文言分编的教科书，比如中华书局出版、沈星一编新中华教科书《初级古文读本》（1923年）、《初级国语读本》（1924年），以及穆济波编新中华教科书《高级古文读本》（1925年）、《高级国语读本》（1925年）。有的是文言、白话混编的教科书，比如商务印书馆1923年出版、由顾颉刚和叶圣陶等合编的新学制初中《国语教科书》。这些教科书的思想内容也有很大改观。五四新文艺作品，小说、散文和白话议论文，被大量选入教科书。如鲁迅的小说、郭沫若的新诗、周作人的小品，以及李大钊、陈独秀、蔡元培、胡适等人的洋溢着时代气息的论文、演讲稿，都涌入教科书。该教科书还选入一定数量的外国译作，如《卖火柴的小女孩》《最后一课》等。即使文言读本，也突破传统的选材范围，选入今人蔡元培、梁启超的文言作品以及古代沈括、刘基、魏学洢等人的文言说明文。这些教科书在助读系统方面也有长足的进步。比如穆济波编《高级国语读本》，每册都有"教材支配表"，包括"目录""选材""编意""备载"四栏，使学生明了全书的内容、结构和中心，课文后面一般附有"本篇参考"和"本篇研究"，供学生自学、研究。

（二）20世纪三四十年代中小学语文教材

1929年，由于学制改变，国民政府教育部颁布了中小学课程的暂行标准；1932年，颁布了正式审定的课程标准，取消"暂行"二字；1936年，对课程标准加以改订，颁布了修正课程标准。总的说来，这几个课程标准基本精神一致，区别不大。当时，对中小学教材编写主要实行审定制，按课程标准进行审定。民间自编教材必须按课程标准编写。

20世纪30年代语文教材大都按课程标准编写，在某些方面有大致趋同的倾向。例如，按暂行课程标准规定，教材中文言文与白话文有一定的比例：初一，3：7；初二，4：6；初三，5：5；高一，6：4；高二，7：3；高三，8：2。当时使用面较广的教科书，如1932年开明书店版初中《开明国文读本》（王伯祥编）、1933年中华书局版《初中国文读本》（朱文叔编）、1933年商务印书馆版复兴初级中学教科书《国文》（傅东华编）、1935年中华书局版新编初中《国文》（宋文翰编）等，都是严格按照上述比例编写的。又如，按课程标准规定，初中教材大致上按记叙、说明、议论的程序编排，于是当时上述初中国文教材一般都是：初一，以记叙文为主而以描写文为副；初二，以描写文为主而以说明文为副；初三，以说明文为主而以议论文为副。又如，按高中课程标准规定，高一教材以文体为纲，高二教材以文学源流为纲，高三教材以学术思想为纲。1934年中华书局版《高中国文读本》（刘劲秋、朱文叔编）、1934年中华书局版《高中当代国文》（江苏省教育厅选订）、1934年商务印书馆版复兴高中教科书《国文》（傅东华编）、1935年北新书局版《高中混合国文》、1936年中华书局版新编高中《国文》（宋文翰编）等，都遵守了这一规定。当然，也有一些国文教材没有完全遵照课程标准编写，而是作了一些变通。

与过去的国文教材相比，20世纪30年代国文教材在单元组合方式上取得新进展。过去教材的单元，仅仅是把选文或按题材内容，或按体裁样式，或按时代先后，或按作家进行集中编组而已。到了30年代，把有关的语文基础知识，特别是读写方法的知识，有系统地编进单元，单元组合方式更为科学。例如，1933年、1934年商务印书馆版复兴初、高中《国文》教科书（傅东华编），在选文中间穿插编入系统的"习作"教材，包括语法、文法、文章作法和工具书使用法四个方面。初中每册选文40篇、"习作"教材20篇，二者穿插编排。选文大体上按题材内容相对集中，配以相应的"习作"教材，"习作"教材从课文中取例，并附有练习，这样就构成了读与写配合、技能训练与知识传授结合的综合性单元。又如，1935年开明书店版《国文百八课》（夏丏尊、叶圣陶编），把初中阶段的教学内容归纳成108"课"（单元），每"课"有明确的教学目的；根据这个教学目的写一段"文话"，置于每"课"之首，起提示作用，然后选编两篇课文作示例；选文后面安排"文法或修辞"，从选文中取例，同时保持知识的系统性；最后有"习问"，就本课涉及的知识提出值得思考或应该复习的问题。"文话""选文""文法或修辞""习问"这四项，都服从于本"课"的教学目的，语文知识、范文、作业都融为一体。如此循序渐进，经过

"百八课"而达到一个预定的目标，形成一个具有科学性的初中语文教学体系。"综合组元"这种单元组合方式，是20世纪30年代中学语文教材编写的一大创新，对后来语文教材编写有深远影响。

20世纪30年代的小学语文教材，受"儿童本位主义"教育思想影响，主要是追求儿童文学化。当时的小学国语课程标准，强调教材编写要依据增长儿童阅读能力的原则，想象性的材料（如寓言、物语等）和现实的材料（如自然故事、生活故事和历史故事等）应调和而平均，根据增长儿童阅读趣味的原则，尽量使教材富有艺术兴趣。过去"人、手、刀、足"的教科书与"大狗叫、小狗跳"的教科书，单调乏味，学童厌学。因此，小学语文教材力图在儿童文学化上有所创新。例如，1931年儿童书局版初级《儿童国语教科书》（陈鹤琴、盛振声编），编者在"编辑大意"中说，这套教科书"参照教育部最近颁布小学课程标准，并根据儿童心理、儿童生活编辑"而成，注重引起儿童阅读的兴趣，培养儿童自动的能力，启发儿童正当的思想。全书的特点鲜明：一是文字表述全用标准口语，有利于发展儿童的口语表达能力；二是不以单字或单词起首，开始第一课就学成句的话，以便与儿童原有的说话能力相适应；三是一册书由头至尾说的是一个连贯的故事，且用儿童的口吻说，饶有趣味；四是重视激发儿童的阅读兴趣，发展儿童的想象能力，课文构思巧妙；五是注重培养学生自主学习能力。课后练习，培养应用知识的能力；插图全用白描，便于儿童自涂颜色。又如1932年开明书店版《小学国语课本》（叶圣陶编），其"编辑要旨"说："本书依据教育部最近颁布的小学国语课程标准编辑"，"本书内容以儿童生活为中心"，"本书尽量容纳儿童文学及日常生活上需要的各种文体"。这套教材在儿童文学化方面取得很大成功，社会上一直使用到1949年。

从1937年抗战全面爆发到1949年中华人民共和国成立，这12年间的中小学语文教材由"自由编制"逐步转为"统一编制"，过去的"审定制"逐步改为"部编制"。早在1936年，正中书局就推出过一套注重所谓"精神训练"的《国文》课本。这套课本初中部分按"政治意义"组织单元，选文要"含有忠孝仁爱信义和平诸德之意义"。教育部指令国立编译馆以这套课本为重要依据编写中学《国文》。从1942年编出初中第一册，到1946年才全部编完。选文不顾语言是否典范，硬把国民党政府及其要员的一些文稿、讲话塞进教材，把语文教科书编得像党国要人的文选。而很多在现代文坛上极有声誉的作家，其作品倒被排斥在外。这个"国定本"初中《国文》一出笼，就被指定为全国各中学"统一"用书，而同科其他版本教科书一律不得再印售。这种倒行逆施当然遭到了抵制。

这12年间还是出现了一些有特色的语文教材。在这以前，对白话文与文言文二者在教材中的编排，多数教材采用混编法，只有少数教材尝试分编。1940年，浦江清著文主张中学国文教材白话文与文言文分编，叶圣陶、朱自清等赞同浦江清的主张。1946年开始，叶圣陶等开明书店同仁进行文白分编的探索。先编成初中用书两种：《开明新编国文读本》甲种本，为白话读本，共六册，叶圣陶、周予同、郭绍虞、覃必陶合编；《开明新编国文读本》乙种本，为文言读本，共三册，叶圣陶、徐调孚、郭绍虞、覃必陶合编。1948年又编成高中用书两种：《新编开明高级国文读本》，为白话读本，共六册，朱自清、吕叔湘、叶圣陶合编，李广田从第二册起参编；《开明文言读本》，为文言读本，计划编六册，只编出三册，朱自清、吕叔湘、叶圣陶合编。这两套教材在编排上尝试分编，选材上注重选取各种实用文，其助读系统着力于提高学生独立的读写能力，出版后广受欢迎和称赞。

20世纪40年代前后，为适应国难深重、学校秩序极不稳定的局面，还出现了一些可供灵活使用的国文教材，比如"活用课本""自学课本""进修课本"等。

1939年，由世界书局出版、陆高谊主编、朱公振编著的《基本国文》和《模范国文》，就是所谓"活用课本"。《基本国文》全书一册，学完即达到中学毕业的基本目标。全书分为五编，依次为记叙文、说明文、议论文、诗歌、应用文。每一编为一种文体，编法是：先列"内容一览"，列表说明本编的各项内容；其次是"作法向导"，讲述本编文体的性质、功用以及写作要则；再次是"范文选读"。《基本国文》卷首编有"谨告读者"详表，介绍全书项目及内容，并指导学习本书的步骤；全书选文比较精粹，大都是历史名篇，还选有品类众多、实用性强的应用文；在每篇选文的"作法"项里分析文章结构，用"表解法"展示选文章法。上述种种，都方便于自学。《模范国文》与《基本国文》编法一样，是《基本国文》的提高版。

"自学课本"，比如世界书局出版、陆高谊主编的《作文自学辅导丛书》，共六册，其中有一册是蒋祖怡编著的《抒情文一题数作法》。该书共四编，依次为快乐之情、悲苦之情、感慨之情、闲适之情。每编分三组，每组一个"命题"、三篇范文。该书的特色是：对同一题目，用数种作法来开拓学生思路，起举一反三作用；作文的范文，除选用现成文章外，还根据需要由编者自撰，自撰文能使学生获益更多；不仅讲述文章的一般写法，还具体地解剖实例，并布置对口习题，要求既掌握知识，又在实践中提高。

"进修课本"，比如1942年进修出版教育社出版，孙起孟、顾诗灵、蒋仲仁合编的《写作进修读本》。全书创造性地仿照《国文百八课》的体例，共20课，每一课都由"选文""文话""语法和修辞""作业"组成，读、讲、练都集中于培养写作能力，形成一个相对完整的写作训练体系。这个读本采用一般课堂讲授的内容和叙述方式，自然灵动，具有面对面倾心交谈的亲切感。

1941年，国民党政府教育部修订了小学课程，对初级国语、常识两科教材的编制及其教学方法作了新规定：混合编制，教学时从常识入手。比如国立编译馆编、中华书局出版的《初级小学国语常识课本》，就是按照新规定编的。这套课本在内容上，包括国语和常识；在形式上，国语教材儿童文学化，常识教材以图表为主、以文字为辅；在编排上，以常识教材为经，国语教材配合编组；在体例上，采用"单元制"。由于当时国民党政府推行"党化教育"，这套教材的内容突出所谓"道德训练"，因此不受师生欢迎。

（三）老解放区中小学语文教材

土地革命时期，苏区政府颁布《中华苏维埃共和国小学制度暂行条例》等一系列文件，规定了语文教材的编写方针、原则和方法。该条例要求语文教材紧密结合当时革命斗争和生产生活实际，致力于教育学生拥护共产党、拥护红军、拥护苏维埃政府，热爱人民、热爱劳动、热爱科学，憎恨帝国主义、憎恨封建主义、憎恨官僚资本主义，努力成为具有共产主义精神的苏维埃革命事业的接班人，还要求语文教材在语文知识和能力训练的编排体系上注意系统性和实用性。比如列宁小学国语教材中，初小各年级的语文知识、能力训练的编排，就有一定的系统性和实用性。一年级：课文，由可以独立的句子构成短文，用的是描写体或对话体以及儿童口语；写字，先写教材中笔画简单的字，再写教室中的标语禁令，再由学生自找材料写；作文，先学单句听写或填空，一问一答作记录，再学描写物品和简单动作。二年级：课文，利用环境来创造语境以丰富语言文字，以描写为主，说明次之，学习补足句构成的短文；作文，用直观法描写事物，引导学生写自己、写所见所闻。

抗日战争时期革命根据地的语文教材的编写依据，是党中央在抗日救国十大纲领中提出的"抗日的教育政策：改变教育的旧制度、旧课程，实行以抗日救国为目标的新制度、新课程"。这就是说，语文教材要抗日化。在此前提下，着重编排一般文化知识，注意科学化与儿童化、长期性与全国性。陕甘宁边区于1938年编写出版了一套小学国语课本，"三句不离抗日"，一切飞禽走兽、猫儿狗儿都用来编抗日故事，宣传材料太多，基础知识太少。这套教材经过改编，于1942年出版。它大大减少了宣传材料性质的课文，增添了丰富的科学文化知识，且采用故事、诗歌形式，受到儿童喜爱。然而这种儿童化是从城市上层社会的儿童出发的，脱离了农村儿童的生活实际。此后，这套教材再次改编，于1944年出版。它注意不从编者主观愿望出发，而从边区实际出发，从边区儿童出发，力求与实际相结合。但它从报纸上选编了许多政策宣传内容和新闻事件，形势一变，很快就过时了。于是，在这套教材的基础上，再改编成1946年的版本。这个版本质量大大提高，既注意为政治服务，又体现了语文课本的特点，因而在边区大受欢迎，被广泛使用。

晋察冀边区也编写了小学国语课本。这套课本1938年出版，是在《临时小学国语课本》的基础上改编而成的。到1948年，共改编了六次。徐特立同志审稿后，在1948年6月给哲夫、皑风的信中说："小学国语我和今吾同志曾一流览，认为有某些字句和少数课文虽有不合处，并不关重要。至今全书是反映我们革命的活动，与过去一切课本有区别。但各册相互间及各课相互间的联系，以及国民需要最低限度的知识全面性和计划性，都和辛亥以来的国语教科书无甚差别。这一问题在中国历史发展近百年来未能解决，目前我们急需解决。"[①]徐特立同志在这里指出了这套课本的优缺点，以及百年来我国语文教材始终没能解决的带有根本性的问题，可谓语重心长、一语中的。这套课本的主要编者刘松涛回忆说，这些课本"绝不同于抗战以前任何旧有的初小国语课本。旧有初小国语课本的最大毛病是思想贫乏，这些新课本却是思想丰富，它从劳动人民出发，体现了新时代的新精神，体现了新民主主义社会在艰苦斗争时代的实践"[②]。

除上述小学国语教材外，抗战时期各革命根据地还编有一些小学国语教材。恕不一一介绍。

比起小学国语教材，中学国语教材少很多，有代表性的是陕甘

[①] 徐特立：《关于编写小学国语课本的问题》，见《徐特立教育文集》，人民教育出版社1986年版，第167页。

[②] 刘松涛：《对七部小学国语教材的检讨》，载《人民教育》1950年第6期。

宁边区的《中等国文》。全书六册，供三年制初中使用。该套教材是在陕甘宁边区教育厅领导下，由胡乔木主编，曾彦修、田家英参与编写，1945年出版发行。其创新之处在于，以传授"汉语汉文基本规律与主要用途"为主要目标。

解放战争时期各革命根据地的小学国语教材，大都是原教材的修订本。不过，华北区、晋察冀边区、东北区等也新编了小学国语教材，其中华北区的一套影响颇大。不管修订还是新编，都是为了使教材更适应形势发展的需要。

中学国文教材有：（1）《中级国文》，后改名为《中等国文》，王食三、韩书田等编写，晋察冀边区行政委员会教育处审定，新华书店出版发行，共三册，供三年制中学使用。（2）《国语文选》，李光家、于敏等编写，山东省教育厅审定，皖北新华书店等出版发行。（3）《初中国文》，新解放区编辑出版，共六册，供三年制中学使用。每册选文30篇，每篇附有注释、参考与习题、语法和作法等。（4）《高中国文》，新解放区编辑出版，共六册，供三年制高中使用。选文范围宽广，从秦汉至现代的作品都有；选文标准兼顾内容与形式；按文体或内容，二至三篇文章编成一组。《高中国文》与《初中国文》是一套书，新中国成立后由上海联合出版社修订再版，作为中学临时课本。

下面介绍几种有代表性的语文教材。

吴曾祺编中学堂用《国文教科书》，共五集，商务印书馆1910年出版。1904年，清政府颁布《奏定学堂章程》，正式在学堂实施讲经、读经及中国文学等与母语相关的课程，于是相应的教材应运而生。中学堂用《国文教科书》是其中有代表性的一种。过去旧式文选型读物，其主体是多种古诗文的汇编，至多在选文中夹入少量评注。中学堂用《国文教科书》大致上沿袭旧式文选型的格局，但为了适应学堂教学的需要，作了一些改良。第一，《国文教科书》是供五年制中学用的，每学年一集，总共编了五集。学堂可按教学计划逐集安排进度。第二，旧式文选大都按时代先后由远及近编排，《国文教科书》则由近及远，依时代逆溯，五集依次是清文、金元明文、宋文、晋唐文、周秦汉魏文。学生先读较为切近的文章，再读距离较远的文章，易于接受。第三，对选文佳妙之处，添加连圈，顶部加批，各篇之后又加总评。第四，选文注意切合实用，只选历代名家散文，重点选书、论、传、记、事、铭、表等各体，不选诗词歌赋。《国文教科书》也有一些不足之处：一是选文不尽恰当。为了凑成一集，金元明三朝的名作不够，只得降格以求；因为篇幅所限，宋文与晋唐文，名作虽多，只得忍痛割爱；把诸子百家、《国语》及《战国策》等一概排除在外，令人不解。二是全套书共选文709篇，量太大，依奏定学堂章程，国文教学每周四课时，显然无法完成全套书的教学任务。

1903年清政府制定的《学务纲要》规定："其中国文学一科，并宜随时试课论说文字，及教以浅显书信、记事文法，以资官私实用。但取理明辞达而止，以能多引经史为贵，不以雕琢藻丽为工，篇幅亦不取繁冗。由浅入深，由短而长，勿令学生苦其艰难。中小学堂于中国文辞，止贵明通。"这套教材基本上体现了这个精神。它的《例言》说："学生至入中学堂，多读经书，渐悉故事，此时急宜授以作文之法。"它的编辑意图，就是选古今名作为范文，引导学生阅读，学会写常用文章。它每集的选文，以类相从，便于学生从写作上作比较。它对精彩文句加密圈、总评、眉批，就文章讲作法，便于学生领悟。总之，这是一套以写作为中心的教材。

《开明国语课本》，叶圣陶编写，1932年开明书店出版发行。这套课本的主要特点是儿童文学化。叶圣陶在《我和儿童文学》一文中说："在儿童文学方面，我还做过一件比较大的工作。在1932年，我花了整整一年时间，编写了一部《开明国语课本》，初小8册，高小4册，一共12册，400来篇课文。这400来篇课文，形式和内容都很庞杂，大约有一半可以说是创作，另外一半是有所依据的再创作，总之没有一篇是现成的。"①叶圣陶把小学国语课本的编写视为儿童文学的创作或再创作。他在《〈开明国语课本〉编辑要旨》中说："本书内容以儿童生活为中心。取材从儿童周围开始，随着儿童生活的进展，逐渐拓张到广大的社会。与社会、自然、艺术等科企图作充分的联络，但本身仍然是文学的。"可见，这套书既是国语课本，又是儿童文学作品。这套课本的又一特点是，尽量切合儿童的需要。一是尽可能容纳儿童文学及日常生活上的各种文体。初小8册的词、句、语调力求与儿童切近，同时又和标准语相吻合，适于儿童诵读；高小4册用词力求正确，造句力求精密，务期与标准语相吻合。这套课本堪为儿童说话作文的模范。二是数课之后列有练习课。初小8册或注重内容探讨，或注重语法整理，或注重写作训练；高小4册或注重语法、作法、修辞的讨究，或注重内容的研求和欣赏。儿童据此自学，阅读和写作自会逐渐增进。三是有丰子恺的图画与文字为有机的配合。图画不仅是文字的说明，而且可以拓展儿童的想象，涵养儿童的美感。②《开明国语课本》出于著名作家之手，又有著名画家作插图，尤其是合乎儿童文学化的时尚，出版后深受师生欢迎，印了40多次，连续使用了17年之久。

《国文百八课》，夏丏尊、叶圣陶合编，1934年开明书店出版。这是我国20世纪上半叶最有代表性的改革型教材。这套教材的《编辑大意》说："在学校教育上，国文科向和其他科学对列，不被认为一种科学，因此国文科至今还缺乏客观具体的科学性。本书编辑旨趣最重要的一点就是想给与国文科以科学性，一扫从来玄妙笼统的观念。"怎样"给与国文科以科学性"呢？一个重要的方面是，这套教材对"文章的处置全从形式上着眼"。两位编者认为，面对白纸上写着黑字的东西，着眼于它的语言文字形式，这是语文科的工作，否则不是。

---

① 商金林：《叶圣陶年谱》，江苏教育出版社1986年版，第151页。
②《叶圣陶集》（第16卷），江苏教育出版社1993年版，第11、17页。

因此主张把学习语文的目标侧重在形式的讨究上。这套教材的编排采用文章学系统，打破了历来课本选文各不相关、毫无系统可循的传统编制模式，创制了一种尽可能体现语文教学科学程序的编制体例。一课就是一个单元，有一定目标，包括文话、文选、文法或修辞、习问四项，各项打成一片。文话是每课中心，讲文章知识，"百八课"就有108个项目，代表文章知识的108个方面；文选选古今文章两篇，为文话作例证；文法或修辞，从文选中取例，并自成系统；习问是前三项的复习巩固。从纵的方面看，四项都各有一定的系统；从横的方面看，四项都服从于本"课"的教学目标。全书循序渐进，跨过108个台阶（即108课）而达到最终目的，形成一个具有一定科学性的、比较完整的初中教材体系。这套教材在选文上的特色是，注重说明文和应用文。叶圣陶一贯主张，教材选文应"包括一般人在生活上所触及的各类文字"[①]，特别是说明文。"我觉得说明文极重要，说一种机械，说一种操作方法，说一种原理，皆学生必须学会者。"[②]在叶圣陶看来，学生学习语文，就是为了应付生活，教材选文当然应该尊重学生的需要，多选说明文和应用文。这套教材中选有应用文10多篇，其中有书信、调查报告、宣言、仪式上的演说词、出版物的凡例、公文标点与款式等。说明文有20多篇，其中有植物学、动物学、地理学、气象学、哲学、美学、政治学、伦理学等方面的说明文。这套教材尽管由于全面抗战爆发，只编印了前四册，但对后世语文教材的编制还是产生了深远的影响。20世纪下半叶人民教育出版社的多数语文教材就是借鉴《国文百八课》的编辑体例编成的。一些省市编写的语文实验教材，也明显有《国文百八课》的影子。

《开明新编国文读本（甲种）》，为白话读本，叶圣陶、周予同、郭绍虞、覃必陶合编，共六册；《开明新编国文读本（乙种）》，

---

①《叶圣陶集》（第16卷），江苏教育出版社1993年版，第114页。
②《叶圣陶教育文集》（第3卷），人民教育出版社1994年版，第514页。

为文言读本，叶圣陶、徐调孚、郭绍虞、覃必陶合编，共三册：系初中用书，1947年开明书店出版。《新编开明高级国文读本》，为白话读本，朱自清、吕叔湘、叶圣陶合编，李广田从第二册起参与编写，共六册；《开明文言读本》，朱自清、吕叔湘、叶圣陶合编，共三册（原计划出版六册）：系高中用书，1948年开明书店出版。这套初、高中用书的第一个特点是白话文与文言文分编。《〈开明新编国文读本（甲种）〉序》说："白话文言混合教学的办法，是民国十一年编订新学制课程标准的时候开的头，到如今二十多年了，没有改变。有些人关心这件事情，以为混合教学虽有比较与过渡的好处，也有混淆视听与两俱难精的毛病。二十年来国文教学没有好成绩，混合教学也许是原因之一。他们主张分开来教学，读物要分开来编。我们觉得这个话有道理。这部读本就分开来编……"在这套读物问世以前，白话文与文言文分编的中学语文教材已经出现，但为数很少，影响不大。这套读物一出版，顿时搅动了语文教学界，引起了广泛而持久的关注，使白话文与文言文如何编制的问题至今还在热议中。这套初、高中用书的第二个特点是扩大了选材范围，注意选取实用性文章。关于白话文选文，《〈开明新编国文读本（甲种）〉序》说，要选"足以表现现代精神的，与现代青年生活有关涉的"文章，也就是选适应现代青年需要的实用性文章，诸如书信、日记、游记、杂感、随笔、演讲稿、宣言、传记、科技小品、读史札记、通讯、短论、悼词、故事等等。关于文言文选文，《〈开明文言读本〉编辑例言》声明："我们把纯文艺作品的百分比减低，大部分选文都是广义的实用文。我们不避'割裂'的嫌疑，要在大部书里摘录许多篇章；我们情愿冒'杂乱'的讥诮，要陈列许多不合古文家义法的作品。"诸如笔记、小品、序跋、简牍、传记之类实用性文章，在读本中占绝对优势，那些经典作家的名作被边缘化。即使选了著名作家的文言作品，也往往选他们的实用性文章，而不是文学名著，比如苏轼的《书蒲永升画后》、韩愈的《论变盐法事宜状》、蔡元培的《图画》、严复的《〈英文汉诂〉

叙》、鲁迅的《〈痴华鬘〉题记》等。这套初、高中用书的第三个特点是处处为提高学生的读写能力、发展学生的聪明才智着想。白话文读本：初中用书每篇文后都有编者写的短短的几句，或是指点，或是发问，意在请读者读过以后，再用些思索的工夫；高中用书，每篇文后都列有"读题""音义""讨论""练习"，为学生自学提供资料、指点途径、开拓思路。文言文读本：一是卷首有一篇《导言》，说明文言和现代语的区别，并解释196个常用虚字的用法，供学生查检；二是编排课文，注意循序渐进。课文内容由浅入深、由近及远，篇幅由短到长，标点符号从有到无，注音释义从详细到简略，逐步增加难度，引导学生逐步学会自己读书；三是课文后安排"作者及篇题""音义""古今语""虚字""语法""讨论及练习"等项目，启发学生独立思考，更好地读懂课文，养成良好的读书习惯。这套书出版后反应良好，有人还著文称赞之。

《中等国文》课本，陕甘宁边区教育厅编，胡乔木主编，曾彦修、田家英参与编写，1946年由新华书店出版，供三年制初中用。这套课本的主要特点有三个方面：第一，确认国文教学的基本目的是掌握汉语汉文的基本规律与主要用途。以前国文课本或偏重文艺或偏重政治，《中等国文》克服了这些缺点，正确处理语文规律教育、思想政治教育和文化知识教育三者之间的关系，基本目的在第一个方面，但其他两方面也绝不忽视。它各册的内容如下——第一册：说与写的最初步常识，简单的"应用文"，涉及边区的各方面、华北解放区和抗日战争、最初步的群众观念、群众的英雄主义、学习态度。第二册：词和句，涉及新民主主义的基本概念、解放区与国民党统治区的比较、社会主义、资本主义和法西斯主义、地理与生物的一些知识。第三册：词和句的进一步研究，涉及民族主义、投降主义和国际主义、工作态度、历史与科学的一些知识。第四册：修辞的常识，涉及更多的历史与科学知识以及学习方法。第五册：作文与读书的常识，汉语、汉字和汉文（文言和白话），中国文学的常识，文学所表现的政治。第六册：高级的"应用文"，内容包括对敌人的斗争和对自己的斗争（批评和自我批评）、工作方法。这样编排全书内容，落实了引导学生掌握"汉语汉文基本规律与主要用途"的基本目标，兼顾了思想政治、文化知识培养的任务。应该说，这个编排体系有一定的科学性。第二，全套书是一个整体。从全套到各册、各单元，都有整体设计，册与册之间、单元与单元之间、课与课之间都有一定联系，由浅入深，从简到繁，构成较为科学的系统。这套书共分为六册，每册30课，基本上每5课为一个单元，每单元前三至四课是范文，后一至二课是说明语文规律的短文。全套书说明语文规律的单元系统大致如下——第一年：（1）生活、思想、语言、文字；（2）语文学习什么；（3）认字和写字；（4）读书和听话；（5）说话和写作；（6）简单的句子；（7）复杂的句子；（8）态度和语气；（9）词句的错误；（10）词句的正确。第二年：（1）观察和分析；（2）六个为什么；（3）材料的选用和整理；（4）事物的特点；（5）记叙的立脚点；（6）说明具体事物；（7）说明抽象道理；（8）议论和批评；（9）揭露和反驳；（10）文章的组织。第三年：（1）语文的科学性；（2）语文的艺术性；（3）语文的阶级性；（4）韵文和散文；（5）怎样发挥主题；（6）内容与形式；（7）客观与主观；（8）语文的发展；（9）文告；（10）报告和总结。在我国中学语文教材史上，《中等国文》把知识短文与范文按单元系统编排，是一种创新。第三，这套教材特别注重实用性，引导学生在运用语文规律的过程中掌握语文规律。从选文来说，没有选很多"名文"，却选了很多朴素平易的文章，即实用文。据统计，全书实用文（包括普通文和应用文）占64%，文艺文占16%，语文规律的说明占20%。实用文不足时，还由编者写了若干篇以补充。那些语文规律的说明全部由编者撰写。为了适应学生的实际需要与读写水平，这些说明不仅形式上与向来的文法教材不同，内容上也不全一样，特别是由实用出发而不由定义和公式出发。从选文后面所附的习题来说，编者强调作文教学必须经过根本的改革，使学生作一次文一定能经过详细的研讨而真正得到一次益处。练习不限于写作，听话、说话、读报、读书、笔记、摘要、改作、编辑等都包括在内，使国文教学能够引起丰富的兴趣并收到充分的效果。[①]

当时有评论说，《中等国文》为建立初中国文教学上的语文规律系统，作了有意义有成效的探索。后来出版的一些国文教材，大都效仿了它的编写体例，其影响十分深远。

---

① 李杏保、顾黄初：《中国现代语文教育史》，四川教育出版社1997年版，第308—312页。

三　我国当代中学语文教材概观

新中国成立以来，中学语文教材建设取得了辉煌的成绩，也有不少经验教训。

第一阶段（1950—1955），新中国成立初期的中学语文教材。该教材1950年由中央人民政府出版总署编审局编辑，初中、高中各六册，1951年以后由人民教育出版社修订出版。它继承了老解放区中学语文教材的优良传统，突出教材的思想政治性，也借鉴了国民党统治区一些国文教材成功的编制经验。这套教材基本上反映了我国新民主主义革命各方面的胜利，清除了封建的、买办的、法西斯主义的反动思想对教材的恶劣影响。缺点是在语文教育方面没有来得及作周密的考虑，语文训练和语文知识没有系统安排，过于忽视文言文，课本分量偏轻。

第二阶段（1956—1957），文学、汉语分编教材。此为学习苏联的产物，是按照文学教学大纲和汉语教学大纲的精神编写的。这是新中国中学语文教材的第一次改革，有人称之为20世纪最重大的中学语文教材改革。1954年开始编写，1955年开始试教，1956年在全国推开使用，1958年改革中止。初中文学课本编完六册，高中文学课本编到第四册。这套文学课本的教学目的和各年级教学要求都比较明确，建立了比较完整的文学教学体系；选文绝大多数是名家名作，编排方式灵活多样。缺点是：过于强调纯文学教学，忽视实用文章教学，忽视作文教学和听说教学，忽视一般语文能力的培养；高中文学课本分量过重，内容过深，要求偏高；注重脱离课文的语言文字，偏重思想内容和文学形象的架空分析；对培养阅读文言文的能力，要求不明确，措施不落实。

初中汉语课本共六册。这套课本的教学目的和各年级教学要求都比较明确，建立了比较完整的汉语教学体系。它注意到多举例子，使学生从反复练习中逐步掌握各项语言规律。缺点在于内容烦琐，分量过重，不切合学生读写的实际应用。

第三阶段（1958—1960），重新编写的综合型语文课本。这一阶段的语文课本，初中、高中各六册。1958年编写，1959年、1960年两次修订。这套课本选材面广，包括记叙文、说明文、议论文、应用文和文学作品。全套教材按记叙、说明、议论的顺序编排，课文按思想内容组成单元，语文知识短文穿插在各单元之间。这套课本存在的问题较多，主要是过于强调配合当时政治运动和时事政策的宣传，选入大量结合政治形势的文章，使课本几乎成了报刊文章的集锦。另外，课文总数偏少，有些课文篇幅又太长，练习题多数是思想题，大而无当，语言训练题少而又少。

这个阶段，中央规定各地方可以对通用教材进行修订和补充，也可以自编教材。于是，各地掀起编写教材的"大跃进"运动。比如湖南省，组织280多人，用了不到50天时间，就编出教材200多册，其中包括中小学语文课本20册。在各地的自编教材中，特别值得一提的是北京师范大学编写、人民教育出版社出版的九年一贯制学校语文试用教材和十年制学校语文试用课本。这两套教材都曾在一些学校试教，产生一定影响。人民教育出版社以后编写的语文教材，汲取了这两套教材的一些长处。应该看到，中央鼓励各地自编教材，尝试教材多样化，可以弥补通用教材的不足。自编教材更便于结合各地的实际情况，适应学生的需要，培养他们的个性与特长。然而，以群众运动的方式编写教材，又一味强调"省"，压缩学制；强调"快"，大学内容下放中学，中学内容下放小学；强调为政治服务，宣传时事政策。这样势必无法保证教材质量。由于上述种种问题，自编教材这股风很快就刮过去了。

第四阶段（1961—1965），新编十年制中学语文课本（试用本）和新编十二年制中学语文课本。1961年，十年制中学语文课本（试用本）开始编写，1964年编完，初中六册，高中四册。这套课本偏重思想政治教育，选了不少政论文和反映革命斗争生活的文章；重视培养读写能力，引导多读多写；选文力求典范，体裁多样，试图以培养读写能力为序编排。缺点是选文过于强调名家名著，对适应教学需要有所忽视，尤其是选文中缺少实用文，说明文很少，应用文更少。此外，各年级语文训练的重点不十分明确。

十二年制中学语文课本是在汲取十年制中学语文课本（试用本）编写经验的基础上编写的。按照当时中学语文教学大纲的精神，1962年开始编写，到1964年编出初中一至四册，没有编完，但全套课本的目录已经列出。这是新中国中学语文教材的第二次改革。它一扫过去语文课本的泛政治性倾向，坚决突出了语文的工具性，以培养读写能力为教学目的，课文和语文知识的选取、编排，无不以此为转移；它坚持选材标准，扩大选材范围，选用文质兼美、足为学生学习典范的文章，内容稍有消极因素而艺术水平很高的古典作品，也酌选少数几篇；它强调"双基"，增选了课文，编排了知识，加强了语文技能的基本训练，多读多写是它的不二法门；它以培养读写能力的顺序为编排的主要线索，从记叙、说明到议论，由浅入深，循序渐进。当然，这套课本也有不少缺点和局限性：教学目的中不提思想政治教育，容易滑入纯工具训练的泥沼，导致思想政治教育和语文基本训练两败俱伤；把文学教育排斥在外，不编排文学知识，课本中文学作品往往当作实用文处理，使学生丧失接受文学熏陶的机会；课本选有40%的文言文，教学目的却不够明确，编排不够系统，文言知识也显得零乱。此外，整套课本以记叙、说明和议论为序，比过去课本确有进步，但仍不很理想。

第五阶段（1966—1976），没有全国通用的教材，由各地自编教材，被称为"文革体"教材。这些教材混同于政治教材，其中有的地方教材索性不叫"语文"，而叫"政文"。"文革体"教材为"无产阶级专政下继续革命"服务，"以阶级斗争为纲"，内容主要是毛主席著作加上革命大批判文章。教材中充斥"文革"语言，比如"大批判""横扫""牛鬼蛇神""走资派""斗私批修"等。

第六阶段（1977—1992），有四套教材：1978年十年制中学语文教材（试用本），1982年十二年制中学语文教材（正式本），1982年和1985年六年制重点中学语文教材（试教本），1987年和1990年十二年制中学语文教材（修订本）。

1978年十年制中学语文教材（试用本），1977年开始编写，1979年编完，初中六册，高中四册。这是"文革"后编写的第一套教材，对肃清"四人帮"对教材的恶劣影响，对拨乱反正、提高教材质量，功不可没。按照1978年中学语文教学大纲的精神，该教材主要沿用了1963年十二年制语文课本的编写思路，着力于提高学生的读写能力，也重视进行思想教育。由于"文革"风暴刚刚平息，编者难免心有余悸，致使教材仍有"左"的痕迹。"时文"选得过多，课文总篇数偏少，编排的系统性不够严密。

1982年十二年制中学语文教材（正式本），由1978年十年制中学语文教材（试用本）的修订本（1981年开始修订），新编高中语文教材第五、六册，合并而成。这套教材清除了"左"的影响，减少低质量的"时文"，增选名家名著，课文质量显著提高；规定了每个年级的读写训练要求、每个单元的教学重点和每篇课文的教学要点，使教学有所遵循；增添了作文训练的内容，知识短文力求系统。不过该教材还存在不少问题，比如很多课文没有贴近学生生活，缺失文学教育，能力训练的线索不很清晰。

1982年和1985年六年制重点中学语文教材（试教本），是按照教育部《全日制六年制重点中学教学计划（试行草案）》的精神编写的。这是一套分编型教材。初中部分，1982年开始编写，1985年编完，定名为《阅读》《写作》，为试教本。1986—1989年修订为试用本，定名为《阅读》《作文·汉语》。这套初中教材初步建立了阅读、作文、说话训练体系和汉语知识系统，其中阅读训练系统尤其引人瞩目。它强调阅读训练现代化，把重心放在筛选、汲取信息上。它主张阅读教学问题化，设计大量丰富多彩、各式各样的练习，对学生进行扎实、高效的训练。它建立阅读训练的"同心圆"结构模式，便于培养学生的自学能力。高中部分，1985年开始编写，1987年编完，为试教本，1994年起修订为高中实验课本，1996年再作修订。这套教材采取能力分级、知识分类、训练分步、教材分编的形式，力图建立以"训练系统""能级递进""自学指导"为特征的教材新模式。高一，《文言读本》《现代文选读》；高二，《文学读本》《文学作品选读》；高三，《文化读本》《文化著作选读》。在结构体系上，阅读与说写分编，阅读教材分课内与课外两种，阅读教材又分为文章、文学、文化著作三种。阅读、写作、说话各有训练系统，每个系统都分从初级到高级的五个层次。这套教材的改革力度很大。

1987年十二年制中学语文教材（修订本），是在1982年十二年制中学语文教材（正式本）的基础上，根据1986年中学语文教学大纲的精神修订而成的。1987年开始修订，1988年秋季起供全国使用。其中高中语文教材，又根据1990年中学语文教学大纲修订版的精神，进行了再修订，于是产生了1990年十二年制中学语文教材（修订本）。这套教材教学要求明确，把当时教学大纲中规定的读写听说能力训练和语文知识教学的重点，一一具体化，落实到了各个单元的教学要求和各篇课文的学习重点中去。在强调工具性的同时，突出人文性，教材增加课文数量，弘扬民族优秀文化和吸收人类进步文化，以提高学生文化素质。改进编排体系：从纵向说，初中形成阅读、写作、听说、语文知识四个训练序列，高中形成读写、听说、文学鉴赏、文言文阅读、现代汉语等能力训练系统或语言知识系统；从横向说，每个年级的内容就是一个层次，初、高中六个年级六个层次，这样纵横交叉，构成一种网状结构，而交叉点则是单元。调整思考与练习，突出语言训练，紧密结合课文，注意前后联系。不过，教材的课文总的说来偏于陈旧，时代性不很强，其中有些课文典范性不够；编排体系不很严密；对于欠发达地区来说，教材内容偏多偏难。这套教材是沿袭1963年教材的编写思路编出的最后一套教材。这种立足于工具性、强调"双基"的编写思路的优缺点，在这套教材中表现得最为明显。

第七阶段（1993—2000），1993年义务教育初中语文教材（人教版三年制）和1997年全日制普通高中语文教材。义务教育初中语文教材（人教版三年制）是根据义务教育初中语文教学大纲编写的，1990年编出实验本，供实验地区使用；1993年修订为试用本，在全国推开使用；2001年再次修订，称为试用修订本，在全国使用。编写这套教材的指导思想是：联系生活，扎实、活泼、有序地进行基本训练，培养学生正确理解和运用祖国语言文字的能力；在训练的过程中，传授知识，发展智力，进行思想教育。这套教材在编排上以语文与生活的关系为线索，由易到难，从初步的综合到分析再到进一步综合，共分为三个阶段，力求符合学生学习语言的规律；课文分为教读课文和自读课文两类，又编有自读课本相配合，以扩大阅读量，并培养自学能力；教读课文的练习分为三个层次，从理解到运用，从知识到能力，从课文扩展到其他，反映凭借课文这个"例子"提高语文能力的一般程序；语文知识力求简明，结合课文，重在实用。

1997年全日制普通高中语文教材是与1993年义务教育初中语文教材（人教版）配套的。这套教材包括必修教材、限定选修教材、任意选修教材，按1996年高中语文教学大纲编写。其中必修教材，1997年编出实验本，在实验区使用；修订后，2000年改称实验修订本，在全国使用；再次修订后，2003年改称必修本，仍在全国使用。这套教材改革了编排结构，突破过去教材比较复杂的记叙、说明、议论"三阶段"模式。一是阅读与写作、说话分编，二是编写与教材配套的课外教材《语文读本》。阅读、写作训练各分为互相衔接的三个阶段，口语训练分为两个阶段。增选文学和优秀传统文化的篇目，编排文学和优秀传统文化的知识短文，以加强文学和优秀传统文化的教育。重视培养自学能力，教材包括教科书和课外语文读本，课文分为教读课文和自读课文，还配有多种助读材料，以便于学生自学。限定选修教材、任意选修教材继必修教材后编出。限定选修教材有三种，供文科学生、理科学生和预备就业学生选用；任意选修教材也有几种，供选用。这样形成教材系列，利于全面提高学生的语文素质，发展学生的个性和特长。这套初、高中教材的改革，是新中国中学语文教材史上一次较大的改革。

1985年，中央颁布了教育体制改革的决定。随后，国家教委出台了文件，决定在统一基本要求的前提下，实现教材的多样化。实际上，在这以前，已经出现了一些地方实验教材。国家教委这个文件颁布后，各地方自编教材更如雨后春笋，纷纷破土而出。自1992年至1999年，经国家教委中小学教材审定委员会审查通过的初中语文教材，就有13套。其中，由国家教委规划的有六套（共规划"八套半"，但一套未编完，一套未送审，半套是小学复式教材）。上面介绍的1993年义务教育三年制初中语文教材，系人教社编写的，是六套中的一套。此外还有：人教社编写的四年制初中语文教材，北京师大编写的四年制初中语文教材，广东省编写的面向沿海地区的初中语文教材，四川省编写的面向内地和西南地区的初中语文教材，上海市编写的适合本地区课程改革的中学语文教材（包括H版、S版两种）。另有规划外的七套：北京市、北京师大附属实验中学编写的初中语文教材，河北省编写、教育科学出版社出版的初中语文教材，广西教育学院编写、广西教育出版社出版的初中语文教材，江苏省编写、江苏教育出版社出版的初中语文教材，辽宁省编写、辽宁教育出版社出版的初中语文教材，四川省西昌地区编写的初中语文自学辅导教材，张志公主编、北京大学出版社出版的初中语文教材。上述教材各有特色，适应不同地区、不同条件的学校的需要，适合不同类型的学生使用。

第八阶段（2001—　　），2001年义务教育课程标准实验教科书·语文（人教版七—九年级）和2003年普通高中课程标准实验教科书·语文（人教版），2016年统编义务教育教科书·语文（七—九年级）和2019年统编普通高中语文教科书。

2001年义务教育课程标准实验教科书·语文（人教版七—九年级）是按照《全日制义务教育语文课程标准（实验稿）》的精神编写的。这套教材以语文与生活的联系即"人与社会""人与自然""人与自我"三大板块为外在线索，以语文能力的发展为内在线索，双线推进，体现工具性与人文性统一的精神，以利于全面提高学生的语文素养。这套教材把写作、口语交际和综合性学习整合在一起，以突出语文的实践活动，使学生在实践中学习语文，并倡导自主、合作、探究的学习方式，注重培养学生的创新精神。这套教材力求具有开放性和弹性。开放性：教材注意沟通教材与课外读物、课堂内外和学校内外，使语文学习同其他课程的学习、书本学习和社会中学习紧密结合。弹性：教材为个性学习提供广阔空间，课文分精读、略读，课内读、课外读，练习分必做题、选做题，综合性学习、写作、口语交际内容编排较多，供选用。当然，这套教材也存在一些问题，后来经过修订，其质量更上一层楼。

2003年普通高中课程标准实验教科书·语文（人教版）是按照《普通高中语文课程标准（实验）》的精神编写的。这套教材包括必修和选修两类。必修有五个模块，编为五册；选修有15种教材。它的特色是：坚持守正出新；采用"综合性"和"模块化"结构，注意内容的综合性和体例的模块化；突出"过程和方法"，以浸润式学习的设计整合各个教学目标。它的必修教材每一册都分为"阅读鉴赏""表达交流""梳理探究""名著导读"四个部分。"阅读鉴赏"包括精读课文和略读课文，配有语文读本，加上"名著导读"，形成从课内到课外、从单篇文章到整本书的阅读系列。"表达交流"包括写作和口语交际，这两部分都各成系统。"梳理探究"是语文专题活动。"名著导读"每册编排两部名著。与过去高中语文课本相比较，改革力度不能说不大。

2001年，国务院通过《基础教育课程改革纲要（试用）》，规定"实行国家基本要求指导下的教材多样化政策"。于是，通过教育部中小学教材审定委员会审查的义务教育课程标准实验教科书·语文（七—九年级）有七套，推荐全国使用，分别由人民教育出版社、江苏教育出版社、北京师范大学出版社、语文出版社、河北大学出版社、中华书局、湖北教育出版社组织编写，另有吉林省编写、在吉林省内使用的一套，以及北京市编写、在北京市内使用的一套；普通高中课程标准实验教科书·语文有六套，推荐全国使用，分别由人民教育出版社、江苏教育出版社、北京师范大学出版社、语文出版社、山东人民出版社、广东教育出版社组织编写，另有北京市编写、在北京市内使用的一套。上述教材都强调以学生为本，以培养学生的创新精神和实践能力为着力点，在具体编制上又各有特点。

2016年统编义务教育教科书·语文（七—九年级），是按照《义务教育语文课程标准（2011年版）》的精神编写的，2012年启动，先编出实验本，经过试教并修订后，于2016年通过审查，推荐全国使用。这套教材的编写，由教育部直接领导，集中体现"立德树人"的国家意志。它"整体规划，有机融入，自然渗透"，采用"人文主题"与"语文要素"的双线结构，既坚持语文与生活的联系，进行人文教育，又保证语文素养的基本训练，而且人文教育是在语文训练的过程中进行的。选文突出我国优秀传统文化、革命文化和社会主义先进文化，如增加优秀传统文化篇目，共有古诗文125篇，占所有选文的52.5%。沟通课内自读、教读与课外阅读，联通单篇阅读与整本书阅读，整合教科书、读本与名著，有效激发阅读兴趣，培养阅读习惯。写作采用独立专题方式，形成系列。口语交际融入阅读，辅以专题。名著导读"一拖二"，聚焦读书方法。诚然，这套教材已经超过现有各个版本同类教材的水平。

2019年统编高中语文教科书，按照《普通高中语文课程标准（2017年版）》的精神编写，历时三年，2019年秋季起在北京等六个省市试用。这套教材遵循中央关于"立德树人"的指导思想，以"整体规划，有机渗透"的设计，融入社会主义核心价值观教育，在促进学生全面发展方面发挥应有功能。整套教材分为必修、选择性必修和选修三类，以人文主题和学习任务群双线组织单元。人文主题这条线索聚焦在"理想信念""文化自信""责任担当"三个方面，以适应学生人格和精神成长的需要。以学习任务群为设置单元的另一条线索，指向语文核心素养的学习任务，具体落实语文工具性的要求。教材的最大亮点是单元学习任务群的设计。它以任务为导向，以学习项目为载体，整合学习情境、学习内容、学习方法和学习资源，引导学生在运用语言的过程中提升语文素养。单元由导语、课文、学习提示和单元学习任务组成，其中单元学习任务强调单元内容的整合，注重任务的综合性和实践性，设置语文学习情境，提供学习支架，重视学生自主、合作开展的体验性、探究性活动。此外，教材还强调以读书为本，选编经典文本，编排拓展阅读书目，旨在培养学生的阅读兴趣，扩大阅读面，提高阅读品位。应该说，这套统编教材是新中国成立以来改革力度很大的高中语文教材。

下面介绍一些有代表性的语文教材。

1. 1956年文学课本、汉语课本

这套分科型课本，是根据《初中汉语教学大纲（草案）》和《中学文学教学大纲（草案）》的精神编写的。文学课本有如下的优点：

第一，文学教学的目的任务和各年级的教学要求都比较明确。初中和高中的文学教学，分别有明确的教养任务和教育任务。根据这些任务，大纲明确规定了各年级的教学要求。例如初中：一年级"着重培养学生观察和叙述客观事物的能力，逐渐扩大学生对生活的认识，

并且使学生对文学的意义和作用，对文学同社会生活的关系有初步的认识"；二年级"着重培养学生分析和理解比较复杂的事物的能力，借以开拓学生的思想领域"，并"使学生对我国文学的发展有大致的了解"；三年级"除了继续提高学生认识生活和分析事物的能力之外，还要比较系统地介绍文学作品的各种体裁，使学生对各种体裁的特点获得基本的知识"。高中各年级的教学要求，也像初中一样规定得比较明确具体。

第二，建立了比较完整的文学教学体系。按照文学教学的目的任务和各年级的教学要求，初中阶段，先是初步学习各种文学作品，接着了解我国文学发展的概况，然后从文学理论方面按照不同体裁进一步学习作品，这就组成了具有一定系统的教学顺序；高中阶段，从学习我国文学史上的重要作品到外国某些重要作家的作品，从学习文学作品专题到文学史概述，组成了更具系统性的教学顺序。初中为高中打基础，又自成系统；高中是初中的延伸和提高，又更加系统化。从初中到高中，组成了一个比较完整的文学教学体系。

第三，选文绝大部分是名家名作。除高中文学课本第三、四册有七篇政论文外，其他课文都是文学作品。这些文学作品绝大部分是文学史上的精品，是素有定评的脍炙人口的名作。例如，屈原的《涉江》、司马迁的《信陵君列传》、李白的《梦游天姥吟留别》、杜甫的《兵车行》、白居易的《卖炭翁》、施耐庵的《水浒传》、罗贯中的《三国演义》、曹雪芹的《红楼梦》、鲁迅的《狂人日记》、郭沫若的《诗的宣言》、茅盾的《春蚕》、老舍的《在烈日和暴雨下》、艾青的《黎明的通知》、普希金的《渔夫和金鱼的故事》、高尔基的《海燕》、伏契克的《二六七号牢房》等等。这些名家名作，教师教得有情趣，学生学得有兴味。人们至今怀念这套分科课本，在某种意义上，可以说是主要怀念这众多入选的名家名作。

第四，编排形式有所创新，生动活泼，比较适应教学的需要。例如，初一年级按照思想内容组织单元，初二年级按照作家和作品年代的先后顺序组织单元，初三年级按照诗歌、散文、小说、戏剧四种体裁组织单元。每个年级的上下学期，又分别循环一次。高中课本，按照文学史的顺序编排。这种灵活多样的编排方式，既体现了各年级的教学要求，能适应教学需要，又有利于激发学生的学习兴趣。

当然，文学课本也有一些缺点，主要是：（1）过分强调纯文学教学，没有选入一般的文章，也不讲授一般的读写知识，忽视一般读写能力的培养；（2）教学要求偏高。高中课本中我国古代各个时期的"专题"和"文学史概述"，内容都比较深奥复杂。高中课本按照文学史系统从古到今编排，初二课本也按照年代顺序从古到今编排，有违从易到难的原则。课本分量偏重，有的课文偏长，给教学带来困难。此外，文学课本强调文学分析，在教学中容易导致架空分析思想内容和艺术形象，这对培养一般读写能力有不利的影响。

汉语课本共六册：第一册，语音；第二册，文字和词汇；第三册到第五册，语法和标点符号；第六册，修辞。这套课本建立了比较完整的汉语教学体系，能使学生接受比较系统的汉语知识。课本注意引导学生在对具体语言材料的分析、比较和概括中得出语言规律，掌握语言规律。通过汉语课的系统学习，学生辨词造句的能力容易较快地提高。然而，由于过分追求知识的系统性，课本内容显得烦琐，分量偏重，叙述比较呆板、枯燥，缺乏兴味，因此，教学困难，影响了培养学生实际的读写能力的效果。

2. 1963年新编十二年制学校中学语文课本

这套课本是根据1963年《全日制中学语文教学大纲（草案）》的精神编写的。尽管只编到初中第四册，但还是显示出了某些特点。

第一，突出语文的工具性。课本在《编辑意图》中说："语文是学好各门知识和从事各种工作的基本工具。中学语文教学，要使学生具有现代语文的阅读能力和写作能力，具有初步阅读文言文的能力；作文要文理通顺，用词确切，正确地使用标点符号，字写得端正，不写错别字。""为了切实达到这个要求，我们编辑这套课本的时候，参照我国传统的语文教学经验以及语文课本的编辑经验，着重探讨了有关提高学生阅读能力和写作能力的几个重要问题，并且采取了一些措施。"编者不仅把使学生掌握语文这个工具作为编写这套课本的指导思想，而且在选材、知识内容、编排等方面，都力求体现语文的工具性和培养读写能力的教学目的。

第二，选材面广，课文量多，文质兼美。与过去课本相比，这套课本选材范围广泛得多，包括古今中外的优秀作品，包括文学、社会科学、自然科学等方面的内容，包括记叙、说明、议论、抒情等表达方式，包括书信、通讯、报告、总结等应用文。题材、体裁、风格丰富多样。课文量比1961年十年制中学语文课本增加60篇，全套书共360篇课文。总量虽然增多，但选文注意短小精悍，初中课文每篇不超过3000字，高中课文每篇不超过5000字，因此课本的总字数并不多。这样更有利于教学。选文力求文质兼美，具有积极的思想内容和优美的艺术形式，足为学生学习的典范；同时，还要求适合学生的接受能力和教学需要。这套课本注意选用经过教学实践证明效果良好的课文，也酌选了一些新篇目。在360篇课文中，古今中外名家之作近百篇，已经在教学中证明效果良好的作品有210多篇。

第三，注重语文基本功的训练。《编辑意图》中说："多读多写是我国语文教育行之有效的传统方法……拿读来说，读是为了吸收作者运用语文的经验。读得多了，才能学到丰富的词汇，才能学到多种多样的表现方法，才能打开眼界，从比较中体会到一些用词造句、布局谋篇的方法……再拿写来说，写是为了把学到的写作知识应用于实践，锻炼自己的写作能力。语文这个工具很复杂，运用起来又要求准确、熟练，所以必须多写。如果学生读得少，写得少，即使教师讲得清楚，改得认真，也很难期望有多大的效果。"按照上述精神，这套课本除增加课文量外，还加强读写训练，增加了背诵的练习，重视字、词、句的基本训练。例如，初中第一册编入练习110多题，有关基本训练的占80%左右。此外，对阅读和作文的训练也加强了指导。

第四，以培养读写能力为线索组织教材。根据由浅入深、从简到繁、循序渐进的原则，该教材有计划地安排了各年级培养读写能力的重点。初一着重培养记叙能力，初二着重培养说明能力，初三着重培养议论能力。高中在初中的基础上进一步提高：高一着重培养比较复杂的记叙能力和说明能力，高二着重培养比较复杂的议论能力和说明能力，高三巩固和加深各种阅读能力和写作能力。为体现安排的训练步骤，编者采取了三个方面的措施：根据训练重点选用、组织课文；按照训练要求编配各种练习题；配合课文和练习编入讲解语文知识的短文。

这套课本也存在着一些缺点和问题。（1）教学目的只提培养读写能力，不提思想政治教育，不提听说能力培养，在教学中容易忽视课文的思想性，削弱课文应有的思想政治教育作用，也不利于让学生在把握课文思想内容的基础上体会语言文字的表达作用，不利于用正确的思想观点进行作文训练和口语表达训练。（2）课本编排缺少严密的体系。这套教材企图把课文、语文知识和作文训练三方面糅合在一起，但是没有糅合好，出现了头绪比较繁杂、知识比较分散、体系比较松散的毛病。此外，有些年级读写训练的要求或者不够明确，或者不易落实。（3）选了大量的文学作品，但为了防止把语文课教成文学课，竟仍然不提文学教育的任务。

3. 1982年重点中学阅读课本、写作课本

这套课本是根据教育部1982年颁发的《全日制六年制重点中学教学计划（试行草案）》的精神，为适应"四化"建设的需要而编写的。全套书以能力训练为主线，以阅读训练和写作训练为重点（兼顾听说训练），实行阅读教材和写作教材分编。二者各成系统，又彼此照应。

初中课本有如下特点：

第一，分为《阅读》《作文·汉语》两本，初步建立了阅读教材、写作教材和汉语知识教材的体系。与1956年文学课本和汉语课本相比，它不但把汉语知识单独编成教材，还重视了写作教学，单独编了写作教材。与综合型教材相比，由一种课本分为两种课本（实际上是三种课本），这样便于分别进行系统的教学。如写作教材，第一、二、三册重点在记叙能力，第四册重点在说明能力，第五册重点在议论能力，第六册则侧重于三种能力的综合运用，另有修改训练贯串全套书。这样系统地进行写作训练，是其他课本所不及的。

第二，课文有计划地设计各种练习。整套课本按照读、写、听、说的要求设计比较系统的分解训练项目。练习的式样多种多样，由浅入深，由简到繁，既突出重点又照顾全面。讲读课文前有"提示和思考"，针对课文的重点、难点提出启发性的问题，引起学生思考；课文后边的"课堂练习"帮助学生理解课文的内容和表现方法；"课后练习"着眼于巩固和加深课内的学习内容。自读课文前边有"自读提示"，后边有"阅读练习"，有时在课文旁边加旁批或者提问题。每个单元的前边有"单元要求"，后边有"单元练习"。"单元练习"又分为"比较·思考""推敲·琢磨""读写技巧"和"书面表达"四部分。这样对学生进行严格训练，可以比较有效地提高学生的语文能力。

第三，初步建立了阅读训练的顺序。初一着重进行字、词、句（主要是中心句）的训练，同时进行篇章结构和写作方法等方面的训练；初二继续进行字、词、句的训练，着重进行句子和句子之间几种主要关系的训练，进行划分段的主要层次关系的训练；初三着重进行篇章结构和写作方法等方面的训练，以及段和段之间关系的训练。能建立这个顺序，是这套课本的一个贡献。

第四，课文的选材标准作了一些新的规定。具体来说，有四条：在思想方面，要求恰如其分；在语言方面，要求规范；课文要适合学生的年龄特征和接受能力；课文的体裁要多样。由于这些新规定，这套课本的课文选得都比较好，受到师生的欢迎。

高中课本有如下特点：

第一，阅读训练，根据阅读能力由初级到高级发展变化的规律，编排出序列，如下表所示。

年级		高一	高二	高三
课内	教材名称	《文言读本》上下册	《文学读本》上下册	《文化读本》上下册
	训练内容	文言文阅读训练	文学阅读训练	文化科学著作阅读训练
	训练要求	在继续提高文言认读能力的基础上，着重培养文言理解能力	在继续提高理解能力的基础上，着重培养文学鉴赏能力	在继续提高理解能力和鉴赏能力的基础上，着重培养文化著作研读能力
课外	教材名称	《现代文选读》上下册	《文学作品选读》上下册	《文化著作选读》上下册
	训练内容	现代文阅读训练	文学阅读训练	文化科学著作阅读训练
	训练要求	以自学为主，着重提高现代文的理解能力	以自学为主，着重提高文学作品的鉴赏能力	以自学为主，着重提高文化科学著作的研读能力

写作训练和听说训练，着重于实际应用，由易到难、由简到繁进行编排，如下表所示。

年级	高一	高二	高三
教材名称	《写作》第一册	《写作》第二册	《写作》第三册
作文训练	书信·思想评论（课外练笔）	通讯·文艺评论（课外练笔）	科学小论文·综合训练（课外练笔）
说话训练	演讲·模拟法庭辩论	演讲·文艺评论	科学小论文答辩·专题论辩

第二，阅读训练的安排，自成一套新路数，不是选文式，也不限于单元式，而是根据阅读对象的特点，把阅读训练分为三大类：文章阅读训练（现代文阅读训练、文言文阅读训练）、文学阅读训练、文化科学著作阅读训练。每类训练又自成系统，以文言文阅读训练来

117

说，包括六方面内容：诵读课文、复背课文、文言常识、点读练习、翻译练习、浏览课文。共十个单元，每个单元都包括上述六个部分，各单元的训练重点要求是：正音读、识文字、通义训、察语气、明文法、断句读、辨辞采、理层次、探主旨、评得失。这些内容借鉴了传统语文教育的经验、古人读书和写作的经验，应该说是符合文言知识和文言文教学的特点的。

第三，对学生语文能力的培养，提高了层次。以阅读训练为例，在《文化读本》中，提出教会学生研读，即"研究性阅读"。课本把研读的过程分为五个环节：通读与查考（初步理解），析义与批注（整体把握），质疑与参读（发现问题），比照与思辨（深入思考），逻辑与辩证（推理评断）。以"通读与查考"为例，有知识短文《语言文学论著研读常识》，研读课文《说文解字》（朱自清），参读课文《读〈经典常谈〉》（叶圣陶）、《古代文字之辩证的发展》（郭沫若）、《语言的演变》（吕叔湘）。从研读的环节和内容可以看出，课本对学生阅读训练的要求很高。

此外，这套课本分量较重。阅读方面，借鉴了传统的"多读"经验；写作方面，借鉴了传统的"多写"经验。三年内要读完15本课本，还要进行大量的训练。

这套重点中学课本的缺点和问题主要是：阅读课本和写作课本之间贯通不够、配合不够，给使用带来困难；在课本的分量和难度上如何做到恰当，还需进一步研究。

4.1987年的人教版中学语文课本

这套课本是根据国家教委1986年颁布的《全日制中学语文教学大纲》的精神，对1978年编写、1982年修订的中学语文课本再次修订而成的。它有如下特点：

第一，教学要求比较明确、具体。《全日制中学语文教学大纲》对中学各年级教学的要求，从阅读能力、写作能力、听说能力以及基础知识等四个方面分别列出，提示了能力训练和知识教学的要点。这套课本把大纲规定的这些要点进一步具体化，落实到每册每个单元的教学要求中去，每个单元的教学要求又落实到课文的学习重点中去，课文的学习重点又落实到课文后的练习中去。例如，大纲在初中三年级的教学要求中规定："阅读议论文，能把握文章阐述的观点，了解论证方法，领会语言的严密性。"初三课本议论文的单元教学要求和课文学习重点就提出：把握议论文的中心论点和分论点；了解例证法、引证法等论证方法；领会议论文语言的严密性，理解句子与句子之间的关系、关联词语的用法。人们对过去语文课本的意见之一，就是教学目的不明确，有很大的随意性。为了克服这个缺点，这套课本作了颇有成效的努力。

第二，以能力训练为序编排，形成较为严整的体系。从纵向说，初中课本有阅读训练、作文训练、听说训练和基础知识四条线索贯串六册书；高中课本有读写知识和能力训练、听说知识和能力训练、文学鉴赏知识和能力训练、文言文阅读知识和能力训练、现代汉语的重点知识和能力训练五条线索贯串六册书。从横向说，每个年级的语文基本能力和基础知识的教学要求和教学内容就是一个层次，六个年级就是六个层次。这样，横向层次与纵向线索相交叉，就构成一个结构网络，这个交叉点就是单元。初中课本有48个单元，就是48个交叉点；高中课本有45个单元，就是45个交叉点。每个交叉点，都是读写听说训练和语文知识教学的小综合体。以初中第一册第一单元为例，这个单元安排了五篇记叙文和一篇知识短文《记叙的要素》，单元教学要求主要是掌握记叙要素和理清文章的结构。单元的阅读训练是运用记叙要素的知识阅读五篇记叙文，作文训练是运用记叙要素的知识并借鉴五篇记叙文来写一篇记叙文，这五篇记叙文又是进行听说训练的材料、进行语文知识教学的例子。应该说，全套中学语文课本的网络式的能力训练体系是比较严整的。

第三，课文分为讲读、课内自读、课外自读三类，数量增多，质量提高。课文如果仅限于讲读，课本的容量就有限，不利于提高学生的语文能力。增加自读，费课时不多，又能使学生多读。尤其是，学生运用在讲读课文中学到的知识和能力去学习自读课文，可以培养自学能力，收到举一反三之效。这套课本的课文总量为440课，其中初中240课，高中200课，超过了新中国成立以来任何一套综合型教材的课文量。课文的质量也有一定提高，删掉了陈旧的教学效果不好的文章，增加了富于时代气息、密切联系实际的好作品，使课本面貌有所改观。

第四，注重培养学生的自学能力。这套课本，不仅是教师用的教材，而且是学生用的"学材"。每个单元都安排了单元教学要求、课文学习重点、作文训练、听说练习，一些课文后的练习有提示、示例，就是为了便于学生自学。此外，全套课本的练习始终贯串着一条线，就是培养学生学习语文的良好习惯，如查工具书、做读书笔记、积累语言材料、课外练笔等。学生有了好的学习习惯，自学能力的提高就有了可靠的保证。

这套课本也存在一些缺点和问题。例如，课文总的面貌还显陈旧，编排体系也有不够严密之处，内容似乎偏多偏难了些。尤其是初中课本的现代汉语知识部分，教学感到困难。

5. 1993年人教版义务教育初中语文课本（试用）

这套新编课本编写的指导思想是：联系生活，扎实、活泼、有序地进行语文基本训练，培养学生正确理解和运用祖国语言文字的能力；在训练的过程中传授知识，发展智力，进行思想教育。

这套课本有如下特点：

第一，为求多样化并显示阶段性。初中阶段的学习过程分为三个阶段，教学重点和编排方式各不相同。第一阶段（第一学期），认识学习语文与生活的关系，着重培养一般的语文能力，课文按照反映的生活内容分类编排。第二阶段（第二、三、四学期），联系生活实际，着重培养记叙、说明、议论的能力，三种表达方式依次分作三个学期的训练重点，课文按照表达方式编排。第三阶段（第五、六学期），着重培养在生活中运用语文的能力，培养初步欣赏文学作品的能力，课文按照文体分类编排。三个阶段，从综合到分解再到综合，由简及繁，由浅入深，比较符合学习的规律。

第二，教读课文后的练习划分为循序渐进的三个层次。（1）"理解·分析"：引导学生理解和分析课文的思想内容、篇章结构和语言含义。（2）"揣摩·运用"：在理解的基础上进一步推敲遣词造句、布局谋篇的巧妙所在，并动口动手进行表达练习。（3）"积累·联想"：继前两项之后，进行熟读和背诵练习，积累语言材料，并通过比较阅读，开拓思路，加深理解。这三个层次的练习，从理解到运用，从知识到能力，从课文扩展到其他，力求体现阅读的大致过程，反映凭借课文这个"例子"提高读写听说能力的一般程序。

第三，有较大的弹性。（1）教学时间的安排留有余地。每学期18周教学时间，有两周机动；每两周教学时间，有两课时机动。（2）课文分为教读、自读和课外阅读（《自读课本》）三类，练习题分必做和选做两种。教学条件较好的地区和学校，如果教学时间宽裕，可以把自读课文作为教读课文来处理，也可以把《自读课本》拿到课堂上教学。教学条件较差的地区和学校，除《自读课本》在课外阅读外，还可以把自读课文改为课外自读。至于练习，可以只完成教读课文后的必做题，这样也能达到教学大纲的基本要求。总之，这套教材注意到面向大多数，适用于各地区不同条件的学校。

6. 1997年人教版普通高中语文教材

这套教材是根据国家教委1996年颁布的《全日制普通高级中学语文教学大纲（供试验用）》编写的。其指导思想是：以能力训练为主，注重文化熏陶，在初中的基础上进一步全面提高学生的语文素养，培养学生正确理解和运用祖国语言文字的能力；在训练的过程中，传授知识，发展智力，发展个性和特长，进行思想道德教育和审美教育。

这套教材改进了体系和结构。一是阅读和写作、说话分编，构成两个相对独立的系统，合编在一本书中。分则系列分明，合则相互为用，二者相辅相成。二是破除比较复杂的记叙、比较复杂的说明和比较复杂的议论"三阶段"模式，另行设计互相衔接的三个阶段。第一阶段（高一），在初中的基础上，学习现代文章和浅易文言文，着重培养学生理解、分析现代文章的能力和阅读浅易文言文的能力。第二阶段（高二），学习我国现当代文学作品、古代文学作品和外国文学作品，着重培养学生初步欣赏文学作品的能力。第三阶段（高三），学习文化内涵丰富的现当代论文、科技说明文和文学名家名作，着重培养学生研讨、评析现代文章和文学作品的能力。这样，形成由易到难、由浅入深的训练序列。

这套教材着眼于全面提高学生的语文素养，大大增加了文化的分量。编选了占课文总数40%以上的文言文和大量的我国现当代文学作品和文化著作，使这套教材闪烁出耀眼的民族文化的光芒。这套教材还编选了相当数量的外国文学作品和外国文化著作，使学生闻到外国文化的芳香。

为面向21世纪，培养适应21世纪需要的语文能力，这套教材一是突出实用性，注重培养快速阅读的能力，快速写作的能力，应用简明、连贯、得体的口头语言的能力，以适应高效率、快节奏的未来社会的需要与人机口头交流的需要。二是强调发展学生的个性和特长，加大教材弹性。这套教材除重视培养学生的基本素质外，还重视开发学生的潜能，为使学生成为21世纪需要的各类人才打下基础。为此，教材分为必修、限定选修和任意选修几种，文科、理科和预备就业的学生所用教材各不相同。教材富于弹性，教学要求有较高要求和基本要求，课文有教读课文和自读课文，练习有必做题和选做题，使所有学生都能各取所需，有发展自己个性和特长的广阔天地。

7. 2001年人教版义务教育课程标准语文实验教科书（七—九年级）

这套教材遵照教育部制定的《基础教育课程改革纲要（试行）》和《全日制义务教育语文课程标准（实验稿）》的精神编写。它构建新的教材体系，以语文与生活的联系为编排线索，按照"人与自我""人与自然""人与社会"三大板块组织单元，每个单元由阅读与"综合性学习·写作·口语交际"两部分组成，写作、口语交际整合于综合性学习之中。

这套教材致力于全面提高学生的语文素养，每个单元的主题都有丰富的人文内涵。整套书36个单元，就有36个主题。这些主题，是从"人与自我""人与自然""人与社会"三大母题中，选取的一些基本的生命命题和精神命题。它的选文以经典为主，使学生与文学、思想大师进行生命的对话、心灵的沟通，以便在生命与语文学习的起点就站在精神与语文的制高点上，为终身发展奠定牢固的基础。它的单元、课文前的提示和课文后的"研讨与练习"，尽可能兼顾知识和能力、过程和方法、情感态度和价值观三个方面，以利于学生在这三个方面都得到发展。它的"综合性学习·写作·口语交际"的活动主题，都是与学生相关的、共同关注的社会及自然问题。这些主题，使学生的语文学习与生活全方位地结合起来，在学习语文的同时，有利于学生在"人与自我""人与自然""人与社会"三大关系中发展个性、完善人格。

为落实语文课程标准（实验稿）的精神，这套教材积极倡导自主、合作、探究的语文学习方式，注重培养学生的创新精神。众所周知，倡导自主、合作、探究的学习方式的重要途径是综合性学习。这套教材把综合性学习置于显要位置，设计了36次，与写作、口语交际整合在一起，极力突出语文学习的自主性、合作性、探究性。自主性，设计的每次活动的目标、内容和方式，都在确定与不确定之间，由学生在教师指导下选择和确定。合作性，每次活动都给学生群体以共同任务，让每个学生在承担个人责任的同时，相互支持、配合、协作，共同努力完成任务。探究性，鼓励和帮助学生探究问题，摸索解决问题的方法和途径。教师要支持学生的奇思妙想，鼓励学生大胆创新。

此外，这套教材遵循语文教育规律，突出学生的语文实践活动，引导学生在实践中学习语文。语文是实践性课程，语文能力主要在实践中养成。这套教材秉承这个宗旨。阅读，强调学生要"读"——朗读、诵读、默读、精读、略读、浏览。在读的过程中，去体验、感悟、理解、评判、积累，潜移默化地受到熏陶渐染。写作、口语交际、综合性学习更是成了学生生活的一部分，是学生的心灵活动、生命活动，又往往与社会活动结合在一起。总之，突出实践性，是这套教材的一大亮点。

8. 2003年人教版普通高中课程标准语文实验教科书

这套教材是根据教育部《基础教育课程改革纲要（试行）》《普通高中课程方案（实验）》和《普通高中语文课程标准（实验）》的精神编写的。

这套教材主要有以下几个特色：

第一，坚持"守正出新"，适应新时代的特点和普通高中教学的需要。"守正"，就是坚持以马克思主义教育科学理论为指导，严格遵循高中语文教育的基本规律，注意继承我国高中语文教材编制的优良传统和成功经验，适当考虑中学语文课程和教材改革的循序度和适用面。因此，整套教材在一定程度上注意与现行教材的衔接过渡，保持了教材内容和体例的大体稳定。"出新"，一是从整体面貌看，落实了新的教改理念，突出了当代教育科学理论，体现了鲜明的时代特征和丰富的文化内涵。二是从教学角度看，注意到语文学科工具性与人文性紧密结合的特点，教材的内容体例和呈现方式不拘一格、新颖活泼，并留有充分的选择空间和开发余地，以满足不同学校使用的实际需要。三是从学生角度看，教材努力适应当今高中生身心发展的特点，具有鲜明的时代性、扎实的基础性和灵活的选择性，有利于学生学习和个性发展。

第二，构建"立体系统"，体现内容的综合性和体例的模块化。"综合性"是指：第一，教学目标的综合，把知识和能力、过程和方法、情感态度和价值观三个维度综合在一起。第二，课程内容的综合，包括语文学科本身各种要素的综合、语文学科与其他学科内容的综合、课内外学习内容的综合等。第三，过程和方法的综合，即力求让学生体验多种学习过程，运用多种学习方法，并根据自身的特点，扬长避短，逐步形成自身有个性的学习方式。"模块化"是指教材内容的呈现方式，按语文的基本要素构建模块式系统。一方面"化整为零"，把整个教学内容分解成不同模块；另一方面"聚零为整"，在教学中各个模块可以灵活组合。

第三，突出"过程和方法"，以浸润式学习的设计整合各个方向的教学目标。"过程和方法"的教学目标包括：鉴赏的过程和方法，领悟的过程和方法，应用的过程和方法。启发和调动学生的学习兴趣与主动性，通过几个方面的反复训练使学生掌握基本的学习方法，全面提高学生的领悟力、鉴赏力、应用及探究的能力，同时使学生的情感、态度和价值观受到陶冶。由于教材所追求的是浸润式的学习"过程"，又重在"方法"上的引导，学习训练的落脚点在"能力"上，所以它改变了以往偏重课堂灌输的方式，能使学生兴趣盎然地创造性学习，在读写能力得到稳步提高的同时，情感、态度和价值观也自然得到提升。

9.2016年统编初中语文教科书

这套教材是在教育部领导下，人民教育出版社充分调动几百位各方面专家学者，按照2011年版全日制义务教育语文课程标准和中央关于中小学教育教材工作的最新指示编写的。

该教材的编写理念是，全面提高学生的语文素养，着力于培养学生最基本的、适应时代发展需要的听说读写能力，包括语言积累与运用、思维能力的发展等，同时，重视我国优秀文化对学生的熏陶，使学生的道德修养、审美情趣等得到提升，养成良好的个性和健全的人格。在此过程中，尤其重视落实立德树人的根本任务，建构社会主义核心价值观，继承和弘扬优秀传统文化，坚持革命文化教育和社会主义先进文化教育，突出国家主权和海洋意识教育。

这套教材有以下几点特色①：

第一，"双线"贯串全套书，既培养语文能力，又发挥育人功能。一条线是，按循序渐进的原则，均衡排列语文学习方法、学习策略的传授和语言应用技能的操练；一条线是，按由易到难、由简到繁的原则，对一个个人文主题有序排列。两条线协调配合，相辅相成。例如，七年级的人文主题都来源于学生生活，学生本来就有切身体验，很感兴趣，所选课文又充满诗情画意且朗朗上口，这样的教材自然既能培养朗读能力，又能激发学生亲近自然、热爱生活的情感，"双线"自然交织在一起。

第二，建立阅读教学体系。这套教材的阅读部分，以各单元课文为主，辅之以名著导读、课外古诗词诵读和课外阅读篇目推荐，构建起"教读—自读—课外阅读"三位一体的阅读教学体系。教读是基础；自读是学生运用教读中获得的知识、技能，在教师指导下进行的自主阅读；课外阅读，是课堂阅读的延伸和拓展，有的是从课文生发的阅读，或者是同主题、同风格阅读，或者是比较阅读，有的独立于课本以外，自成系统。课外阅读是教材阅读体系的有机组成部分。

这套教材的选文，特别注重经典性。这些经典作品是多民族、多国家、多地区的，是不同思想、不同流派、不同风格的。它们不只是语言运用的范例，更主要的是学生与古今中外文学家、思想家、科学家对话的桥梁。除注重经典性外，教材选文也注意时代性，编者下大力气开发了一批富于时代气息的新课文。据初步统计，此类课文约占全部课文的30%以上。

第三，作业系统设计层次丰富，题型灵活。每篇教读课文前有"预习"，后有"思考探究""积累拓展""读读写写"。"思考探究"重在理解课文内容，思考作品主题，探究疑难问题；"积累拓展"重

---

① 朱于国：《统编本〈语文〉七年级教科书的核心理念与主要特点》，载《中小学教材教学》2017年第7期。

在品味、积累语言，延伸到仿写、续写、改写，或比较阅读、讨论话题；"读读写写"提供本课要求掌握的生字、词语。从题型上看，上述题目的设计思路更为灵活，富于变化，且避免了单调。编者的出发点是，尽量尊重学生的个人体验，调动学生的感性思维，让学生去感受，说出自己的感觉。

第四，写作教材强调一课一得，并增强活动性和指导性。首先，写作教材各专题避免笼统和大而无当，力求具体，使学生能一课一得。比如七年级上册第二单元"学会记事"，旨在培养叙事能力，不面面俱到，只讲两点——事情要写清楚、明白，要写出感情。这两点学生不难做到，这样至少能一课一得。其次，写作专题能调动学生兴趣。比如，七年级上册第一单元作文题目是《热爱生活，热爱写作》，旨在激发学生兴趣，引导学生认识到写作即生活，应丢开畏难情绪，轻装上阵。再次，注意联系课文，与课文照应和配合。在"写作指导"中，引导学生回顾所学课文，做到读写结合。最后，对写作实践加强指导。每课的"写作实践"题下都设计有"提示"，旨在构建支架，帮助学生打开写作思路，并提供写作方法和建议。

第五，综合性学习更有语文性，更具操作性。以往的综合性学习，强调语文与其他学科的沟通，有时削弱了语文性；强调学生自主性，有时缺少具体指导。这套教材突出综合性学习的语文性，始终以语文为中心；所设计的综合性学习活动，给出具体的活动步骤和操作建议，指导性和操作性大为增强。

10. 2019年统编高中语文教材

这套高中语文教材是按照《普通高中课程方案（2017年版）》和《普通高中语文课程标准（2017年版）》的精神编写的。它有哪些突出的特点与亮点呢？①

---

① 王本华：《统编高中语文教材的特点与亮点》，载《语文教学通讯》（高中版）2019年第9期。

第一，高举立德树人的大旗，整体规划，有机融入社会主义核心价值观教育。立德树人教育，包括社会主义核心价值观教育、中华优秀传统文化教育、革命文化教育、社会主义先进文化教育、法制教育、劳动教育、国家安全教育、民族团结教育等。这些主题教育，都从语文学科的特点出发，遵照"整体规划，有机渗透，自然融入"的原则，从单元整体设计、课文选择、学习任务安排等各个方面，一一加以落实。

第二，贯彻课标精神，落实语文学习任务群要求，强化核心素养的养成。这套教材编者为落实课标精神，强调以语文学科核心素养为依归，以学习任务群为抓手，整体设计全套教材的单元学习框架，合理有序地安排学习内容，精心研制阅读与鉴赏、表达与交流、梳理与探究相融合的学习任务，并在强调学生自主学习、促进学生有个性地全面发展等方面进行积极有益的实践探索。特别是在落实核心素养的培养的问题上，一方面重视四大素养的统整和融合，力避割裂呈现；一方面坚持以"语文建构与运用"为立足点和根本点，引导学生在学习运用语言的过程中、在个体言语经验的积累与发展中自然融入和提升其他三方面素养。

第三，创新教材体系设计，以人文主题和学习任务群双线组织单元。统编教材从贯彻立德树人教育和落实学习任务群两方面来考量，确立了以人文主题和学习任务群两条线索结构单元的教材体系。首先，教材以人文主题为线索，围绕"理想信念""文化自信""责任担当"这三大精神主线，分解出若干人文主题，作为单元组合和内容选择的重要依据。其次，教材以课标规定的学习任务群为另一条线索设置单元。其中一类是以读写为主的单元；另一类是以语文综合实践为主的单元，以一体化设计的学习活动为核心。

第四，创新单元内部组织，落实综合性与实践性要求。统编教材从语文课程综合性、实践性的特点出发，创新单元内部组织。（1）单元导语，说明单元的人文主题、所属学习任务群及选文情况、单元核心任务及学习目标。其中单元核心任务体现大单元、大任务、大情境的理念。（2）课文，强调经典性和时代性。按主题、内容或写法，以单篇加多篇的方式，整合成单元教学资源。（3）学习提示。旨在帮助学生学习，一是激发学生阅读兴趣，二是引导学生思考文本的重点和难点，三是提供阅读方法，指点学习途径。（4）单元学习任务。每单元设计三四个综合性学习任务，这是教材最大亮点。一是强调单元内容的整合，二是注重任务的综合性和实践性，三是设置真实、有意义的语文学习情境并提供较多的学习支架，四是重视由学生自主、合作开展各种体验性和探究性活动。这些学习任务相互关联，前后呼应，构成一个结构化的语文实践活动系列。

第五，以任务为核心，突出真实情境下的语文自主实践活动。为贯彻课标精神，统编教材编者特别关注单元核心任务和具体任务的设计，重视引导学生在特定情境中进行相关的实践活动。为此，教材在单元导语中就明确提出这个单元的核心任务，并通过单元学习任务的设计加以落实。单心核心任务是整个单元的大任务。这个大任务是以真实的、富有意义的语文实践活动情境为基础设计的，又是通过一个个结构化的具体任务加以落实的。

第六，重视语言实践，以不同形式强化语言建构与运用这一语文基础素养。统编教材采取集中安排和穿插安排相结合的方式：一是设计了两个专题活动单元——"词语积累与词语解释"和"逻辑的力量"，引导学生通过相应的语言实践活动，学会积累和运用词语，灵活运用逻辑知识；二是将语言建构与运用的内容和要求融入其他单元，引导学生在平时的阅读与表达中有意识地、持续地积累言语现象和言语材料，发现其中蕴含的规律，在发展语感的同时发展语理。

11. 1992年北京师大四年制初中语文课本（试用）

这套课本的主要特点是：科学有序，新颖实用。具体表现在以下几个方面：

第一，全面、扎实地安排听说读写训练。（1）听说读写全面训练。全套课本包括七个部分：学习目的、学习方法和思维方法指导，听话训练，说话训练，现代文阅读训练，文言文读背训练，写作训练，语文知识。它们各自形成训练系列，配置在各册课本之中，中心内容是听、说、读、写的训练。每册课本采用"积木式"结构方式组成单元，各单元按听、说、读、写的次序排列，单元内的几项内容互相照应、相互渗透。（2）语文训练分阶段、分层次进行。把四个年级分成三个阶段、六个层次：初中一、二年级为第一阶段，初中三年级为第二阶段，初中四年级为第三阶段，每个阶段又分为两个层次。（3）听说读写各有训练要求、训练内容、训练步骤和方法。阅读训练设有"训练要求""阅读指导""教读课文""自读课文"等，并附"课外阅读"。教读课文之前有"初读指导"，之后有"巩固、运用、扩展"练习题；自读课文前有"自读指导"；课外阅读后有"自测题"。这样安排，可使阅读训练得到全面落实。

第二，语文知识井然有序，简明实用。（1）集中与分散相结合。集中，指把语文知识分成若干点，写成短文，配置在各册课本的后面；分散，指把语文知识分散安排在听、说、读、写训练过程中，与各项语文训练紧密配合。（2）以语文训练为主线，以语文知识为副线，根据语文训练的需要安排语文知识。如听说读写训练之前，皆安排有关方式方法的知识，用以指导学生学习；阅读课文后配有作者介绍、注释，借以帮助理解；练习题中渗透有关知识，用以点拨归纳或指导运用。

第三，智力训练贯串于语文训练始终。每册课本的第一个单元，都以训练思维方法为重点。第一至第八册思维训练的重点依次为：观察、积累，想象、联想，分析、综合，比较、分类，归纳、概括，推理、系统化，综合运用。每册第一个单元的思维训练重点，也是全册训练的重点，这样，就使智力训练贯串于全套教材语文训练的始终。

12. 1993年上海H版初中语文课本

这套课本的宗旨是在小学的基础上，着重传授学法，训练思维，不断提高学生实际应用的能力。其主要特点是：

第一，以训练阅读能力为主线。初中阶段的阅读能力训练分为三个层次。初一年级训练阅读中的感知能力，重点训练朗读和默读能力。这两种能力的训练又分成若干层次，如朗读能力的训练主要分为：（1）正确清楚；（2）自然流畅；（3）传情达意；（4）熟读背诵。初二、初三年级重点训练阅读中的理解能力。初四年级重点训练阅读中的体会能力（较低层次的赏析能力）。各年级的选文力求文质兼美，短小精悍，适宜教学，可读性强。课文不按文体、语体编排。

第二，围绕训练阅读能力的中心目标组织单元。单元教学要求明确、集中。例如，有关默读的几个单元要求是：（1）借助注释；（2）查阅字典；（3）圈点批画；（4）摘录要点等。这样安排的目的是帮助学生养成良好的学习习惯，提高自学能力。

第三，增设视听和课外阅读指导单元，两者均力求形成系列。视听单元，初一年级为"集中注意，了解大意""抓住要点，领会主旨"；初二年级为"影视中的音乐语言""影视中的环境烘托"等。课外阅读指导单元，初一年级为"报纸期刊的阅读""童话、神话的阅读"等。增设这两类单元，有利于文章阅读和音像读物等配套资料的结合，初步探索教材的现代化。

第四，从调动学生课堂学习的积极性及减轻学生课外负担着眼，阅读教材设计三种类型的练习。讲读课文训练题的设计，大体分为四个层次：（1）落实单元目标的要求；（2）理解课文内容，渗透德育；（3）加强基础知识训练；（4）从课内扩展到课外，实现能力迁移。四个层次基本体现教学过程，要求在教学过程中完成。自读课文后的自读检测题，要求学生在课内独立完成。单元后的综合练习，力求在复习、巩固的基础上有所加深。

第五，表达训练分说话和作文两部分。教材注重说话训练，贯串于教学全过程；每学期还有一个单元的专题训练，四个年级形成系列。作文训练中，选用了学生佳作，还穿插应用文体的训练。

13. 1993年上海S版初中语文课本

这套教材的每册课本分编为《阅读》与《表达》两部分。《阅读》以培养阅读能力为主，兼顾听话、说话、写作能力；《表达》以培养说话、写作能力为主，兼顾听话、阅读能力。两部分各按能力训练的合理顺序划分为互相照应的若干训练阶段，配合使用，构成一个完整、有序的听说读写的训练系统。

《阅读》部分的主要特点是：

第一，精简课文，减轻师生负担。选文注重质量，每册课文总数不超过18篇，另附"扩展阅读"文章十余篇。"扩展阅读"是为扩大学生阅读面而选编的，老师不教，只供学生自己读读想想，其中半数文章有简要旁批，有利于锻炼学生的独立阅读能力。

第二，单元组合重视德育渗透。教材按"知识能力目标"与"思想情意目标"统一的原则组合单元，每个单元除在知识、能力方面有明确目标外，在思想政治、道德情操、审美趣味等方面也有共同的要求。这样安排，可使语文教学中的德育渗透更为熨帖自然。

第三，训练题设计有整体考虑。每篇课文后的训练题由三部分构成：（1）语言·思维；（2）知识·积累；（3）方法·技能。三部分既是一个有机整体，又各有侧重而自成系列。以"方法·技能"为例，每一道训练题的设计都注意前后单元的联系，若把分散于各篇课文后的"方法·技能"训练纵向联系起来，就是一条贯串整套教材的阅读训练基本线索，克服了语文教学中阅读训练随意性大、不成体系的弊病。

《表达》部分的主要特点是：

第一，注重生活化、情境化、趣味化。表达训练从学生生活和需要出发，设计情境，既可以提高学生兴趣，又培养了实际的说写能力。

第二，铺设训练台阶。每次训练都设计由易到难、由口头到书面的若干级"台阶"，学生"拾级而上"，便可顺利达到训练目标。由于

"说"和"写"在训练过程中互相配合，故能收到相辅相成之效。

第三，结合训练介绍写作知识。关于作法、技巧的知识，是结合训练前的"导语"和训练中的"提示"，灵活、简要地介绍的，务求切实有用，力避泛泛而谈。

14. 1991年浙江省九年制义务教育初中语文课本

这套教材力图在以下方面有所突破：

第一，教学要求一定要切合实际，力求教学内容精当、分量合适、深浅合度。（1）每册课文一般不超过30课，宜"专"不宜"杂"，密切与社会生活的联系，重在实用；另编课外读本，宜"杂"不宜"专"，与课本"若即若离"，重在旁通。（2）名家名篇当然要优先选入课本，但是许多名篇反映的生活往往为初中生所不易理解，语句的用法也不与现在相同，所以初中第一、二册选得不很多，随后逐册增加。（3）学生习作，学生读起来亲切，学起来顺当。选一点作为指导写作的课文，便于学生"依葫芦画瓢"。（4）语文知识突出重点，强调实用，一般均以训练的形式出现，以加强语言实践活动。（5）课文练习以简明为当，切忌复杂、烦琐。练习的设计，紧扣单元的教学要求，相对集中，在"导"上下功夫。

第二，编排体系力求符合学生的认识规律，符合语文的教学规律。（1）按训练点组织单元。单元或按内容组合，兼顾文体；或按文体组合，兼顾内容。二者都有明确的训练点。训练点是一条主线，联结方方面面。（2）设置的每个教学单元，大都是兼有听、说、读、写训练的有机体。单元有明确的教学要求，课文都围绕这一教学要求，各从所侧重的阅读、写作和听说这三方面进行训练。从单元里的某一种课文讲，是"分"，因为有分工，有侧重；但从单元里的三种课文讲，是"合"，因为有渗透，有集成。这样既分又合，纵横联结，构成一张较为科学的训练网络。（3）整套课本按"总—分—合"的结构编排。所谓"总"，主要是按学习语文的几个重要问题组元，落在第一册，让学生一进初中就在思想上明确这些要求，为以后的学习打下基础，逐步加深，逐步落实。所谓"分"，主要是按记叙、说明、议论三种表达方式组元，落在第二、三、四册，让学生在学习第一册的基础上，相对集中地进行有关的知识学习及相关能力训练。所谓"合"，主要是按多角度的综合比较组元，落在第五、六册，让学生在学习前四册的基础上，通过综合比较，贯通规定学习的语文知识，较系统地进行语文能力训练。

15. 1992年四川省九年制义务教育初中语文课本（试用）

这套教材是结合我国内地实际编写的，既有农村特点，又适合城镇使用。这套教材的主要特点是：

第一，建立了综合型的整体训练体系，体现了教材观的更新。突破了单一、孤立的传统文选型教材模式和以往一般单元教学单打一的格局，把各种语文训练点和知识点结合在一起，提出了全面教育的训练目标，借助课文的范例，通过读写听说进行多种语文能力的训练，使学生切实掌握语文工具，培养良好的思维习惯、学习习惯、思想道德品质和爱国主义精神。

第二，突出了语文学科的基础性，重视了学生能力的培养和思维的训练，有利于减轻负担、提高质量。对课本、练习和自读课本进行了精编精选，力求做到好学。注意了写作、听话、说话、基础知识的教学与训练设计，加强了作文指导，精选了作文例文，着眼于帮助学生在知识能力与思维习惯、学习习惯、学习方法等方面扎扎实实地打好基础。

第三，"序""度""位"明确，易教易学。按学期、学年段，以及学生年龄、心理特征、认识规律，把初中阶段的语文教学任务有计划地安排在各学年、学期之中，既有明确的"序"，又有"度"的控制和"位"的限定，形成阶梯式的训练体系。在每册课本中，读写听说能力训练，项目清楚，重点突出，目标明确，形成有序列、分阶段、多元、多面的纵横网络结构。通过"单元教学目标"的引导，教学双方的思路被组织起来，统一起来，整个语文教学形成一个梯式的有序过程，学生常学常新，趣味盎然。

第四，有较广的适应性。不是消极适应农村现有水平和办学条件，而是着眼于学生"最近发展区"，努力提高教材质量，提高教材的适应性。教材的渗透性强，整体综合效应好，体现了"只保底不封顶"的要求，既适应办学条件差、学生起点低的内地普通农村中学教学，也适应办学条件好、学生起点较高的城镇中学教学。

16. 1992年广东省九年制义务教育初中语文课本（试用）

这套教材的基本特点是，不以文体划分梯度、组织单元，而是以语文能力训练为纲，以能力训练为中心组织单元。

该教材将大纲对学生能力培养的要求，分点安排在初中六册课本中。每册基本上分八个单元（第六册八个单元），每单元有一个训练中心。围绕这一中心，标示单元题目，提出学习要求，提示有关的知识和学习方法，选配课文，设置练习。

每一册的第一单元，着重"说"的训练；第二单元，着重阅读方法的训练；第三单元，着重文艺作品的阅读理解；第四单元，着重思维能力的培养；第五至第七单元，着重文章的结构、表达方式的分析与训练；第八单元，着重掌握文言文的一些阅读常识。第一至第六册的同一单元又力图逐步提高，自成系列。

每一单元的课文都分为导学课文和自学课文两类。导学课文供教师在课堂上讲读，而自学课文是为学生课后自学准备的。课文的选用，不过分强调名家名篇，注重切近现实生活，使学生感到有兴趣。课文的后边都设有练习题，除了必要的字词句训练外，主要根据单元所规定的能力训练要求进行设置。此外，每一单元皆附有一篇汉语知识或应用文知识的短文，文后也设有相关的应用练习。

每个单元的教学要求，在单元开头都作了明确的规定，并有提示说明。单元教学的目标明确、集中、单一。教师从单元的教学目标出发，按照单元所规定的能力训练要求来讲读课文。如单元的目标是训练浏览与积累，以课文为例，引起学生对浏览与积累的兴趣，并掌握其基本的方法；单元的目标是指导学生掌握文章的结构与线索，就通过这个单元的课文的分析，教给学生如何解剖文章结构，找出寻找文章线索的方法，并在写作中按照结构的要求组织材料。至于单元目标以外的东西，可以少讲或不讲。

17. 1992年辽宁省初中语文课本（试用）

这是分为《阅读》和《写作》两种课本的分编型教材。其特点是：

第一，有明确的指导思想，即旨在探索初中阶段语文能力早期培养的可行性，进而探索中学语文教学分两步走的整体改革设想实施的可能性。这是建立在我国语文教育要实现"三个面向"的宏观战略思想基础上的实验，有其深远的思想意义与实践价值。

第二，它有完整的语文能力训练体系与语文知识结构，在这个基础上，编者分析、归纳与编排出初中语文能力训练的98个训练点和40个知识点。按照以能力训练点为经线、以知识传授点为纬线的原则，二者有机地结合起来，有计划地把初中阶段的听说读写训练任务安排在三个学年的教学之中，形成一个由浅入深、由低向高的螺旋上升的训练序列，并按照人们运用语言文字的规律，把理解系统的训练过程编为阅读课本，把表达系统的训练过程编为写作课本，初步形成语文教学的一个新体系。

第三，这套教材的训练体系十分注意批判地吸收我国汉语文教学中的传统经验，如文道统一的观点、从整体着眼的观点、重在思维能力训练的观点、善于启发诱导作点拨的观点、强调阅读能力培养的观点等。

第四，这套教材的组元与单元内部结构，始终贯串着培养学生自学能力的观点。每个单元前有语文知识介绍，单元之中先传授语文能力训练的方法，再以精讲课文为示范，教师作"举一"的引导，然后以略讲课与自学课为学生作"反三"的实践场所，使学生能在动耳、动眼、动口、动手与动脑的实践中形成自学能力。

18. 1992年江苏省九年制义务教育初中语文课本（试用）

这套教材建立了"一本书、一串珠、一条线"的"单元合成，整体训练"的新体系。

所谓"一本书"，是说全套教材是一个有机的教学系统，是一个大的综合体，它包括阅读、写作、语文基础知识三个子系统。每个系统安排大体相等的经过优选的知识点和能力训练点。这些点基本上都纵横联系、互相沟通，比较合理地组合在相应的单元里，形成经纬分明、循序渐进的训练网络。这个网络中的各条知识线、训练线，尽可能做到"分之则系列分明，合之则相互为用"，体现整体性和系列性的和谐统一。

所谓"一串珠"，是说全套有48个"珠"式单元。"珠"，既是一单元的读、写、知配合训练的小综合体，又是全套教材整体训练系列中的一个阶段训练点。点点相连，形成系统，珠珠相串，结成网络，力图把语文教学多元目标、复杂内容科学而合理地组合起来。

所谓"一条线"，是指贯串全套教材的以读写听说能力训练为主的多股交织的集合线。在这条线的统摄下，多方面的教学内容各有自己的适当位置，"君臣佐使配合得当"。也正是用这条线，串"珠"成书，形成层层递进的螺旋式的训练序列。

"合成"教材这种体系，主要长处在于整体性强。教材具备"体积小而容量大"的优势，有利于发挥整体综合效应，达到既减轻学生负担又提高教学质量的目的。

这套教材注意面向广大农村，力求达到科学性和实用性的统一。知识系统的编写内容和设计力求简化、优化，所有知识点的安排都紧扣范文。范文系统注意选文少而精，篇幅短小，时代性强，可读性强。作业系统着眼于精编选、巧安排、细设计，尤其是对助读系统作了较大的改革，为学生树立了学习语文的"路标"（单元教材支配表），交给了学生学习语文的"拐棍"（读前、读中提示，预习提示）、"钥匙"（阅读方法和习惯）和自测学习效果的"尺子"（单元教学目标检测题）。

第五章
外国语文教材介评

一 美国语文教材介评

（一）语文教材编写的依据

美国语文教材的编写，以语文教育最新研究成果和学术思潮为依据。比如，霍顿·米夫林公司出版的K—8年级《阅读》就专门配备K—3和4—8年级的《基于研究的课程框架》。这个框架就明确说明，这套《阅读》教材是建立在学术研究的基础上的，它综合了很多学者经过实践检验并得到专门小组认可的研究成果。

依据语文最新研究成果和学术思潮编写教材，在美国历来如此。举例说，20世纪初，英语教学法改革了，英语教材也跟着改革。一位名叫贺拉斯·曼的教师推出一种"全字"阅读教学法，提倡默读，以理解为主。于是同时出现了麦克顾菲编的《兼收并蓄读本》，这套教材开始遵循语言教学的规律，科学地安排全书的内容。到1920年前后，由于推行标准化试题，忽视了学生的个性和特长，于是相关部门针锋相对地研究出一整套"阅读基础教学计划"，以匡正时弊。与此同时，推出"阅读基础课本"，广泛流行于美国各州。到1960年前后，关心英语教育成为一股社会浪潮，推动了英语教育的改革。影响较大的研究是"一年级阅读教学合作研究"。该研究把实施多年的"阅读基础教学计划"与后起的多种教学法作了比较，这样就暴露了"阅读基础教学计划"与"阅读基础课本"的局限性。在这种情况下，更好的新教材应运而生。新教材一是采用了更多的只经少量改编的文学原著，二是更加注意听、说、读、写等语言技能的综合训练。又如，1990年3月，美国教育界大会审定了美国核心知识基金会研究拟订的1—6年级《核心知识系列》。其中，六年级必须掌握的有关语言技能的核心知识，包括下列内容：（1）故事；（2）诗歌；（3）关于爱情的古典神话；（4）语言知识和文学知识；（5）谚语和成语。《核心知识系列》颁布以后，逐步在美国推行，成为编写新英语教材的依据。

1983年，里根政府颁布了《国家处在危急之中：教育改革势在必行》的报告，呼吁："教科书和其他学和教的工具，应该加以提高和更新，以保证有更严密的内容。""新的教材应该反映技术在适当的课程领域里最近的应用，反映每门学科中最好的学术成就以及关于教和学的研究。"可见，以最新研究成果和学术思潮为依据编写语文教材，不仅是民间的惯例，而且是政府的号召。美国中小学语文教材大致上每六年为一个修订周期，以保证内容不断更新。

美国语文课程标准，也是美国中小学语文教材编写的依据，如美国1996年颁布的国家语文课程标准《英语语言技能教学标准》（有的译为《英语语言艺术标准》）。这个课程标准对应于美国的12年制普通教育系统，共12项标准，规定循序渐进地掌握语言知识和技能的广度和深度。正是在这个课程标准的指导下，编者编写出一系列教材，主要以丛书的方式出版，以适应各种不同的需要。例如，全国英语教师协会英语课本，共8本。这是一套理论联系实际的教材，既注重对课文的理解，也注重技能的训练。

（二）语文教科书编写的指导思想

1. 根据发展学生个性的需要编写语文教材

语文教材的出发点是个人，使每个学生受到符合其天赋和能力的教育，以便以后去从事其力所能及的工作。美国一些学者认为，由于孩子是各不相同的，因此所受的教育也应当不同，以使学生的个性得到发展。所以，美国中小学语文教材品种极多，便于各类学生各取所需；即使同一种教材，也弹性极大，不同水平和能力的学生都可以从中选用适合自己的内容。

2. 把语言能力的培养作为语文教材的中心任务

美国卡内基教学促进基金会主席欧内斯特·波伊尔认为："作为一个学习的社区，基础学校把重点放在语言学习上。……如果没有足够的书面和口头表达能力，任何一个学生都不可能在学业上和社会上取得成功。"[①]他明确指出，应把语言学习作为基础学校的核心任务。美国的语文教材，无论是语言类的，还是文学类的，从课文的选编、练习的设计到导学系统的安排，处处致力于完成培养语言能力这一中心任务，与欧内斯特·波伊尔的说法取得一致。

3. 让学习者处于语言学习的核心位置

语文教材应该为学习者营造宽松广阔的学习环境，使学习者在这样的环境里学习语言，首先知道学什么，明确学习的内容，其次知道怎么学，掌握学习的方法，还要知道为什么学习，确立学习的目的。语文教材致力于学生的发展，把学生培养为"流利的阅读者和熟练的写作者""自信的演讲者和积极思考的听众"。总之，处处以学生为本。

4. 强调人文素质教育

语文教材应把塑造学生完满的个性和健全的人格作为终极目的。

---

① 吕达、周满生主编：《当代外国教育改革著名文献·美国卷》（第四册），人民教育出版社2004年版，第59页。

要突出教材的人文性，引导学生在学习语言的过程中，经过熏陶渐染、潜移默化，不断充实精神生活，提升精神境界，培养良好的心理素质，为成为合格的负责任的公民奠定基础。"美国的教育家们认为，语文教育是'一种实现培养有见识、能思考的公民这一教育中心目的的最重要的方法'。在语文教育中，母语的人文性的体现，始终是放在第一位的，工具性——语文使用能力的培养，是融合在语文的人文性之中的。"[①]

5. 注重培养自学能力

学生在教材中，首先学习的是如何学习，其次才是学习学科知识，因为人的一生更多时间是在离开学校以后度过的。身处信息爆炸、竞争激烈的社会，具备自主学习能力才能适应环境，得以发展。这一自学能力，不仅指掌握学习方法，学会一步步地把握语言知识和技能，还指提高对所用策略、方法的认识，就是说能管理、监控自己的学习。语文教材的一大目标就是培养学生独立学习的能力，使之成为善于学习、具有管理自己学习的能力的人。

（三）语文教材的特点

1. 教材多样化，力图适应所有学生个人发展的需要

美国大概是世界上语文教材品种最多的国家。不仅许多出版商竞相组织人员编写教材，而且全社会鼓励学区、学校和教师自编教材，乃至有的特许学校、家庭学校由家长自编教材。约有20个州，教材经有关部门审查后才能使用；还有30个州，教材无须审查，随意使用。于是，五花八门的教材纷纷问世。即便如此，美国政府还在鼓励增加教材的品种。1983年《国家处在危急之中：教育改革势在必行》的报告说："因为任何学科没有一种教科书能适应所有学生的需要，所以应资助编印'销路少'的教科书，如为处境不利的学生，学习能力差

[①] ［美］格雷森·罗兰：《美国高中语文教材评介》，秦健译，见洪宗礼等主编《母语教材研究》（第8卷），江苏教育出版社2007年版，第28页。

的，以及天才和有才能者编印教科书。"①

美国语文教材的呈现方式多种多样，不一而足，难以尽述。从编排方式上看，有语言、文学分编和合编的，有阅读、写作、口语交际分编和合编的。从文学类教材结构体系看，大致上有三种：按主题编排，按历史时期编排，按体裁编排。从语言类教材结构体系看，大致上也有三种：以作文类型为主线编排，以语言的功能为主线编排，将语法、写作分开编排。每种语文教材都注意充分体现自己的个性。

为了适应所有学生的需要，力求教材多样化，其初衷是好的，然而品种一多，又缺少监管，众多教材难免鱼龙混杂、泥沙俱下。有的教材为了满足尽可能多的学生的需要，就包含尽量多的主题，但缺乏深度，被批评为"有一英里宽但只有一英寸深"。有的教材为了迎合基督教徒的信仰，竟然在宣扬进化论的同时，讲授《圣经》版的《创世纪》，甚至不讲进化论，只讲"神创论"。②有鉴于此，前总统奥巴马推崇中国统一的课程标准、统一的教材。③统一的教材最终没有搞成，统一的国家课程标准则落地生根，虽然不强制各州使用，但对各地语文教育和语文教材的编写多少发挥了影响。有人称之为语文教材的标准化。

2. 构建"大语文教材"体系，营造语文学习的广阔空间

美国语文教材是不折不扣的"大语文教材"，首先是教科书的分量重，一本供一学年使用的高中语文教科书竟厚达1450页。普兰蒂斯·霍尔公司七年级《文学》有选文93篇，八年级《文学》也有选文92篇。其次是由教科书延伸的教材其他内容，也丰富多样。以麦格劳·希尔公司出版的6—8年级《聚集文学》为例，一共包

---

① 史静寰主编：《当代美国教育》，社会科学文献出版社2001年版，176页。

② ［美］黄阮桂铭：《谈美国教材选用制度》，朱明慧译，见洪宗礼等主编《母语教材研究》（第8卷），江苏教育出版社2007年版，第13、11页。

③ 方帆：《给学生无限可能：细说美国教育》，中国人民大学出版社2016年版，第98、99页。

括十多件。

① 学生教科书和教师用书各1本。

② 教学基础知识资料。提供各类形式的活动和评价练习，同家长联系的各种方式及其卡片。

③ 操作绩效评价手册。对学生学习行为与结果进行评价。

④ 大声朗读戏剧、诗歌。

⑤ 进步评价。对阅读理解与文学体验、写作与修改进行评价。

⑥ 语法小课堂。

⑦ 文选与单元评价。集中在对阅读技巧与策略以及词汇方面的评价。

⑧ 综合能力评价手册。

⑨ 写作和语言训练手册。

⑩ 中学教师发展指导手册。从五个方面对教师进行指导。

⑪ 为阅读和写作设计的思维训练图手册。

⑫ 课外读物，令人惊奇的小故事。

⑬ 课本中选文的其他多种语言的译文。

此外，还有分层考试测试题。

9—12年级的语文教材与6—8年级的有所不同，不过一样丰富多样。以霍顿·米夫林出版集团的麦克多戈·力特尔分公司出版的教材《文学语言》（2006年版）为例，该教材包括主教材9—10年级《文学语言》、11—12年级《美国文学》《英国文学》和《世界文学》，辅助教材《语言网络》《词语技巧》《写作要素》《演讲交流的本质》《新闻导论》，以及一系列的文学经典作品选读，另有《文学语言教师资料包》，为教师和学生提供文学阅读体验与评价所需要的全部工具。①

显而易见，美国中学语文教材容量极大。有学生用书，还有教师用书、与家长联系用书；有教科书，还有课外读物；有阅读教科书，还有语言、写作、口语交际教科书；有语言训练手册，还有思维

---

① 王爱娣：《美国的语文教育》，广西师范大学出版社2007年版，第210、211页。

训练、学习能力与态度评价训练、学习方法与策略训练手册；有阅读和写作的设计，还有各类形式活动的设计；有纸质文本，还有透明胶片；等等。这个"大语文教材"体系给予学生学习语文的广阔天地，每一个学生在这一片天地中都可以找到一块自己学习语文的乐土。

3. 注重学习过程与方法的指导，利于学生掌握语文基础知识和基本技能，形成独立学习能力

美国的语文教材，基本上都非常重视对学习过程与方法的指导。以普兰蒂斯·霍尔公司出版的教材《写作和语法：交流实践》（十年级用，2001年版）为例，该册教材的第一部分第六单元是写作训练"描写"。[①]

该教材把每次写作训练分作几个阶段，每个阶段又分作若干步骤，按阶段按步骤把全过程形象直观地展现出来。每个步骤都配有说明和练习。学生可以根据说明，跟着步骤操作。于是，原本似乎无从下手的任务变成一系列可以操作的练习。一旦操作熟练，训练任务便告完成，学生也就掌握了"描写"的基础知识和基本技能。

关于"描写"的写作指导，教材先是介绍"描写"的功能、定义和类型，然后让学生学习一篇范文，要求注意文中的细节"描写"，接着指导学生自己写作"描写"文章。其写作过程分为写作前准备活动、写作中（写草稿）、写作后（修改和发表）几个阶段。

写作前准备。选择所写话题：介绍三种选择话题的方法，提出四个获得更具体话题的建议。缩小话题范围：用话题网挖掘话题的不同方面，选择其中一个方面加以描写；根据读者和写作目的，确定描写的细节和语气；利用方块法分析话题，收集一系列描写细节。

写草稿。确定语气，要选好细节，细节影响到语气；拓展细节，运用明喻、暗喻、夸张、拟人等修辞手法。

---

① 朱明慧：《美国英语教材译介》，见洪宗礼等主编《母语教材研究》（第七卷），江苏教育出版社2007年版，第62—73页。

　　修改。修改总体结构，策略：列出结构提纲，看文章结构是否前后一致，必要时重新组合各段落。建议使用《一致和连贯修改手册》。修改段落，策略：用颜色标记法检查一致性，重写或删除与段落主题句无关的句子。修改句子，策略：增加修饰语，可利用语法知识。修改词语，策略：圈改，圈出含糊、表述不准确的词，代之以准确的词；请同学评论作文，根据意见作修改。校改，策略：纠正语法和标点方面的错误。

　　发表。与他人交流作文，策略："建立代表作选辑"，展示作文，放作文录音；"写作反思"，用"自我评判标准"评判自己的作文，把评判结果与反思内容放在作文选辑里。

　　不难看出，美国语文教材对学习过程与方法的指导是多么具体、全面、形象。它把学习"描写"这个任务化作一系列易于操作的练习，讲解操作方法即操作性知识，绝不用空洞、抽象的说教，而是通过实例作极为简洁的说明。学生根据说明进行操作，就不难掌握方法，进而将知识化为技能。它化难为易，化繁为简，分阶段、分步骤进行，使学生最终达到学习描写的目标。此外，上面介绍中没有提到，其实教材还用学生的作文过程作为样例，展示同一个学生在写作的各个阶段作文的进展情况，让学生看到其他同学完成学习描写的作文的全过程。教材还注重拓展多种学习渠道。与教材配套发行的有光盘，在光盘中有更多可供选择的话题、可利用的写草稿和修改作文的方法。还设立专门的网站，刊出种种作文，供学生给自己作文评分时参考。这些都十分有利于学生的学习。

　　不仅写作训练如此，美国语文教材中的阅读训练、口语交际训练也是如此，都很注重学习过程与方法的指导。比如，阅读训练就按阅读前、阅读中、阅读后的全过程，用实例介绍种种阅读方法。学生由此掌握语文基本技能，养成自主学习能力。

4. 强调思维能力，尤其是创造性思维能力的培养，促进创新型人才的成长

美国的语文教材普遍重视学生思维能力的培养。以斯科特·福斯曼公司六年级教材《语言》为例：教材第一部分，要求学生阅读范文，根据作者有根据的推论得出作者没有说出来的结论，按事情发生的先后次序重新安排内容；第二部分，通过海伦·凯勒自传《我的故事》中的两句话，预测结果；第四部分，学习分类、比较和对比；第五部分，学习找出原因和结果；第七部分，想象描写的情景，进行类比；第十部分，学习区分事实和观点，辨析作者观点的片面性。[①]

再以麦克多戈·力特尔公司十一年级教材《英语》为例，这册教材强调创造性思维能力的培养。第二章的标题就是"创造性思维和写作"，内容涉及观察、创造性思维、推论和结论、综合分析等高层次思维技能。第五章介绍了各种分析技巧，如分析过程、分清原因和结果、找出问题及其解决方法。第七章介绍比较和对比的方法，怎样选择比较和对比的主题，比较和对比的运用。第十一章介绍了分析论点、用论据证明论点的方法。[②]

再以麦克多戈·力特尔公司出版的十二年级教材《英国文学》为例。该教材的第八单元就叫"批判性思维"，向学生介绍了四种评论文学作品的方法，引导学生选择其中一种或结合其中几种方法评论作品。教材着力发展学生的批判性思维技能，指引学生在本单元中选一篇作品，写出自己的阅读感受，然后回答：作品哪些特点使你产生这些感受？这是作者希望读者产生的反应吗？教材还要求学生在本单元中选某篇作品，重点评论作品的创作技巧、作者的写作意图和读者的反应三者之间的关系。这一切，当然有利于培养学生的批

---

① 《南京大学外国语学院副院长文秋芳教授的发言》，见柳士镇、洪宗礼主编《中外母语教材比较研究论集》，江苏教育出版社2001年版，第674页。

② 《南京大学外国语学院副院长文秋芳教授的发言》，见柳士镇、洪宗礼主编《中外母语教材比较研究论集》，江苏教育出版社2001年版，第674页。

判性思维能力。

再以中国广播电视出版社1991年出版的美国写作教材《写作中的思维训练》为例，这本教材根据思维活动的几个方面组成全书内容。它指导学生按照关键性词语去进行联想，按照对生活的观察去进行推理，在对事物分析的基础上进行概括；它引导学生用下定义、分类、举例等方法，清晰地阐明问题，用比较、对比、类比等方法，深化、宽化问题；它指引学生用描述事物发展过程和因果关系的方法展开文章。总之，该教材系统安排了同写作相关的各种思维方法的训练，有力地提高了学生的思维能力和写作能力。

当代心理语言学认为，语言与思维是一体两面的关系。美国语文教材注重学习过程与方法的指导，必然包括语言学习过程与方法的指导，以及思维活动过程与方法的指导。这二者是交织在一起的。教材从思维的角度看待学习活动，从学习活动入手培养思维能力。这样做，可以使学生的语言与思维同步发展，达到身心全面发展的目标。

5. 追求教材内容的生活化和多元化，激发学生学习兴趣，放眼全球文化

所谓生活化，是指坚持学生的生活本位，密切联系学生的生活实际，调动学生的生活经验积累和知识积累，让他们进入特定的生活情境，兴味盎然地进行学习。

首先，教材的选文内容常常与学生生活有关，而且符合学生的心理特点。比如，哈科特·布莱斯公司六年级《文学》教材，六个单元的选文几乎都与学生生活有联系。其第一单元选文以"奇观"为主题，学生从中或者懂得懒惰终将使人一事无成的道理，或者阅读一些激动人心的幻想中的奇怪经历，或者读到天外来客的故事。第二单元选文以"英雄"为主题，文中的英雄都是日常生活中的普通人物。有些就是少年儿童，有的在险情发生时沉着救人，有的在困难中顽强地生存下来，有的靠自身不断努力终于获得某种成就。这样的英雄，学生周围也许就有，完全可以效仿。又如普兰蒂斯·霍尔公司七年级

《文学》教材，所选文章也注意贴近学生生活，大都以动物或接近学生年龄层次的人物为主要内容。

其次，教材的练习内容与学生生活相关。例如斯科特·福斯曼公司六年级《语言》第一部分第11课，学习助动词。其中一个练习要求学生想象将要去湖边树林中露营，说出五件必带的东西及必带理由，注意句子中用上助动词。第12课学习倒装句，有一则练习，要求学生想象狂风暴雨的情景，从天空、风、闪电、雷鸣等方面加以描述，使用倒装句。教材中也有些练习是实践活动，只有到生活中调查考察后才能完成。比如斯科特·福斯曼公司六年级《语言》第十部分，在学生学习区分事实与观点后，要求学生从报纸上找一则与健康有关的广告带到课堂，与同学讨论广告哪些是事实陈述，哪些是主观描述，哪些是二者的结合。然后要求学生课后再从报纸上找三条与健康有关的广告，用同样的比较方法评判哪条广告可信，哪条广告不可信，并说明理由。

再次，教材有意在选文与读者之间架设桥梁，在选文前、选文后，安排一些问题或练习，作出一些提示，让学生将自己的知识、经验与选文沟通起来，自然进入作品。以普兰蒂斯·霍尔公司七年级《文学》所选欧·亨利小说《红酋长的赎金》为例，在该小说前，编者设置了这样的提示和练习：小说中的主人公是个小捣蛋鬼；你在生活中也许跟这样的人在一起待过，要求写出这种人的性格；再把你写的捣蛋鬼与小说中的捣蛋鬼作比较。又如麦克多戈·力特尔公司九年级《英语》的课文《完美的谋杀》，写了一个中年人对儿时欺凌他的小伙伴牢记不忘，36年后回乡复仇。课文前提问：童年的伙伴，你记得多少？当时有没有重要的朋友？有没有伤心的记忆？再让学生猜想故事中将会发生什么。美国语文教材在课文后的练习和提示，往往都是关于课文内容对你的人生有哪些好的启示。

所谓多元化，是指教材重视吸纳多元文化。一是在选择课文材料，特别是文学素材时，从美国本国说，不只取材于白人主流文化，也选用少数民族作家的作品，或反映少数民族价值观念的作品；从世界说，不只选用英语国家的作品，也选用非英语国家的作品。例如普兰蒂斯·霍尔公司《文学》中，有选自特立尼达和多巴哥共和国作家的作品，有美国墨西哥裔、非洲裔、华裔、西班牙裔等少数民族作家的作品，也有美国作家表现少数民族文化的作品。二是设置专门章节，介绍多元文化。例如在普兰蒂斯·霍尔公司《文学》中，在各单元中插入"多元文化学习"一节，在七年级《文学》中就有十篇，介绍各国各民族的文化传统、习俗，如"加勒比海——文化万花筒""不同文化中的艺术家""不同文化对季节变化的庆祝活动"等。

不难看出：追求教材的生活化，引导学生联系生活学语文、用语文，对激发学习兴趣、提高学习效率大有好处；追求教材的多元化，对促使学生放眼世界、开阔视野很有作用。

6. 突出教材的综合性和现代性，培养适应社会需要的新型人才

美国语文教材非常注重综合性。在语文学科内部，处理语言与文学、阅读与交流（写作、口语交际）、文本（课文）与训练（语文知识、技能的应用）三个维度时，尽量使各个维度内部、维度与维度之间交织和融合，各种语文因子紧紧地围绕塑造人这一基本功能进行综合。在分科教材中，语言（指语法）教材中有文学阅读材料，文学教材中有语法知识、语法训练材料，实行语言与文学、阅读与写作、知识介绍与技能训练一体化。斯科特公司的教材《英语》，就是把语言训练、写作训练融合到阅读训练之中。普兰蒂斯·霍尔公司七年级教材《文学》则在大部分选文后的练习中编有跨学科活动，比如根据选文中的描述为主人公画像，设计动物园布局，研究乐器，听其他民族的代表性音乐，在地图上找出阿尔卑斯山脉、喜马拉雅山脉等著名山脉的高峰并作比较，动物互相帮助并帮助人类，甘蔗的生长地及蔗糖的制作过程，等等。此外，霍尔特·兰尼哈特·维斯顿公司的教材《文学基础课程》第四册，在"非虚构作品"部分，编排了跨学科知识短文，介绍"文学和历史""文学和音乐""文学和新闻""文学和社

会学"等内容。简言之，美国的语文教材注重综合性，注重融合语文学科内部各种因素，增进与其他学科的沟通，加强与社会发展、科技进步的联系，适应了社会对于未来公民和学生自我发展的需要。

美国语文教材又非常注重现代性。语文教材要与时俱进，与现代社会合拍。在选文文体上，美国语文教材既不放弃重要的传统文体，又选入新的、已经进入社会生活的文体，比如"新闻特稿""口述历史"等。在选文内容上，注意选入介绍新的文艺创作成就和新的科技知识的文章，比如麦克多戈·力特尔公司的《英语》中就有好莱坞动画片《狮子王》制作的介绍。

当今是信息时代，美国语文教材普遍重视引导学生学习并掌握信息技术。有些语文教材除提供课外阅读书目、参考资料外，还提供一些相关网址及配套光盘，以扩充学习资料。有些语文教材编有《媒体和信息技术学习》，介绍利用电脑、摄像机等现代化设备学习语言及其他课程所必需的技术知识。比如普兰蒂斯·霍尔公司十年级教材《写作和语法：交流实践》中写作部分，每个单元末尾都介绍使用信息技术学习语文的知识。其中第五单元，要求学生改编短篇小说，并用摄像机把改编后的作品拍摄下来。有些单元则要求学生利用电脑排版技术把作文排好版，制作作文集的封面，等等。

美国语文教材的现代性，使语文教材与现代社会合拍，有助于学生形成现代意识和未来意识，为学生成为合格的有创造力的现代公民奠定基础。

7. 坚持学生本位，引导学生富有个性地学习，以塑造完满的个性和健全的人格

以学生为本位，体现在教材观念、教材结构和教材内容三个方面。从教材观念的角度看，美国语文教材强调人文素质教育，注意培养良好的公民素质，培养个人兴趣爱好和合作精神，不断充实精神生活，提升精神境界。

从教材结构的角度看，美国语文教材一般都以学生的心理发展逻

辑为内在线索。例如，麦克多戈·力特尔公司九年级《英语》的编排结构，就是从个人的情感生活发端，到周围环境，再到人生追求，最终到最后的归宿，像是一个个半径不等的同心圆。这种从小到大、从微观到宏观、由近及远、由浅入深的安排，学生比较容易接受。从阅读同龄人的经历、体验，进而思索自己今后的人生追求，学生在情感和理解上不易产生距离感。

从教材内容的角度看，着力于教材内容的人文性，显现教材在培养学生人格方面的功能。文学类教材，注意选入相当分量的古典文学作品，如《荷马史诗》、希腊与罗马神话、《古兰经》、莎士比亚戏剧、契诃夫等文学大师的作品。即便是以语法知识和写作训练为主的语言类教材，如普瑞力斯·海尔公司的《写作和语法》，也选了南非民权领袖曼德拉的演讲等富有人文内涵的作品作为例文。学生从这些作品中获得真、善、美的教育与熏陶，进而形成积极向上的精神面貌和健康的人生态度。

二　英国语文教材介评

英国语文教材编制的依据是国家课程文件、研究机构关于课程研究的成果以及普通中等教育证书考试的规定。其中最主要的依据是课程考试大纲，即《普通中等教育证书·英语》《普通中等教育证书·英国文学》。具体来说，大致上有以下几个方面：

一、主张培养有文化素养、有创新能力、有健全人格的合格公民。早在20世纪80年代，英国相关部门就提出应使学生"具备成人生活和就业所需要的知识、技能和理解力"，强调要"培养学生活跃、探索的头脑；培养学生合理地质疑、辩论和完成任务的能力以及各种身体技能"。据此，英国语文教材无不致力于打好学生语文知识、技能的基础，大力加强思维训练。

二、规范课程内容。不仅设计考试与作业单元，规定试卷和试题类型，而且指定考试的课文。对课文，规定了课文发表的时限（1914年前后）、篇目（作家和作品名称），还规定了版本（如企鹅书系等）。此外，权威机构还特别为这门课程编制了两本文集《开放的世界》和《开放的诗行》。由此，不难理解英国语文教材为什么选编乔叟、莎士比亚等人的经典作品。

三、确保学生在学习过程中的主体地位，采取过程评价方式。"英语"和"英国文学"考试大纲的封面上明确地写道："全新的大纲，提供极大的灵活性与选择性。"课程和评价的灵活性给学生提供了更多的机会和最大的选择性，从而保证了学生主体地位的确立。两个考试大纲采用斯滕豪斯（Stenhouse）的"过程模式"观，制定了具体的、可操作的过程评价方法和学生"档案夹评价技术"，使学生逐步形成对自己学习过程和方法的审视态度与反思能力。上述这些，无疑都是英国语文教材的编写依据和指导思想。

以《普通中等教育证书·英语》与《普通中等教育证书·英国文学》为编写依据，是英国语文教材的通例。例如，朗曼出版社《新阶梯》（1991年第2版）在扉页上写明："这三本书，为达到国家课程第3学段的6级水平以上的全部要求，提供了一种详尽的指导步骤。"又如，牛津大学出版社《牛津英语教程》（1990年版）在后封上说明这套教材将带领学生达到国家课程第3学段所规定的各级水平。又如，查尔勒斯·莱兹出版社《英语》（1991年版）在"导言"中告诉学生"英语"作为国家统一课程中的"核心"课程的意义，学习这本教材的过程就是达到国家课程要求的过程。可以说，这几套英国语文教材是如此，其他英国语文教材也是如此。

英国语文教材有下列特点：

（一）构建语文知识、技能系统

根据现代广义知识观念，根据知识的不同表征方式，把知识分为陈述性知识和程序性知识。英国语文教材中，既有关于英语语言学的陈述性知识系统，也有应用语言的言语行为程序性知识系统。在《牛津英语教程》中，第一、二册的B部，在"应用语言"的大标题下，内容有：说故事、朗读、扮演戏剧角色的步骤和方法，编一出戏剧的步骤和方法；使用词典的步骤和方法，读出人物、地点和原因的步骤和方法；你怎样说就怎样写的步骤和方法，起草故事、写诗歌、写描写文、写说明书的步骤和方法；等等。又在"介绍"的标题下，在每册书末集中地说明了关于标点符号、拼读、书写等陈述性语言规则。在麦克米伦教育出版公司2001年版《中高年级精读本》中，每一个单元都把能指导言语行为的程序性知识和有关英语词汇、语法和语音的陈述性知识结合在一起呈现出来。莱兹教育出版公司编制的《成功英语》，编有"小说五要素""诗歌五要素""非文学作品的五个基本问题"等陈述性知识，也编有"成功拼读四步骤""三步读诗法""自问自答七题"等程序性知识。

所谓陈述性知识，主要反映事物的状态、内容以及事物发展变化的原因，说明客观事物是什么、为什么和怎么样。英国语文教材大致上包括英语知识，听、说、读、写知识，文体知识和文学知识。所谓程序性知识，主要反映活动和动作的具体过程和步骤，说明做什么和怎么做，也叫操作性知识、实践性知识、方法论知识。在英国语文教材中，主要表现为如何阅读、如何写作、如何口语交际（说和听）。这两类知识具有内在的本质联系。E.D.加涅指出："在学习与应用阶段，陈述性知识和程序性知识以多种方式相互作用。在熟悉的情境中完成胜任性工作，程序性知识似乎特别重要，然而在新的情境中，想到什么操作步骤管用，陈述性知识似乎是有用的。在学校教学中，这两者都是重要的。"[1]英国语文教材建构这两类知识系统，显然是非常必要的，是十分高明的。

当然，语文是实践性很强的学科。学生不只要学习和记忆一些陈述性知识，知道英语"是什么""为什么"，而且更要学习程序性知识，知道应该怎样运用英语，并在应用知识的过程中把知识转化为能力。因此，英国语文教材尤其注重英语语言程序性知识系统。例如莱兹教育出版公司《英语》"阅读"单元，以"如何做一个好读者"为题，讲述了三个方面：好读者的四个标准（流畅、适当的速度、对内容的反应、喜爱阅读），由于阅读目的不同而采用四种不同的阅读方法（寻读、浏览、精读、消遣性阅读），文体阅读技法（涉及短篇小说、传记、游记、日记、书信、诗歌等文体）。在"阅读"单元中，编者还总结出从读物中提取所需信息的四个步骤：弄清楚为什么需要这些信息；看出每个段落的主题句；找出这些观点的线索；用提取的

---

① 转引自皮连生：《智育心理学》，人民教育出版社1996年版，第138—139页。

信息去做事，如写一两段笔记或者讲给别人听。此外，在"说和听"单元中，列出五条"听取指令的最好的方式"：听清每一个步骤；记住步骤的数目；一步一步地大声重述指令；哪一步没听清就赶紧提出；在心中把它们连成一个完整的顺序。

英国语文教材介绍语言知识，往往把语言知识置于一定的语境之中。语境是人们使用语言进行交际活动的必要前提，语境规定了人们的交际目的、交际内容和交际方式。英国教材这样处理语言知识，是符合言语交际学的。麦克米伦出版公司《中高级精读课本》（2001年版）第13单元"家"，词汇、语法知识就是在"家"的语境中介绍的。名词的单复数及数量词在有关家具、日用品、设备、早餐等日常生活语境中出现。住房、家具、食品类词语，纷纷在"家"的语境中冒出。在"家"的语境中词汇和语法规则建立起意义的关联，便于学生理解和记忆。英国语文教材还注意结合课文讲述语文知识，课文成为知识的例证。例如，莱兹教育出版公司出版的《英语》教材"阅读"部分第一单元，一共有九个篇和段，有名家作品，也有一般时文，一律服从于编者对故事和短篇小说知识的诠释。像欧·亨利的名篇《女巫的面包》，也只是作为"叙述人"这个知识项目的典型例证来解说作者的视点和叙述方式。语文知识与课文结合，可以利用课文更好地学习语文知识，也可以用语文知识分析课文，二者相辅相成。

英国语文教材不仅注重知识，而且注重技能训练。知识和技能都是形成能力的基础，但语文课程的实践性很强，技能训练尤为要紧。在莱兹教育出版公司2004年版第三学段教材《成功英语》第六单元"莎士比亚"专题中，编者以"复习莎士比亚剧作的技巧和作业"为题，提出了多项阅读剧作的技能，并且设计了不少的练习项目，让学生实际演练。主要的技能项目有：学习朗读剧本的选场；设身处地学会移情，以角色身份写作；为选场写文学评论；把剧本变成表演程序；学会分析剧作运用语言的主要手段；整理戏剧情节的时间线索；给人物个性和人物关系画网络图；找出剧作的关键主题，标出可以引录的文句；用表格表示选场如何受到前面情节的影响，又如何影响后面的剧情；等等。教材还选录了《无事生非》《麦克白》《理查三世》三个剧本中的若干选段，让学生在实践中去演练这些技能。在这个专题的最后还配置了一套模拟试题，让学生自测自评。

再以麦克米伦出版公司2001年版《中高级精读课本》第13单元"家"专题为例，它有系统的言语技能项目。听说技能：倾听他人，包括倾听同学的家居情况、心理学家对住房及其主人的分析、三个来自不同国家的人介绍各自的早餐习俗；讲述自己喜爱的房间、自己对住房的理想设计、自己的生活起居习惯等。阅读技能：训练图画阅读、信息阅读和网络阅读三种技能。读图，掌握从图画平面中获取整体意义的技能，要引导学生懂得各种插图的特征，以便依据特征进行有效阅读。信息阅读，具有快速浏览读物、区分和取舍主次信息的能力。为此，编者设计了一些练习题：一是从《以"风水"方式开始一天的生活》中找出八种改进厨房结构和设备的方法；二是读完《"漂浮的摩纳哥"即将环游世界》后，回答这艘邮轮的八个特点，填写关于邮轮的一篇短文。网络阅读，让学生通过功能键或鼠标在计算机上激活相应的节点，找到相关的链路，遍历数据库系统，自由地检索和下载资料，还可以编写自己的网页型文本。这个单元（以至于整本教材）在语言知识和言语技能的学习和操练上，采取了混合组元的方法，即在一个单元中把听说读写技能和语言系统知识编制在一起。这样就把耳听、目视、口说、手写等语言器官活动有机地组织起来，形成言语活动的合力，形成"知识—技能—能力"一体化的学习体系。

（二）突出学生主体的言语实践活动

英国语文教材非常强调学生主体的言语实践活动，在活动中提高学生的语文能力。莱兹教育出版公司《英语》教材"导言"中的第一句话就是："这是一本要求活动的书。"又说："遵照这一劝告，你们去读每一个单元中的解释，去做要求你做的事情。回答附在每篇选文、诗歌、戏剧和故事后面的问题（这些问题用一个耳朵的形象符号标示）；按照指令做出活动，并且实践。"

英国语文教材设计和编写的种种言语实践活动中，最引人注目的是综合性言语实践活动。不同版本的教材对这种综合性言语实践活动的命名不一致。有的版本称为"特设项"，有的版本叫作"设计"，有的版本题为"应用语言"。以《牛津英语教程》为例，这套教材为11岁至14岁少年编制，共三册。每册分A、B两大部分，A部分是文章和文学作品，B部分是听说读写的知识和训练项目。在第一、二册中，每个单元后面都有一个言语实践活动专题，两册共有10个。第三册B部分也安排了10个综合性言语实践活动专题。这样，整套书共有20个。

从学生的学习方式看，这种活动可以分作以下四类：

第一类，主题探究型。比如，《格列佛游记》探究的是文学主题，《疙子的日记》以人体生理为探究主题，《海底怪物》以海洋生物为探究主题。值得特别注意的是《调查》这个专题。编者设计了一幅包括12个步骤的流程图。这12个步骤大致是：讨论并决定探究什么主题，把探究计划报告老师；确定调查中提问的内容和方式；确定对不同调查对象的不同调查方法；向调查对象提问并做好记录；搜集并整理资料；考虑写论文的目的——为便于自己使用还是提供给他人，或者为批驳不同意见；根据确定的目的，提出观点及其依据；写出草稿，征求意见；根据意见，把草稿改成初稿；用同样的调查材料写不同类型的文章，思考这些文章的不同；用不同的方式提出材料，说明你这样做的用意；比较口语和书面表述形式的区别。显而易见，这个流程图旨在引领学生一步步地进行调查研究的实践，学习撰写调查报告，使学生获得初步的、具有普适性的课题探究的训练。

第二类，应用设计型。此类活动要求学生在综合应用所学的各科知识和技能的基础上，从事解决问题的实际操作。应用设计的内容很广，比如，《在岛上》属于生存演习设计，《主题公园》和《广播节目》属于文化项目设计。

《在岛上》以一份贺词开始："海岛生存演习。你和你的伙伴组成一个小组。你们将在一个无人居住的海岛上生活一个月。你们要经历冒险，要显示出自己的机智、勇敢、决断和合作精神。最后还要把你们所经历的事情写出来。"这一专题设计了五个分题。（1）《在我的岛上》，提供三个岛的六幅图。（2）《旅行伙伴》，提供五个学生的照片以及每个学生的性格、特长、身体状况等。要求读后写出每个学生的优缺点，然后从中挑选两个参加小组活动，并说明理由，最后写一份说明书，说明自己的优缺点。（3）《装备》，提供两幅图画，分别列出食品、生活用具和劳动工具。要求从中选出六种必备物品和两种供享用的物品，并分别说明原因。要求小组准备日记本，记两篇日记：一篇记动身之前，说明你的伙伴、你准备的物品、你对岛的了解；一篇记到达岛屿的感觉、发生的事情，以及眼看着运载你们上岛的船只离开你们直至消失时的心情。（4）《在岛上生活》，提供七幅图画，说明在岛上可能遇到的架屋、狩猎、避蛇、救伤、钓鱼、防雨、吃饭等等问题。给学生提出的要求是：列出面临的问题和必须做的事情，并排出主次顺序；写出做过的事情和已经解决的问题；想想在岛上第一天生活中，哪些事情做得好，哪些事情做得不好，写在日记上。（5）《问题》，提供五幅在岛上生活的图画，如架屋开窗、取火烧水、挖土种植、水中捞木、推选首领等。要求为每幅画写出角色会话，写出所提示的问题的说明和解决方法，在日记上记下人们的谈话以及自己的看法和感觉。很明显，这一专题对学生的教育和训练是多方面的。它在虚拟的情境中，充分地发挥了学生的思考力和想象力，极大地激发了学生独立生活的创造意识、克服困难的大无畏精神以及善于与他人合作的集体主义道德品质，有力地培养了学生多种阅读、写作和口语交际能力。

第三类，社会体验型。引导学生接触社会，了解社会，丰富学生的社会阅历、生活积累和文化积累，使学生直接或间接地获得对社会生活的体验和感悟。比如,《街区》是认识、体验和不断扩大人际关系;《制服问题》是了解社会上多种职业形象;《买最好的》当属了解和体验商品经济,以便恰当地满足个人的需要;《电视连续剧》和《不同类型故事书的相当样式》是引导学生了解和体验最普遍的社会文化现象;《连锁信》和《访问记》则把人际关系进一步扩大到国际理解,使学生了解和尊重多元文化。

第四类,参与实践型。要求学生亲身参与社会实践,以某种社会活动中真实的或模拟的一员身份,去开展实际的工作。比如,《新闻活动小试》是参与新闻活动,从事面向老年人的"银色服务",《新产品上市》是参与市场商业活动。这类专题,把社会作为学生语文实践的课堂,拓宽了培养学生语文能力的渠道,可以有效地厚植学生的语文素养,并促使学生增强社会责任感,为成为合格的公民打下底子。

综上所述,可以看出:(1)综合性言语实践活动专题说明英国课程价值观念的革故鼎新。这些专题超越了单一的知识观念,强调学生在直接经验中学习;真正体现了学生是教育的主体,是自我发展的主体;极大地整合了课程资源,突破了一间教室和一本教材的局限。(2)综合性言语实践活动标志英国课程言语教育观念的返璞归真。综合性言语实践活动专题让学生在特定的生活情境或"准生活"情境中去听说读写,做到了母语学习生活化;为学生设置了真实的、丰富的、形象化的言语环境,使学生在一定语境中学习应用语言;综合发挥语言的多种功能,引导学生提高应用语言的多种能力,在言语实践中发展价值观念、养成健康人格。(3)综合性言语实践活动标志着学生学习方式的根本变革。综合性言语实践活动专题,势必使学生改变传统的单一、被动的学习方式,而学会自主、探索、合作的学习方式,逐步成为学习的主人;言语实践活动的探究性、开放性、整体性,还必然促进学生彼此之间的合作性学习,利于培养学生的合作意识和合作能力。

（三）强调思维训练

英国教育部2000年把思维教育纳入国家课程计划，强调各个学科都应注意开发学生的智力，培养学生的思维能力，使学生知道思维是什么，应该怎样科学地思维。由于语言与思维有天然联系，是一体两面，因此在语文教材中强调思维教育，不仅责无旁贷，而且有得天独厚的条件。

以查尔莱斯·莱兹出版公司2001年版《第一、二、三学段成功·英语》为例：在第一学段教材的第32页，有一小节题为"美妙的词语"，要求学生写故事和诗歌的时候，使用许多描写性词语，自己脑海中要出现这些词语的图画，并使读者也好像看见这些图画。然后，让学生读猫捉老鼠的两个句子和描写黑草莓的几句诗，问学生能不能在头脑中画出这些动物和静物的形象。这是让学生懂得：语言中有一部分词语与具体事物的形象有紧密联系，它们能引起人们相应的心理表象，从而产生形象感。这心理表象是人类形象思维的基础细胞。因此，让学生体验到头脑中的表象活动，就是最初步的形象思维训练。

这套教材多次提倡"头脑风暴"。编者在第一学段教材第24页说道："在我们写一个故事之前，经常有许多想法出现。人们常常用头脑风暴的方式把这些想法记录下来。（头脑风暴是搜集思想观点的方法）"在头脑风暴的基础上，要求学生"画思想地图"，整理和组织思想观点。在第二学段教材第78、79页，编者又以"才华横溢的头脑风暴"为题，列出"地窖里的飞龙""讨厌的野猫群""哥哥的吸血蝙蝠""马厩里的突发事件"等四个题目，要求学生展开头脑风暴，写出自己对这四个题目的想法——用纸张把想法记录下来，而且用计算机存储，然后选择自己最喜欢的题目写成故事。显然，教材以"头脑风暴"这种形象化的说法，突出了学生在写作构思过程中的思维训练。这样既让学生认识和体验到写作要有思想、观点、材料的积累，要调动自己的生活经验；也训练了学生活跃、宽广、具有个性化的思维品质。教材还用"头脑风暴""画思想地图""纸张记录""计算机存储"等具体的方法，让人脑的思维活动变成了学生可见可评的具体操作。

这套教材非常重视培养学生的想象力。在第一学段的教材中，编者就提出"非虚构性"文本这个概念，要求学生写作"非虚构"的说明书、报告等文章。在第二学段教材中，引导学生明确虚构文本与非虚构作品的区别与特征，并让学生从语言应用的角度认识想象的具体方法。在"不可思议的造像术"题目下，教材指出："想象就是在你心灵的眼睛里制作出影像或图画。它会使作品更具有吸引力，因为它运用了生动的描写。你会发现三种造像术：明喻、隐喻和拟人化。"这就把头脑中的想象用语言拴系起来，使看不见的想象留下可见的语言痕迹。在第三学段教材中，对想象力的培养更进了一步。结合阅读莎士比亚剧本，提出让学生懂得和体验移情。为此，教材要求学生把自己想象成剧中的一个人物，以这个角色的身份写出对剧情的感受。这种设身处地的换位思考，大大地训练了学生的想象力。

这套教材还十分注重在理解文本意义的过程中，培养学生的抽象思维能力。在第一学段教材中，编者就提出学生要学会浏览一个片段，能从中找出回答问题的关键词语。这实际上就是引导学生把一般的语言材料作为背景，从中突出重点词语，在思维活动中进行一般与重点的比较。在第二学段教材中，又提出"在字里行间阅读"的任务，要求学生寻找隐藏在词语背后的真实意义。这是让学生懂得在语言环境中理解词语的意义，学会区分词语的词典意义和语用意义。还要求学生找到贯串全文的主要意义。这是引领学生从具体语言材料中概括和抽象意义，区分读物的主要意义与次要意义。这些都是为了阅读理解文本而进行的初步、重要的思维训练。在第三学段教材中，又要求学生把莎士比亚剧中人物的性格特征、人物之间关系绘制成网络图，整理戏剧情节发展的时间线索等。这些活动需要学生从整体上把握剧作的意义，从大量具体的语言材料中概括出人物或事件的本质意义，并用文字和图表的形式把自己的理解呈现出来。这实际上是要求学生把在自己头脑中进行的无声思维转化为有形的传讯思维，把思维、阅读与写作、绘图结合起来。这种思维训练有相当的强度。

（四）注重人文教育和文学教育

注重人文教育，是各国母语教材的共性。在英国语文教科书中，这一点尤其突出。它主要表现在选文内容和单元编排上。《牛津英语教程》第一、二、三学段教材，都是以人文主题为线索编制的。这些人文主题大致上涉及四个领域：（1）人与他人：家庭内外，亲属关系；（2）人与社会：学校内外，社区生活，各色人等，社会现象；（3）人与自然：人与环境，人与动物；（4）人与自我：感觉和情感，生命与死亡。

麦克米伦教育公司2001年版《中高年级精读本·学生用书》就是以人文主题为编排线索。这些人文主题是，（1）形象：20世纪大事记，对影星麦当娜的印象，自我形象；（2）家庭：与父母的关系，男朋友和女朋友；（3）钱财：1849年的淘金热，设法赚钱，珍惜财产；（4）身体：健康合格，饮食，吸烟；（5）礼仪：足球，习惯，婚礼，婚姻；（6）数字：移动电话，计算机，电脑游戏；（7）逃避：假日，旅行，导游业；（8）吸引力：描述，整容外科手术，约会；（9）天才：建筑，艺术，发明；（10）买卖：广告，媒体，电影院；（11）学生：教育，背包，就业；（12）居家：房屋，居室，食物，建立居家主页。

从上面对两种教材内容主题的简单列举中，不难看出英国语文教材的编制十分注重对学生进行人文教育。《中高年级精读本》的12个人文主题，前五个为一组，是围绕着一个人的成长过程而衍生出来的主题；后七个为一组，主题从个体自身扩展到自然和社会环境，从个人生活扩展到社会和文化生活。可见，这些人文主题都是依据人生意义的话题和学生日常生活实践中的价值规范来确定的。它的一大特点是生活化，它源于生活，又贴近生活。它能帮助学生从日常生活的

"习惯""常识"和"程式"中摆脱出来，以一种新的眼光重新打量自己的生存状态和生存理由，反思自己在生活中所信奉的价值观念的合理性，并由此形成新的生活态度，确定新的生活方向。

英国语文教材的人文主题，还注重文化的多元化。如《中高年级精读本》的"居家"单元，不仅收录了欧、亚、美洲不同地域和民族对"家"的情感体验，还对中国古老的、带有迷信色彩的"风水"观念给予深入浅出的科学解释。此外，还随机介绍了地中海沿岸旅游胜地摩纳哥公国的特点，介绍了德国的柏林墙等有关欧洲国家的文化知识。因此，这个人文主题单元具有丰富的多国家多民族文化的含量，使英国民族文化与他国文化融会贯通。这有利于引导学生尊重和理解多元文化，吸收人类优秀文化的营养。在丰富的多元文化的熏陶下，学生能够形成世界一体化的观念，孕育"地球村"的博大胸怀。

应该指出，英国语文教材呈现人文教育主题，仅仅是为师生提供一个"对话"的平台，而不提供所谓标准答案。学生对于有关人生意义和价值的问题，需要利用他人不同形式的思考来不断地深化和表达自己的思考。教材应该给学生留下足够的时间和空间，以便于他们感受自己的问题，并在这些问题上与他人"对话"。教师所能做的是营造一个真诚、自由和开放的氛围，在这氛围中作为一个有经验的学习者与学生共同反思。在《中高年级精读本》的"居家"单元中，教材时时向学生发出"讲说""讨论""和同学比较""和同学一起做""你同桌的实际情况"等提示和指令，引导学生在与他人的"对话"中激起更多的反省，促成新的理解，开发新的见地。

英国文学，源远流长，博大精深，对学生有重大的人文教育功能。因此，英国语文教材历来有重视文学教育的传统。

英国文学教育有较为完备的结构。这一结构包括三种形式。一是"模仿结构"，认为文学是人类的遗产，阅读、吸收这一遗产可向学生传递文化，能否把握优秀文学作品是学生是否具有文化教养的试金石。英国文学课程标准和教学大纲规定了学生应阅读和研究的20世纪以前的、20世纪的以及近期的英国、美国与其他国家的作家作品，规定了必须学习的文学体裁，规定了"详尽分析"与"广泛阅读"这两种必备的阅读能力和方式。二是"分析结构"，强调进行有组织的探索研究，发展学生理解、分析、批评文学作品的能力。为此，文学教育要教给学生文学理论知识，提供给学生运用理论知识分析文学作品的模式。三是"衍生结构"，引导学生与作品产生交流，注重学生对作品的体验，在文学阅读中得到自我发展。为此，英国文学教育强调表达自我感受，报告个人的反应以及表达自己感觉到的和想象出的东西。英国文学教育的结构，在文学教材的编制中得到充分体现。

伦敦大学考试及评估委员会为"英国文学"课程A级水平制定的考试大纲规定：

1. 目的：培养考生对英国文学的兴趣，引导考生学会欣赏文学作品。

2. 目标：分知识、理解、判断、分析、观念、表达等六项。

3. 考试内容：完成不同权重的三份试卷。

试卷1（3小时）理解和欣赏

试卷2（3小时）主要作家 ——┐
　　　　　　　　　　　　　├—— 文学论题
试卷3（3小时）作家作品群 ——┘

4. 主要作家包括八个题目，其中莎士比亚两题，诗歌三题（乔叟一首，其他作家两首），其他作品三题。

1992—1993年规定了莎士比亚等10个作家的作品，以及二战以后作家作品群的泛读篇目。

上述考试内容，基本上决定了教材的选文篇目及其教学目标。

《牛津英语教程》A部安排为文学专题，选入小说、诗歌、剧本、散文四种体裁的文学作品，包括20世纪以前的、20世纪的以及现在的作家作品。其中，戏剧与戏剧演出在教程中有突出地位。

英语教材指导作文，不排除学生作文的想象和合理虚构，即使低年级作文，也允许儿童虚构故事，鼓励儿童写诗，引导儿童编写表现自己生活的剧本。

莎士比亚是英国文学的骄傲。莱兹教育出版公司2004年版第三学段教材《成功英语》中第六单元就是莎士比亚专题。值得注意的是，这个专题的大量篇幅不是用于选录名著的原文，而是用于指导学生怎样阅读和研究莎士比亚的剧本。（1）目标定向。开列未来三年国家考试可能要考核的莎士比亚剧目，又开列成绩达标的等级水平，这就给学生树起了学习的目标。（2）知识导引。呈现关于戏剧情节、人物、关系、环境的一般性知识，莎士比亚剧作语言的韵律和修辞知识，朗诵、表演和评论剧作的知识等。这些知识成为学生登上莎翁剧作殿堂的扶手梯。（3）技能实练。以"复习莎士比亚剧作的技巧和作业"为题，提出了多项阅读剧作的技能，并且设计了不少的练习项目，让学生实践演练。在单元最后还配置了一套模拟试题，让学生自测自评。（4）意义读解。教材指出，莎士比亚剧作的主题与现代作品是一致的，一旦破除了它的语言屏障，就能看到这些主题的意义。这能引导学生走近和读解几个世纪以前的文学大师。

（五）采用多种样式的结构体例

英国语文教材的结构体例多种多样，主要有下列四种：

1. 要素混合编排的体例。例如，莱兹教育出版公司1996年版第二学段第五年级教材《回归基础·英语》第二册，以阅读理解为主，间以语言基础知识、拼读、书写等技能训练。

2. 以文体为线索的体例。例如，《牛津英语教程》共三册，每册都分A、B两部分，A部大标题是"故事（包括短篇小说）、诗歌和专题"，B部大标题是"应用语言"。这套教材以文学作品的选文为结构主线。

3. 以技能训线为线索的体例。例如，莱兹教育出版公司出版的《英语》与《成功英语》，虽然几经修订，但直至2001年版，始终坚持以言语技能训线为整体上的线索，"说和听""阅读""写作"仍然是分割单元和贯通单元的主线。

4. 以主题为线索的体例。例如，麦克米伦教育出版公司出版的《中高年级精读本》就是以主题为线索编排的，上文已有介绍。

从上面介绍的几种英国语文教材可以看出，它们的结构体例与学生的年龄特征和心理成熟度密切相关，从低年级到高年级，大致呈现出一个从要素（知识、听说读写技能、选文等）混合编排到要素分别编排的趋势。不过，分别编排，无论以文体为线索，还是以技能为线索，或者以主题为线索，都不是单打一，不是一家独大，排斥其他，而是以一种要素（或文体，或技能，或主题）为主，兼顾其他要素，力求各项相关的内容要素互相配合，融为一体。

这几种结构体系，都是教材内容的纵向组织，是各年级内容的连贯。这连贯，不是直线式的，而是螺旋式递进。例如，上文提到的"头脑风暴"在《第一、二、三学段成功·英语》第一学段和第二学段中重复出现，但第二学段在第一学段的基础上已有所深入。又如，《第一、二、三学段成功·英语》教材中，第一学段就提出"编写故事计划""设计情节""开头和结尾"等题目，提出"编写故事计划"的五个要点，要弄清楚五个问题，"设计情节"应让学生认识好的开头和结尾。在第二学段，提出"设计情节"要问自己七个问题，"编写故事计划"要先勾勒人物或角色的轮廓，为此要自问五个问题，"写故事的全过程"是展开头脑风暴、编写故事计划、勾勒人物轮廓、设计故事的开头和结尾。在第三学段，提出"想象性写作"，引导学生体验写作中的虚构，介绍虚构性作品的六个特征，指出虚构性写作需要运用大量的副词、形容词，要使用明喻、隐喻和拟人。不难看出，三个学段的写作内容是步步深入的。显然，螺旋式上升的结构体例，一方面，是在上升；另一方面，前后又有必要的重复和交叉。这既体现知识和技能训练本身的特征，又符合学生的年龄特征和接受心理，应该说是比较理想的结构体例。

三　法国语文教材介评

法国中学语文教材编写的主要依据是国家颁布的初、高中语文教学大纲。

初中语文教学大纲规定，初中阶级语文教学的目标是让学生"全面掌握话语，能够用书面语和口语进行理解并清楚地表达，学习法国文化的基本要素"。初中是所有学生在共同教育中水平最高的层次，从初中毕业后，他们的道路就各不相同了，但他们在语言与文化领域有必要具备基础的知识。而且，他们将成为社会的积极参与者，所以必须能够自如地表达，作出正确的判断。据此，纳当出版社1992年版《法语》的教学目标是：引导学生掌握主要的话语形式，形成自己的判断，并能够表达，别人能听懂和理解；丰富学生想象力，让他们理解象征形式；向学生提供基础文化知识，以帮助他们发展个性和服务社会。

高中语文教学大学规定，高中阶段语文教学的目标是"掌握语言、了解文学和吸收文化""发展个性，培养公民素质"。文学作品是时代的结晶，代表了每个时代的思想和最佳表达形式。学生通过学习文学，可以构建一种文化、一种历史的视角，明白自己所处的文化空间。据此，博达斯出版社把1997年版高中《文学》编成了一部文学作品精选集。教材选用了较多的文学作品选段，大都出自大家熟知的大师之手，也选用了一些不太有名的本国及外国作品，以便丰富作品风格，通过它们纷繁的表达形式，让学生品味"我们每个人身上都具有的人文精神"。

法国中学语文课本数量繁多，有几百种。下边介绍其中几种：

（一）中学语文语法教材

法语属于拉丁语系，语音优美、文字规范、语义严谨，表达能力很强，是公认比较难学的语言。要掌握法语，首先要学好它的语法。对此，法语教学大纲有明确规定。根据这个规定，法语教材用相当篇幅引导学生学习语法。例如，阿谢特出版社1990年版初中一年级[①]语文教材《活跃的文字》中，每一课的篇幅约20页，其中课文及其阅读占7页，语法内容也占7页。语法的地位可见一斑。至于专门的语法教材，当然全书都讲语法了。

法语语法是一个庞大的知识体系，包括法语的词法、句法、话语、章法等。例如，纳当出版社1994年版《法语语法》第六册，大16开本，224页。全书由四大部分24节组成，分别对应于语法内容的类别和功能。（1）句子：句子类型、句子形式、语汇。实践：写一段对话。（2）语汇的性质：不变词、可变词、词族。实践：学写肖像。（3）简单句中的功能。实践：造句，丰富句子。（4）动词：动词组、时态体系、疑难。实践：组织一篇叙述文。

法国《政府文告》（1989年）指出："语法教学的目的不在语法之中，其目的是提高阅读与写作的能力。"纳当出版社1994年版《法语语法》第六册体现了这种精神，它十分注重语法知识的运用以及语言表达。在编排语法知识的同时，该书编排了口语与书面语表达的知识与技巧，例如写对话、写肖像、造句、组织叙述文等内容。其他语法教材也大都如此。比如博达斯出版社1991年版《法语语法》第三、四册，编排了意族意群、交际环境（陈述、语汇）、文章的类型、话语与叙事文、引文技术（直接引语、间接引语、自由引语）、修辞格、诗歌语言入门等内容，力求做到语法学习与表达方式学习相结合，掌

---

① 法国初中学制四年，即六、五、四、三年级，相当于我国的初一、二、三、四年级。法国高中学制三年，即高二、一年级和毕业班，相当于我国的高一、二、三年级。

握语言表达手段与掌握语言表达环境相结合，以全面提高学生的语文能力。

法语语法教材内容的编排，注意合理的步骤。纳当出版社1994年版《法语语法》第六册中，语法内容由句子、语汇的性质、简单句的功能、动词组成。每个组成部分又由五个步骤组成：复习已学知识、学习新语法知识、语法知识实践、语法知识小结、深入一步。在每个部分的每一课中，语法内容也由若干步骤组成：提供语言材料，引导学生从中发现语法现象；给出语法学习的主要内容；提供一篇文章及其若干问题，引导学生运用语法知识回答问题；语法知识专项训练。博达斯出版社1991年版《法语语法》第三、四册，在提供语法知识的同时，还增加了写作和语境的内容，课本最后还配备了"初中毕业证书"应考准备。显而易见，法语语法教材不仅注意语法内容与读写听说能力训练紧密结合，而且编排有序，符合学生接受心理，这是值得称道的。

（二）初中语文教材

阅读是基础。法国初中语文教学大纲指出，"掌握阅读能力是初级中学语文教学重要目标之一"，初中阅读目标是"使学生能独立、无声而又快速地阅读，抓住信息和思想，培养阅读兴趣和能力"，初中阅读原则是"以兴趣带动阅读，各科阅读融为一体，融洽读者与读物的关系"，初中阅读内容是话语的各种形式——记叙文、议论文、描写文、说明文等。

为贯彻教学大纲精神，法国语文教材在选文上注意以下方面：（1）力求体裁齐全。兼顾各种文体，如叙述文中的小说、民间故事等，议论文中的历史文选、科学文选、哲学文选、《圣经》等，说明文和文献资料中的语言辞典、百科全书、教科书，还包括日常语言交际和实用文牍中的谈话、访问录、报刊新闻、应用文等。如阿谢特出版社1996年版《活跃的文字》，共收录正式课文45篇，附加课文35篇。

其中有叙事文38篇、描写文7篇、说明文15篇、议论文6篇、对话文5篇、应用文6篇。按体裁分，有小说、民间故事、神话传说、童话、科幻作品、诗歌、戏剧等。（2）反映法国的文化与传统。在所有法语教材中，法国文学作品是主要学习内容，如中世纪的英雄史诗、16世纪的狐狸列那的故事、17世纪的古典戏剧、18世纪的启蒙哲学、19世纪的小说诗歌、20世纪的新小说等。此外，还有许多有关法兰西文明的内容，以文化背景、专题说明、课文注释、补充阅读等形式分散在课本之中。如阿梯埃出版社1991年版《文学与方法》中，第4课介绍了法国的新闻业、新闻文体的特点、报刊的编辑、新闻语言、主要报刊名称等，第5课介绍了法国的广告业、广告词的撰写、广告制作、广告作品欣赏等。（3）反映语言功能与演变。使用的范围和语境不同，语汇往往也不同，如文学语言、日常语言、书面语言、口头语言、行业语言等。法语教材尽量收录含有各种语汇的作品。语言有时代性，古典作品的语言与当代作品的语言有明显差异。法语教材从中世纪作品开始一直收到当代作品，让学生了解法语在历史进程中的演变。如阿梯埃1991年版《文学与方法》第9课《拉丁语希腊语》，较详细地介绍这两种语言，以便于学生了解希腊罗马语言对法语的影响，有助于更好地学习法语。

　　法语教材一般建议阅读教学分为四步。（1）课文学习。有的课文快速默读，有的课文精读。课文后习题，作为理解课文的标杆。（2）语言学习。学习课文时思考、复习词汇及语法。建议带着辞典进行阅读。（3）写作练习。提供与课文有关的作文练习，想象后续写故事或改换人物的角色，写概要、读书卡片等。（4）语言和生活结合，课内外结合。建议学生从家庭到社会，搞调查研究；引领学生从书籍、报刊中寻找有关资料，最后整理成一份材料，以补充和丰富教材上的阅读内容。

　　在阅读教学四步骤中，对课文的理解是关键。为此，法语教材重视与课文配套的阅读理解的问答题和分析题，检查学生对课文的理解程度。如《活跃的文字》第六册，编有"理解测验""逐字逐句"、词语及课文"分析"等。又如《初中法语》第四册中的"小说理解"分成了若干理解内容，如小说结构、事件、背景、人物、叙述形式、小说内容等。

读写结合，是国际上语文教学的通例，但法国语文教材把它推向了极致。它要求学生把读懂的内容，用自己的话表达出来。法国语文阅读教材特别注重这个书面表达。例如，纳当出版社《初三法语》，围绕阅读、写作、比较和创作等重点培养目标，共编写了42章（课），选用了180篇文学作品，涉及从中世纪到当代的120位作家。该教材编排了37份技术卡片（语法、词汇、拼写、文学技术等）和27份文化卡片（历史、时事、文学艺术史、神话等），还设置了145个作文题目、70份词汇练习、12个听写、一份包括460个词和概念的索引，共360多页。《初三法语》的特点就是突出书面表达。它以循序渐进的方式引导学生从阅读到创作。阅读初期是一种语言文化的熟悉过程，通过阅读与学习不同体裁的作品，掌握不同文体的表达和写作技巧；在初步掌握写作技巧的基础上，再通过比较学习和综合训练，巩固所学知识，扩大知识面和历史文化视野，提高写作能力，逐渐向创作过渡。这样的阅读教材，也是写作教材。如1992年版《初中法语》第四册中，"作文"包括三种类型——描写文、叙述文、说明文，六个写作步骤——审题、搜集资料、整理思路、打草稿、誊正、检查，三个写作部分——引言、展开部分、结论，作文列提纲策略——顺叙法、倒叙法、线路法、主次法、分析法、辩证法（立论、驳论、综论）、字母顺序法、关键词法等，肖像描写——简历、自述像、肖像、漫画肖像、集体形象等，另有描写一个行动、俯视描写、话语的种类、外表与内心的描写等。针对上述每一个内容，教材都配有一个"写作车间"，提供若干个写作题目。应该说，这样的写作训练，全面而又系统。称之为写作教材，名副其实。

法国初中语文教科书，除注重阅读、写作外，对口语交际也毫不忽视。教学大纲规定："口语与书面语一样，对掌握话语来说非常重要。应学会倾听，说话时声音清晰，语言易懂。"例如1990年版《活跃的文字》第六册，在每一课里都有"书面语与口语表达"的训练。在口语教学要求中，注意培养学生下列能力。听：尊重他人的发言，插话要有分寸。问和答：学会用完整的句子提出问题，用完整的句子回答问题。介绍：大声朗读课文，介绍一份资料、一个观点等。讲述：口头小结，课文复述等。

在法国初中语文教材中，为配合读写听说能力训练，有课文、练习题、附加课文，还有许多图文并茂的资料，如照片、绘画、明信片等。如1996年版《活跃的文字》第一课《口语与书面语》中，就有5张请柬（手写和印刷的均有）、4张连环画、6张明信片、7幅图画；第三课《诗歌语言》中有大小插图30余幅。此外，还有一定量的声像，如录音资料、电影、电视、幻灯片等，配合语文课的教学。近年来，随着计算机和多媒体技术的发展、因特网的使用，法语教材的辅助资料有了更多来源。

上面介绍的是法国综合型初中语文教材，此外还有分编的初中阅读、写作、口语等教材。综合型教材有利于阅读、写作、口语交际加强联系，相互促进，相辅相成，从整体上全面提高学生的法语能力。

（三）高中语文教材

法国高中语文教学大纲规定：高中生应学习文本，尤其是文学作品，以便开发他们的好奇心，充实他们的想象空间，同时获得共同文化的基础知识；应学习语言，通过学习文本和书面写作，掌握好词汇、句法和话语形式，学会正确地使用口语和书面语，以便能应付各种分析和思想的表达；应学习文化，要学习构成文学文化史的重要运动和事件，学习主要的文学体裁，此外要学习图像话语，以便获得丰富的文化知识，奠定文化基础。为达到上述目的，教学大纲又规定：

应该突出阅读的位置，每个学生每年至少读六部文学作品及大量作品选读，注重对作品的理解和作品内涵的思考，同时学习文学批评；应该重视丰富多样的口头和书面作文，它们是结合对所学课文的理解对其进行思考的结果，同时作文有助于对语言和各种表达方式的掌握；应该把阅读、写作、口语交际和语言学习等学习内容组织成合适的序列，这个序列有一个渐进的过程；应该通过知识、个人思考能力和学习方法的结合，使学生的参照体系更加巩固，以便于学生在今后的学习中能独立学习其他知识。

法国高中语文教材品种繁多，但都必须以高中法语教学大纲为依据。例如，为满足大纲规定的学生大量而多样的阅读需要，文学教材的课文数量非常大。往往围绕一个文学主题，文学教材要求学生阅读好几部作品，例如分析"英雄主义"，学生就需要阅读三部作品：莎士比亚的《亨利五世》、荷马的《伊利亚特》和司汤达的《巴马修道院》。一册高中文学课本一般有十几个乃至几十个文学主题，所选的课文数量究竟有多大，就可想而知了。

根据教学大纲的精神，文学课本的选文偏重于经典文学作品，从古希腊的《荷马史诗》到20世纪当代作品，篇篇都是名著。法国作家的经典名著占绝大部分，也包括少量外国作品。文学作品反映的主题非常丰富，涉及生活和情感的各个方面，包括宗教、城市生活、农村生活、旅游、战争、爱情、考古、科幻等内容。文学作品的体裁也多种多样，有小说、诗歌、散文、戏剧、日记、回忆录、神话、童话、寓言等。

高中文学课本考虑到学生的接受过程，在内容的编排上注意循序渐进。时代越早的作品往往接受越难，于是二年级（高一）学习19、20世纪文学作品和文学运动的代表作品，一年级（高二）学习古典作品。学生们对外国作品往往比较陌生，于是二年级主要学法国文学，一年级扩大到欧洲文学。对作品的理解和分析也注意循序渐进。在初中对各种文体已有所认知的基础上，二年级把对作品的分析和研究作为重点，学习分析性阅读和粗略性阅读，到一年级争取掌握这两种阅读方法，关注文学对人类认知世界的作用，并为毕业班由文学向哲学过渡作铺垫。至于写作，在初中已经入门的基础上，高中二年级学习写作侧重于写作的过程，一年级则研究文本之间的关系和改写时使用不同的形式和风格。对议论文，二年级学习评论、推理和运用，一年级学习论证、说服的方法。

以法国博达斯出版社1997年版高中语文教材《文学》为例：这套教材分第一册（从中世纪到18世纪文学）和第二册（19、20世纪文学），供二年级、一年级用，毕业班也可以用。它按文学作品选集的形式编写。选集将作家、作品、体裁和文学流派纳入文学史的视角，选用了600篇法国和外国文学中的经典作品，形成了40多个文学作品题材组；选集中插入了各世纪文学史的大事记，以便在历史的背景中更好地理解作品；选集中提供了文学要素，编排了102个"文学与方法"专题，以便学习文学理论和文学赏析技巧，并进行文学分析和文学批评训练；选集中还有大量的图片和电影资料，突出文学与文化的联系，帮助理解作品的文化背景；此外，选集中还有许多助学工具，如大事年表、引文系统、词汇表、作家索引、作品和节选组等。

这套教材有许多优点：（1）它是比较齐全的法国文学作品的精选文集，这样它就成了前言中所说的"走进文学的邀请信"。（2）教材中也收集了一些非名家作品，但与名家作品一样具有很高的文学价值。（3）教材中有大量的导读、引言、综合评价，可以帮助学生理解作品。每个世纪文学都配有一个较长的历史导读，便于学生从时代、社会、文化背景之中分析作品。与这些导读相结合的还有作家生平介绍和作品介绍，对学生理解作品都不无好处。（4）教材中有大量注释，扫除了理解中的文字障碍；还有不少关于概念的分析和综合（如喜剧、诗歌的现代性等），增加了课文内容的深度。（5）练习大都采用提问式，启发学生去主动思考，自己去发现概念的含义，综合理解概念，不采用理论课的形式把理论强加于学生。（6）教材有丰富的彩色图像资料，有助于学生学会阅读和分析图像。

通观法国中学语文教材，有两点值得特别注意：第一，大量而多样的阅读。一册教材，动辄300多页，选文几百篇，从古典作品到当代作品，以法国名著为主，也有外国作品，以文学作品为主，也有非文学作品，以通俗易懂作品为主，也有一些长而难的作品。这样大量的选文还只是通向课外阅读更多更长作品的桥梁。学生阅读这样的教材，有条件很好地学习语言、文学和文化。第二，以阅读为基础的写作。从阅读中学习写作所用的词汇、语法、技巧、方式，而且汲取写作的内容，教材就是写作素材。这就要求学生对课文的理解深而透，经过同化或顺应的过程，细致地消化吸收，然后以口头或书面表达出来。表达时，对课文作出分析、解释和评价，甚至有创造性发挥。这样做，一方面，写作促进阅读；另一方面，阅读为写作的前提。当然，从根本上说，写作的素材源于生活，课文仅是"流"不是"源"；但对中小学生来说，这样做无可厚非，有时候是必要的。

四　德国语文教材介评

　　德国中学语文教材是根据教学计划和教学大纲编写的。教材成套，分主体教材和辅助教材、学生用书和教师用书。例如德国克来特出版社出版的《贴近文章》教材，除了主体教材以外，还包括以下配套教材和资料：主体教材的教师手册，支持主体教材的分项练习手册（学生用），文学选读（按文学种类选编，按题材选编），诗歌选读，青年读物，德国戏剧；此外，有教师参考书，如辅助教学资料、教学图片、影像和音响资料、德语教学法、写作教学法、听写资料、德语语法、标点运用和正字法、文学基本知识、语言学基本知识、德国文学史、小说创作理论、德语现代短篇小说、文学阅读和阐释、诗歌赏析等。又如，德国施罗德出版社出版的《德语·思索》（高中）是高中德语教材的总称，包括全一本主体教材和教师手册以及五本专题性分册，其他辅助纸质材料和音像资料更是丰富多彩。

　　德国中学语文教材分两类：一类是分编的德语语言教材和文学阅读教材，一个年级有一本德语语言教材和数本文学阅读教材，实行有分有合的教学方式；另一类是语言和文学兼而有之的综合型教材，一个年级只有一本，实行综合教学。德国维斯特曼出版社1998年版初中语文教材《现代德语》属于第一类语言教材，但具有综合教学设计特征。德国施罗德出版社2000年版中学语文教材《德语·思索》则属于第二类，是兼有语言和文学的综合型教材。

　　德国中学语文教材必须经过评审。评审标准由州文教部制定。例如下萨克森州评审标准（2000年）：教材思想内容是否与国家基本法、州宪法和州学校法规定的精神相一致？是否与州办学思想相一致？是否符合教学大纲规定的目的要求？是否有利于青少年身心健康发展？是否顾及男女平等问题？等等。评审工作由州评议会负责，它聘请专家进行评估并写出《评审报告》，最后递交州文教部审批。

德国中学语文教材编写的依据是德语教学大纲和课程标准。德国《新课程标准》（2003年）是参考了"PISA考试"（2000年）和"欧洲新语言标准"（2000/2001年）等国际公认的标准制定模式后制定的，强调培养德国学术界普遍认同的所谓"四大能力"——科目学习能力、人格能力、社会能力和方法能力。这个《新课程标准》还规定了德语学科的"四大能力范围"——说和听、写作、阅读（印刷和媒体资料）、语言和语言运用；至于学习技巧和学习方法，属于相关能力范围。换言之，德语学科需要培养下列八种能力——听的能力、说的能力、读的能力、写的能力、学习能力、语言和语用能力、人格能力、社会能力。德国中学语文教材必须按照上述规定编写。

德国中学语文教材有下列特点：

（一）突出综合性设计

遵循《新课程标准》的规定，德国中学语文教材应该培养上文提到的八种能力。这是责无旁贷的。值得注意的是，中学语文教材采取综合性设计的方式，落实这八种能力的培养。

首先，这八种能力中前六种能力培养之间的综合。例如文学与语言之间的综合：过去文学与语言各有自己的课本，似乎互不相干，现在还有这两种课本，却成为一体。奥秘在于文学课本也注重语言训练，语言课本也大选文学课文，它们的教学目的是一样的——培养能力。之所以分成两种课本，只是所培养的能力的侧重点不同。《现代德语》第七册是一本语言教材，但在导入新语法现象时选用文学作品。在语法那个部分中，有一首歌词、一则"用虚拟式写成的小故事"、青年文学《洞穴儿童》选段、歌德的一篇文章、青年文学《穿着牛仔裤回到石器时代》选段、《太阳不停留》、一些成语故事和海涅的诗《罗乐兰》等。所有选文都包含了相关的语法学习点。在这里，语言学习和文学学习实现了能动的融会。又如阅读、写作与听说三者之间的综合。当然，这三者各有以自己为主的教材，主要培养本身的能力；但无论哪一种教材，都融入了其他两种的成分，实质上是三者的综合体。三种综合体的区别，就在于三者各占的比重有所不同。阅读教材侧重培养阅读能力，但对课文的理解、分析、阐释和创造性发挥，往往要进行口头讨论、争辩，并写成各种形式的作文。写作教材侧重培养写作能力，但要以阅读为基础，要批判地吸收课文的思想内容和表达形式，然后才谈得到表达，这表达也是先口说后笔写。听说教材侧重培养听说能力，除在生活情境中专门培养外，如上文所说，伴随着读写能力的培养而培养。在培养听说能力的过程中，也注重培养读写能力。所能见到的中学语文教材大体上都是如此。又如，语言能力的培养有专门的语法教材，但也不是孤立地讲语法，而是结合课文、语境、语言功能和上下文介绍语法。语法练习和词语练习尽可能纳入有意义的学习情境之中。大量的是在阅读、写作、听说能力培养的过程中，语言能力一起培养。听说读写都要理解和运用语言，它们本来就是一体。又如学习能力的培养：所谓学习能力，就是学习读写听说的能力，因此必然与读写听说熔为一炉。只不过有时集中训练，有时分散训练罢了。《现代德语》第七册就是一例。

其次，八种能力中后两种能力（人格能力、社会能力）与前六种能力培养之间的综合。这涉及跨学科学习。德国《新课程标准》规定，语文教材要引导学生通过语言、文学的学习，注重自我意识、团队精神等人格塑造，接受社会挑战，提高社会能力。巴符州新编的教学大纲还规定了各学科应共同处理的题材范围，已顾及青少年所熟悉的生活世界和所关心的问题，包括和平教育、两性教育、反暴力教育、环境教育等。这些在中学语文教材中必然尽力反映。不过，语文教材有特殊性，人格能力、社会能力的培养与前六种能力的培养必须综合在一起。换句话说，应在培养前六种能力的过程中培养人格能力、社会能力。人格能力、社会能力的培养应落实在选文中，落实在读写听说的活动中。离开了前六种能力的培养，后两种能力的培养就无从谈起。《现代德语》《德语·思索》两套教材无不如此。

国际语文教育的发展趋势之一，就是走向综合。德国巴符州颁布的《完全中学教育计划》就体现了综合教育、整体教育的观念。德国中学语文教材正是顺应了这股潮流。

（二）采用板块式结构

传统语文教材的教学单元以单篇课文为中心，配以一定量的练习，有人称之为"豆腐干"结构。这些"豆腐干"先后有严格的程序。德国中学语文教材以板块式结构（积木式结构）替代了"豆腐干"结构。所谓板块式结构，就是一本教材的内容划分为若干个板块，这些板块的排列不按一定的顺序，各个板块只是标记不同的颜色。每个板块都是一个大单元，围绕一个中心，选用若干课文，配以各种练习，安排多样活动。

《德语·思索》第七册（2004年版）有三个主体板块——说和写（橘红色页码标记）、阅读和媒体（绿色页码标记）、语言学习（红色页码标记），两个小型特色板块——学会学习（紫色页码标记），六个专题板块（页码标记色与有关板块相同），一个附录（蓝色页码标记）。

"学会学习"板块训练如何集中和放松精力、如何准备发言、怎样保持正确说话姿态、如何倾听和评估别人讲话和如何参加小组活动。"说和写"板块安排了两个专题——办墙报和创作小话剧，训练说话技巧，重点训练写作能力，内容包括议事论理、报道、说明和描述、故事梗概、叙述和塑造、表演性游戏。"阅读和媒体"板块安排选读各种作品：记叙性作品，有英雄传说、名人轶事、现代短篇小说、青年文学；抒情诗；叙事诗；实用类文章；电视广播作品。"语言学习"板块主要处理标点、正字法、词法、句法、间接引语、语言史知识等。

《现代德语》第七册设有七个板块：主题篇（黄色）、语法（绿色）、正确书写（蓝色）、说写综合训练（红色）、语言实验园地（紫色）、学习技巧（灰色）和附录（黑色）。第五、六、八、九、十册的板块结构与第七册基本上一致。

"主题篇"板块是贯串全书的主要题材和主要交际理念，分为"开卷篇"与"尾声篇"。前者旨在引入话题，接触交际意念，练习设计呈开放式；后者是全书发展的高潮，练习带有综合、延伸的特征。第七册的题材是洞穴探险和古文化。"开卷篇"涉及的交际理念有洞穴行走、洞穴描写、术语定义等。第八册的题材是我与你和他。"开卷篇"包括了解自我、自我图像和他人图像、对他人负责、与他人相处等交际理念。第九册的题材是青年时代。第十册的题材是生活和世界分配。"开卷篇"以"我们只有一个世界"为题，学生自己撰文办报。

"语法"板块用较大篇幅训练德语语法。随着年级的递增，语法部分呈递减趋势。

"正确书写"板块，在第五至八册完全一致，在第九、十册被专题性教学板块（深蓝色页码标记）取代。第九册的专题是媒体——电视，第十册的专题是媒体——报刊和电脑。

"说写综合训练"板块包括说、写和读等项，是全书的重点，主要训练口语能力、写作能力和阅读能力。第六册已训练叙述、描写等表达方式和报道等文体。第七册进一步训练上述内容，并训练对文学作品的阅读理解、故事梗概的撰写，还介绍议论性语言活动的基本概念。第八册进一步训练撰写故事梗概，训练怎样阅读和阐释文学作品、怎样刻画人物和简单议论。第九册继续训练阅读和阐释文学作品的能力，训练如何议论、如何做口头报告、如何做记录、如何自荐等。第十册训练戏剧、诗歌的阅读与理解，训练怎样写议论文、怎样写阐释文学作品的文章、怎样写实用文的内容提要等。

"语言实验园地"板块突出语言内容本身，要求学生在一个主题范围内或一组相关的学习情境中，积极参与，大胆实践，完成一定交际任务，提高运用语言能力。

"学习技巧"板块。第七册：怎样做（口头）报告？怎样做笔记？怎样写故事梗概？怎样为报告选定题目、查找和整理资料？如何阅读？如何确定文中重要信息？如何将重要信息用短语形式记录下来？第八册：怎样掌握阅读技巧？怎样读懂实用类文章？怎样组织讨论？怎样读懂、记忆和背诵课文？第九册：怎样写读书文摘？怎样准备做报告？怎样对文章做正字法方面的修改？怎样使用图表等形象手段提高学习效果？第十册：怎样写内容提要？怎样做记录？怎样用电脑和扫描仪对图文资料进行扫描、编辑、修改和排版？

"附录"板块包括四项内容：全书细目录、内容检索、图文资料出处和术语解释。

上述《德语·思索》和《现代德语》的板块式结构，显然体现了20世纪70年代以来的教学大纲呈现的"三位一体"（阅读、说和听、语言学习）以及2003年颁布的《新课标》确定的"四项能力范围"（说和听、写作、阅读、语言和语言运用）的结构模式的精神，又遵循了现代学习论"归于综合"的原则。这种板块结构的教材不是按照自然教学过程设计的，而是为教学实践提供一个素材框架、一个教学平台，供教师酌情挑选、拼盘和重新组合。它为教师和学生提供更大的活动余地，教师可以根据学生情况灵活调整学习内容和进度，还可以根据教材提供的方法范例设计各种旨在激发思维和促进学习的练习形式。它大大拓展了教学活动的广度和深度。

（三）重视专题活动

传统语文教材以单项训练为主，这种训练方式逐渐被专题性教学所取代。板块结构的教材设计为专题性教学实践提供了活动余地。专题贯串《现代德语》全书，第九、十册又进一步强化，以深蓝色页码为标记的专题板块代替第五至八册以蓝色页码为标记的"正确书写"

板块。《现代德语》第九册以"同一个话题在不同媒体中的反应"为总标题，涉及两个专题：其一，历史题材"白玫瑰"；其二，大众媒体"电视"。前者以二战期间慕尼黑大学生的反法西斯宣传组织"白玫瑰"为中心，进行专题性教学设计，语篇类型涉及史料汇编册、历史教科书、报刊文章、采访、日记、传单、照片、图表、纪录片、故事片、辞书说明文、网上信息、光盘和软件资料等。后者以电视为话题，引导学生调查电视节目，了解电视传媒特征，并分析、研究电视提供消遣的方法，激发学生参与、评判和制作。

《贴近文章》也有专题。例如第七册，以"蓝色烟雾"（指吸烟）为题材范围，以"摄取信息"为语言功能，共配备五组练习，训练学生对语言表达、语言功能和语言行为的感知能力和参与能力；以对学生针对性很强的"吸烟"为话题，又能对学生进行道德标准和评判能力的教育。

《德语·思索》（高中部分）安排了七个专题活动。其中第一单元的专题活动是"现场写作"。活动的内容不是单纯的写作，而是全方位的。活动结果不是向老师提交几份书写干净的成品，而是综合学习能力的展示和锻炼，是学习活动延伸性发展，例如要求学生将写作成果装订成册、举办专题朗读会或报告会。专题活动已经是小学、初中语文教材的有机组成部分，到了高中语文教材又有所补充和拓展。从第一单元"现场写作"专题中就可以看出，学生完全独立自主地设计了学习过程。他们是专题活动的主人，从任务的确定、安排、实施到评估，一概由他们自己负责操作。

平心而论，中学语文教材所重视的专题活动，具有无可争辩的优越性。第一，上述中学语文教材所举例子说明，专题包含的内容面之广、信息量之大、语篇之多、练习之活，是单篇课文教学无法比拟的。它丰富多彩的内容、灵活多变的形式容易激发学生的学习兴趣，学生可以积极地学习和更好地掌握语言技能。第二，语文教学大纲规定，要进行跨学科教学，进行旨在开发学生参与能力和综合活动能力的教学。上述专题活动设计达到了规定的要求——有的是语文兼历史，有的是语文兼新闻，有的是语文兼思想品德，而且无不要求学生主动参与，动脑动口动手，从而培养学生多方面的能力和素养。第三，专题活动还使课堂学习与课外学习有机结合，书本学习与实践学习有机结合，大大增加了学生学习的深度和广度。

（四）强调写作训练

写作训练在中学语文教材中占有特别重要的地位。德国语文教育界认为，写作素养是语文素养中的核心素养。中学语文教材用大量篇幅致力于提高学生的写作水平。

以《现代德语》为例，这套教材的写作训练从学生的年龄特点和接受心理出发，作由浅入深、由简到繁、由一般到特殊的编排。例如，五年级重点训练叙述能力和想象能力，因为这个年龄的儿童乐于讲述和发挥想象。六年级重点训练报道和记人叙事。七、八年级开始训练抽象思维和表达，设计了故事梗概、描述、说明和简单议论等写作任务。正如巴符州《完全中学教育计划》（1994年）指出的那样："七、八年级学生关于讲述的乐趣逐渐减退，探讨问题的兴趣逐渐增强，渐渐地可以通过抽象思维方式解决问题，对空间的多角度想象力和对角色之间相互关系的评判力都得到了发展。"九、十年级在内容提要、正反两点议论、作品阐释和专题报告等方面着重进行训练。十一至十三年级虽然只有少数新的写作语篇（如文论），但对综合写作能力和独立写作能力提出了更高的要求。

《现代德语》贯彻了一种以行为和参与为主的教学理念。它把写作过程分成若干阶段或步骤。每个阶段或步骤都是教学目的，学生的积极参与也是目的。换言之，过程即目的。成品（学生最后递交的誊清的作文）固然重要，但不是唯一目的。教材强调写作内容，淡化形式训练，给学生尝试、探索和发现的机会，纠正自我的机会，即修改和评述的机会。例如教材第九册有议论文写作练习，分成七个基本步骤：计划，即确定写作计划；要点，即收集材料，提炼内容要点；定题，即确定问题核心，表达论点；拟纲，即确定议论思路；行文，并注意结构安排；修改，注意标点、正字法和作文的逻辑顺序；誊清。这七个步骤，要求学生一步不漏地踏踏实实地走完。在这基础上，总结出议论文写作模式。不是由教材先提供议论文写作模式，让学生遵照这模式写议论文，"依葫芦画瓢"，而是让学生在实践中一步步摸索，自己得出写作模式，在写作中学习写作。

《现代德语》的写作训练还有下列特点：（1）强调交际目的性。无论是传授语篇知识还是展现学习步骤，都从学生的交际需要出发，突出作文的交际功能、交际内容和读者对象。写一篇议论文，表明自己的观点，目的是说服读者，使他同意自己的观点，产生共鸣。写一篇内容提要，对原文的主要内容进行综合、梳理和客观报道，以便读者由此了解原文的基本内容。这种写作训练与形式主义的为作文而作文的所谓训练有本质区别。（2）强调综合性，结合阅读训练、口语训练和学习技巧训练进行。例如，写作品阐释作文、故事梗概、文章提要等，无不紧密结合阅读；先说后写的惯例，又与口语训练息息相关；怎样写叙事文，怎样写议论文，怎样写说明文等，写作训练与学习技巧训练合二为一。写作训练综合性还体现在作文类型的综合上，有虚构性作文与非虚构性作文、自我表现作文与生活应用作文、命题作文与非命题作文等。所包括的作文类型林林总总，难以尽述。有些类型如图表描述与阐释、读书文摘、专题报告，还是少见的。（3）强化电脑写作训练。在第十册以"电脑旅行"为标题，编者专门设计了电脑写作练习。内容涉及学生网上交流、介绍使用因特网的基本方法、利用因特网相互发送电子邮件、讨论电脑对学习和娱乐的功用，要求学生在电脑上完成或修改作文，或绘制图表，以完成指定的写作任务。（4）倡导创造性写作。《现代德语》主要训练规范性写作，即按照写作规范（文章结构、段落、过渡、衔接、修辞和语篇特征等）进行的写作。《现代德语》还遵照教学大纲规定，结合文学课进行创造性写作训练。这创造性写作比传统的"自由写作"（自由表达，形式不拘）更加自由。学生可以充分发挥创新思维，着力表现自我，利用一切自以为合适的形式记下自我创作成果（如自己的灵感、观点、感受、即兴诗句等），表达联想情景（如就所给的几个单词写一则故事），创作幻想故事（如"我"与未来的对话、与外星人的奇遇），创作短篇小说、广播剧等。随着电脑和互联网的广泛运用，创造性写作训练势必有长足的发展。

（五）创新文学教育

德国一位著名学者指出："直到20世纪80年代中期，文学课堂上占据主导地位的教学理念是对文学作品的阅读分析和阐释。90年代在德国文学教学中出现的'以行为和创作为主导的文学教学法'，是作为上述传统教学法的对立面而产生的。在创作性文学教学中，学生亲自参加创作活动，他们对所阅读的作品进行补充、改写、模仿、预设或改编，并能将其加工成其他媒介，如绘画、配音、录像片等。为此，可以运用一些传统的方法，但必须给教学过程赋予新的内涵。"[①]传统的文学教育，只是对文学作品作分析阐释，这分析阐释的结论又只有教师掌握，学生只能从教师那里被动地接受。"以行为和创作为主导的文学教学法"则反其道而行之，要求以学生为主体，学生不仅参与对文学作品的分析阐述，而且要填补文学作品的"空白"，对文学作品进行再创作。《现代德语》第九册有这样的练习设计："本文有几处打有星号，并在文章旁边标有小云朵。星号所标的地方是一种内容'空白'，要由读者思考填补。请问：这几朵云彩里'藏'的什么内容？请继续往下读。如发现新的"空白"，就停顿一下，与周围的同学议论一下。请深入到故事情节中去，深入到人物内心，想他所想，感他所感。"《现代德语》要求学生个性化地构建文学作品的意义，而且以创作行

---

① 参见论文《文学课中的"以行为和创作为主导的文学教学法"》，见《德语教学法——完全中学教师必读》，科内尔森出版社2003年版，第175页。

为去构建，诸如写作、绘画或给作品配音。上文提到的创造性写作，就是其中一例。

（六）注重学生学会学习

德国《新课标》没有将"学习技巧和方法能力"作为一个独立的目标项进行描述，而是结合有关目标项（如阅读能力、写作能力）给予必要的专项规定。不过德国学术界普遍把德语学习能力视为一项重要的、具有跨科目的"核心能力"或"基本素质"，认为德语学习不仅是科目学习的需要，更具有终身学习的意义。因此，学习能力是能力结构中不可或缺的一部分。系列德语教材《德语·思索》（完全中学五—十三年级）每册书的第一大单元都以"学会学习"为主题，教以学习技巧和方法。这是针对性极强的训练。至于寓于听说读写训练之中的学习能力训练，更是贯串全书。《现代德语》也把"学会学习"作为重点，一是设专栏进行训练，二是将练习融于其他语言教学过程中，尤其是写作、阅读和口语教学。在语法练习中也有学习技巧的训练因素。教材不是提供学习模式，让学生机械模拟，而是进行步骤性设计，让学生在完成一定学习任务的过程中，逐步掌握学习技巧，提高独立学习能力。

五　俄国语文教材介评

俄语是继汉语、英语之后，在世界上使用人数最多的语言。从16世纪中叶俄罗斯开设语文课程以来，语文教材建设已有约470年的历史。20世纪40年代末开始，语文课程分成"俄语"和"文学"两个科目，同时产生《俄语》与《文学》分科教材，至今还是如此。

（一）语文课程的目标

俄语课程总目标是使学生获得有关俄语的基本知识，形成利用口语和书面语的技能和技巧，提高听话、说话、阅读、写作的能力和发展智力。

文学课程总目标是使学生取得有关俄罗斯古典文学、苏联文学和外国文学的知识，培养学生对语言艺术和文学形象及社会关系的认识能力，发展学生运用语言和自觉阅读的技巧，培养爱国主义的思想和审美能力。

（二）语文教材的编写原则

早在20世纪二三十年代，教育家娜·康·克鲁普斯卡娅就指出，教材应具有共产主义的社会方向性、材料的科学性，教材内容及结构体系应以教育学、心理学为依据，所传授的知识应符合学生的年龄特征和心理特征，能发展儿童的才能。就文学教材的编写问题，她指出：应编得浅显一些；文学评价不要涉及过多，以免独立分析文学作品技能的培养退居次要地位；应有助于学生主动性的发展；在附录中要指出怎样写文学作品评论，怎样做摘录，在什么联系中去阅读，怎样把自己看见某一事物或阅读某一文学作品的感想写出来。①

20世纪六七十年代，受国际教改思潮的影响，苏联对教学计划、教学大纲进行修订，教材编写原则也随之修订。一些学者指出，教材应反映科学文化的最新成就，加强理论性，删除陈旧知识。除编排体系遵循学科内容外，教材叙述方式还应注意能引起学生兴趣，激发学生思考，扩大学生眼界，促进学生学习的独立性。

进入20世纪80年代后，为培养21世纪公民，苏联对教材编写原则进行再修订。巴班斯基院士指出，教材的教养内容各因素的科学价值和实践价值，应符合学生的年龄可能性，符合分配给学习教材的时间，具备现代学校拥有的学习及教学法基础和物质基础。教育部长谢尔巴科夫指出：合格的教材既要有高度的科学性和思想性，保持课程的内在逻辑和学科间的广泛联系，又要消除重复的和过于复杂的内容；既要内容简练，又要用鲜明的形象的语言来叙述。

80年代末，苏联教改的核心内容是个性的发展。过去，教育的统一性原则是苏联教育的一大特点。国家通过发布统一的教学计划、教学大纲和教材，力图使学生都能达到统一的培养规格。虽不否认学生的个性发展和个别教育的必要性，但个别教育是以统一教育为前提的。教育新思维则与此完全对立，它强调教育的人道化和个性发展，也就是通过教育使学生得到个人的发展，也就是教育的出发点是个人。教改的主要措施是实施分化教育，为不同的学生制订不同的教学计划和教学大纲，编写不同的教材。于是，多样化的教材开始逐渐替代统一的教材，以利于学生个性的发展。

（三）关于《俄语》《文学》教材

苏联《俄语》教材是按照俄语的语法系统编写的，它的主要内容

---

① ［苏联］克鲁普斯卡娅：《克鲁普斯卡娅教育文选》，卫嘉译，人民教育出版社1959年版，第719—722页。

是：第一册——发音、字母、音节、单词、简单的句子、标点符号；第二册——书写规则、词类（名词的性、数）；第三册——词类（名词、形容词、代词、动词）；第四册——词组、句子成分、简单句；第五册——词汇与成语、词法（名词、动词、代词、数量词）；第六册——词法，包括副词、前置词、语气词、连接词、感叹词；第七册——句法，包括简单句、完全句、省略句；第八册——复合句的几种类型、语言学知识、修辞、总复习。

俄罗斯《俄语》教材沿袭了上述编写体例，但丰富了它的内容。五—九年级《俄语》教材，包括下列内容：俄罗斯标准语中有关语言学、词汇和成语、词素学和构词法、词法和句法及修辞学的信息，语言在社会生活中作用的信息，语言作为发展中现象的信息；言语管理的概念——在此基础上构成了发展学生连贯性言语的工作——使学生形成交际技能和技巧；关于俄罗斯标准语基本规范的信息；关于表音法的信息，关于正字法和标点符号的信息，关于正字形式一览表和标点符号使用规则；关于学生应当掌握的有关正字法和标点符号的技能、技巧，以及有关言语的技能技巧的清单。

《俄语》教材的特点是：对语法概念的讲解非常简短精要，往往用黑体字标出，学生能一目了然；还安排大量口头及书面的语法练习，使学生在练习中掌握语法规则；练习方式灵活多样，生动有趣。许多练习是通过一些短文进行的，引导学生把语法知识运用于读、写、说的实践之中，既用活了语法，又提高了读、写、说的质量。例如，莫斯科教育出版社1996年第23版五年级教材《俄语》第二单元第17节"词组"，有两篇短文和一幅图画来增强练习效果。一道练习是：阅读下列短文，摘出能表达作者基本思想的句子。这些句子是在文章的开头，还是在末尾？然后再摘录出五个"名词+名词"型的词组。指出第三变格法的名词。（短文略）又一道练习是：阅读下列短文并确立其基本思想。摘录出带有黑体字的词组。在一些词组中，这些词是主要词，而在另一些词组中，这些词是从属词。指出形容词。

（短文略）

苏联《文学》教材由《祖国语言》（小学用）、《祖国文学》（初中用）以及《俄罗斯文学》《俄罗斯、苏维埃文学》（高中用）组成。其中《祖国语言》（第一至三册）都是按思想教育题材划分单元的，每册包括十几个单元，每个单元围绕一个中心主题安排10至30篇课文，每篇课文后面附有问答题和书面作业，每个单元后面还有综合性练习题。这三册书所选课文，都是语言优美、趣味性强、思想健康的美文，有儿歌、故事、童话、寓言等。教学目的在于引导学生通过课本的学习接受思想教育，丰富词汇量，掌握一定的阅读分析能力和口语、书面语的表达能力。苏联解体后，俄罗斯根据新制定的一至四年级《阅读和初级文学教育大纲》，在课本的选文标准和范围上，淡化政治色彩，尽可能针对儿童心理特点，把文学和儿童的生活、兴趣、爱好、需要联系起来。其目的在于激发学生阅读兴趣，使学生掌握阅读技巧和理解作品的方法，并为他们熟悉读物且会独立选择读物打好基础，也为他们升入中学系统学习文学作品作好准备。

《祖国文学》（第四至七册）第四、五册是以作家及其代表作品为单元编排的，每本书有六七个单元，每单元包括七八篇名作，全书共有四五十篇课文；第六、七册编有俄苏文学和附录的外国文学，每册书有课文二十多篇，包括著名作家的代表作品，课文篇幅都很长。这四册教材所选课文都是文学史上著名作家的代表作品，思想性、艺术性都堪为典范。以第六册为例，如普希金的《囚徒》、契诃夫的《变色龙》、高尔基的《童年》、富尔曼诺夫的《夏伯阳》、塞万提斯的《堂吉诃德》等。每篇名作后面都附有作家生平简介和作品时代背景解说，还安排了练习。有的名作后面还摘录了专家对作品的评论。全册书后面还附有文学知识和名词术语的解说。教学目的是引导学生继承丰富的文学遗产，把握文学作品的欣赏方法，并从作品中学习表现手法，以提高自己的写作水平。

苏联解体后，俄罗斯《文学》教材沿袭了上述编写体例，不过更加注重激发学生的兴趣爱好，发展学生个性。在五至八年级文学教材中，就大大增加了童话、谜语、英雄故事、谚语、俗语、神话、民歌、传记之类课文，选用了一些从前没有选过的儿童文学作品，还加大了外国文学的容量。教材中列有"文艺理论""文学与其他艺术"等章节，以引领学生更好学习文学作品。例如莫斯科教育出版社1996年版五年级《文学》教材，在介绍寓言作家克雷洛夫时，先从他的传记中选了一个片段，述说他的生平，接着安排四道练习，对学生进行文学史教育，又选入克雷洛夫的三则寓言，并针对学生的心理特点，除配制插图外，还编入大量知识，涉及语、修、逻、文，还编入"让我们一起来理解寓言"的系列提示材料，以及多至34道练习，要求学生根据克雷洛夫寓言排演戏剧，比较克雷洛夫改写的伊索寓言与托尔斯泰改写的伊索寓言，以诗歌形式写出克雷洛夫寓言的寓意，自己尝试创作寓言等等。

《俄罗斯文学》《俄罗斯、苏维埃文学》（第八至十册），这三册书实际上是按时期和年代顺序编写的俄苏简明文学史。一般是先介绍某一时期的时代背景和文学概况，然后详述这一时期的著名作家的生平、思想和作品，最后安排练习和推荐阅读书目。

第八册主要内容是从古代到19世纪中叶俄罗斯文学发展史。第一章是"古俄罗斯文学"，介绍文学的产生及其发展；第二章是"18世纪文学"，概括介绍18世纪的历史事件和著名文艺作品；第三章是"19世纪前半期的文学"，详述了作家普希金、果戈理等人的生平和创作。第九册主要介绍19世纪后半期的俄罗斯文学。前两章是概述，勾勒这一时期俄罗斯文学的基本轮廓。以下各章分别介绍、分析这一时期的主要作家作品，其中包括屠格涅夫、托尔斯泰、契诃夫等作家及其代表作。最后总结俄罗斯文学的世界意义。第十册是苏维埃文学概况，包括"十月革命和文学""30年代文学""卫国战争时期和战后文学""50年代到70年代文学"等章节，分别论述了高尔基、马雅可夫斯基、法捷耶夫等著名作家的生平和创作。通过这三册书的学习，学生能够了解俄苏文学的全貌，学会欣赏和分析文学作品，同时把握文学理论的基本知识，以便更广泛地阅读文学作品，提高写作水平。

苏联解体后，俄苏文学史改写了，教材也随之改写。

应该指出，语言与文学分编，一方面保证了语言与文学各自的相对独立性、系统性和严密性，另一方面，二者又紧密联系，相得益彰。语言教材提高学生语言水平，有助于学生理解文学作品的语言，乃至思想内容；文学教材提高学生的文化程度，丰富他们的词汇，促使他们深入地考虑词的意义以及词在意义上的细微差别，了解词在句子中和连贯语言中的相互关系，并提供内容丰富、表现力强的典范材料，以助推语法分析和语言学习。

苏联、俄罗斯语文教材在编排方式上经历了从圆周式排列到直线式排列到圆周式和直线式相结合排列这样一个变化过程。20世纪60年代以前，苏联语文教材采用圆周式排列方式，某些教材内容以逐步加深的方式在好几个教学阶段重复呈现，教材结构好比是一个个逐步增大半径的同心圆的圆周。好处是便于学生学习，缺点是效率偏低。60年代以后，克服过分强调圆周式的倾向，以直线式代替圆周式。所谓直线式排列，是指把教材循序地、系统地、逐步复杂化地、好像沿着一条上升的线路加以排列，要求在已知东西的基础上和密切联系已知的东西来讲述新东西。优点是节约时间，缺点是增大学生接受的难度。到了80年代，在新一轮教改背景下，直线式与圆周式相结合的编排方式得到广泛认同。这种编排方式兼有圆周式、直线式的长处，而又剔除这二者的弊端，应该说是较为理想的编排方式。

（四）关于语文教材改革

苏联心理学家列·符·赞可夫坚持心理的"一般发展"是掌握语文"双基"的前提。所谓心理的"一般发展"，就是不仅发展学生的智力，而且发展情感、意志品质、性格和集体主义思想。"双基"的掌握是"一般发展"的必然结果。当然，"一般发展"是在掌握"双基"的过程中进行的。赞可夫正是从促进学生心理"一般发展"这个广阔背景上，提出一些新的教学论原则：在高难度水平上进行教学，同时掌握合理的分寸；快速学习教材，造成智力紧张度；提高教学中理论知识比重。基于上述教学论原则，赞可夫通过20年实验对小学语文教材改革提出了新观点，并编出一套旨在促进学生心理发展的新小学语文教材。

赞可夫认为，传统俄语教材有几方面缺点：语法知识形式呆板，单调零乱；语法知识脱离实际，成了孤立的、干巴巴的抽象概念；语法知识未能促进学生的发展。因此需要从根本上改革。新教材在内容上要有广泛性和多方面性，以扩大学生视野；要有浓厚的生活气息，使学生增加对现实生活的理解，为达到思想政治教育的目标服务；还要大大增加理论知识的比重。总之，新教材在篇幅的数量上和内容的深度、广度上要符合有分寸的高难度水平，以有助于学生思维、情感、言语及整个个性的发展。在赞可夫指导下，由玻利亚科娃主编的新俄语教材体现了这个精神。它有两个方面的突破：一是增加理论知识的分量，二是加强各部分语法知识的联系。四年制小学的教材内容，新教材在三年内学完，而不加重学生负担。

除俄语教材外，赞可夫还指导编写了一套阅读教材《生动的语言》（主编罗马诺夫斯卡娅和罗马诺夫斯基，莫斯科教育出版社出版）。这套教材的选文原则是：思想性，符合教育方针；艺术性，作品有完美的艺术形式；科学性；趣味性，符合学生心理特征。选文有文学作品，包括著名作家写的故事、短诗、童话、散文等，也有科学性、知识性的作品。该教材不选学生不懂的泛泛而谈的政治性文章。在选用著名作家作品时，还选入一些关于作家生平的资料，如作家本人的回忆录、别人对他的回忆、书信等。此外，还编入一些文学常识，如文学作品的体裁、结构、情节、语言等。关于课文的练习和作业，这套教材也很有特点，经常提出一些问题，要求学生深入思考，展开争论，发表个人见解。目的不在于每个问题都要得到最终的答案，而在于激发学生的创造性思维，增强学生语文能力，丰富学生的思想感情，提升学生的精神境界。这套教材至今仍有很大影响。

苏联一些学者主张学生学习语文课本同学习"生活课本"结合起来，要引导学生参加课外活动和社会活动。在这方面的代表人物当属苏霍姆林斯基。他在自任校长的学校特别开设了一门"思维课"。这门课要把学生带到自然界去观察各种现象和人们的劳动，目的是让学生在观察中思维，在思维中观察，借助观察、思维学习遣词造句。苏霍姆林斯基把观察的内容编成校本教材《大自然的书》，小学部分就有300页。该教材要求学生每观察一次就读上一页，例如"自然界里的生物和非生物""水里和陆地上的生命""穗子和种子""蚂蚁的生活""自然界在春天的苏醒"等。他说："我提出的目的是，要把周围现实的画面印入儿童的意识里去，我努力使儿童的思维过程在生动的、形象的基础上来进行，让他们在观察周围世界的时候确定各种现象的原因和后果，比较各种事物的本质和特征。"又说："表象——不管它有多鲜明，它不是教学的目的本身，也不是教学的最终目标。智育是从有理论思维的地方开始。"因此，他强调利用《大自然的书》，在"思维课"上引导学生"观察和发觉各种事物和现象之间的众多的关系"。总之，以观察为基础，从形象思维过渡到抽象思维和创造性思维，实现三种思维形式的有机结合和相互转化，是《大自然的书》和"思维课"的精髓所在。

六　日本语文教材介评

（一）日本语文教材的编写指导原则

日本教育已经经历了三次重大改革。第一次是明治五年（1872年）开始，建立起近代教育制度；第二次是二战以后，先遵从杜威的实用主义，后改走布鲁纳学科结构论的路子；1987年则正式开始第三次教育改革，基本思想有：重视个性，重视基础知识和基本技能，培养创造性、思维能力和表达能力，适应国际化社会和信息化社会等。1989年，日本颁布了新的《学习指导纲要》（教学大纲）以及各科目的《学校指导书》。其中《初中指导书　语文篇》规定："教材要精选适合初中学生身心发展阶段的题材和内容，培养学生对语言的理解能力和表达能力并重，同时促进学生加深对人类、社会、自然等问题的思考，培养正确的道德观念。"这也是教材编写的指导原则。

2004年，日本颁布的《初中学习指导纲要》（教学大纲）的"国语"部分规定："教材内容不偏废听、说、写、读能力的任何一方面，以养成喜爱读书的态度为目标，精选适合学生发展阶段的适当话题和题材，统筹使用。""教材的内容应符合下列原则：加深对国语的认识，有益于养成尊重国语的态度；有益于表达能力、思考能力、想象能力的养成及丰富语感；有益于养成公正、准确的判断能力和创造精神；有益于养成科学的、逻辑性的思维和扩大视野；有益于加深对人生的思索和丰富的人格养成，培养勇敢生活的意志；有益于深化对人类、社会、自然的认识；有益于深化对我国文化和传统的关心和理

195

解，培养尊重文化和传统的态度；有益于从广泛的角度深化国际理解，保持日本人的觉悟，养成国际合作精神。"对于阅读的教材，"说明性和文学性文章等各种类型应合理搭配"。

《高中学习指导纲要》（教学大纲）的"国语"部分，设定六门课，哪门课放哪个年级、用多少课时，不作规定。其中两门必修——"国语表达Ⅰ"和"国语综合"，其余为选修。两门必修中，选其中一门即可，另一门也作选修。《高中学习指导纲要》"国语表达Ⅰ"规定："教材的选择应有助于提高逻辑思维能力，运用信息进行语言表达的能力，学会从历史性、国际性角度思考现代国语的学习活动。""国语综合"带有从初中向高中过渡的性质，因此关于教材的注意事项与初中基本一致，不过要求有所提高，如增加了"有益于养成关注遣词造句等语言活动的态度和提高交流表达能力"，突出了语言和交流。

上述种种规定，就是日本语文教材编写的指导原则。

（二）日本初中语文教材介评

从编排体系说，日本语文教材大都是综合型。所谓三领域（听说、写、读）与一事项（语言）、文学与语言，一概综合在一起。每册教材都划分为若干单元，单元的构成有两个依据：一是单元的主题和目的要求，二是单元内课文的体裁和题材。每个单元都有一个主题和明确的目的要求，根据这个主题和目的要求配备数篇课文，文后附有导读说明和有关课文理解的练习。此外，还有书面与口头表达能力训练的练习、范文，以及词语、语法知识的解释与练习，有的教材还配有阅读文章（一般供课外）。

1. 课文

日本初中语文教材的课文都是各方面专家的文章，其中相当多数的文章是特意为教材撰写的。日本光村图书出版株式会社于1992年至1994年出版的初中语文教材，就是由70多位专家学者参与编写监修的。课文题材、体裁多样，内容丰富，有小说、戏剧、传记、报告文学、神话、成语、日记、书信、感想、散文、诗歌、和歌、俳句、动植物常识、天体知识、调查报告、科学说明文、文艺说明文等等。

这些课文最大的特点是，密切联系学生的生活、学习和思想感情，符合学生的年龄特征和接受心理，激发学生的学习兴趣，使学生勤于学习、乐于学习，从课文中得到最多收获。光村版《国语》第一册第一单元"走向新世界"的第一课是《如果爬上那座山》，大意是：一个少年听祖母说，翻过山就能见到大海，可是他爬过了几座山也不见大海，正当他灰心时看见海鸥飞过，这说明前面的确有大海，于是他振作精神继续向前爬去。学生在从小学刚升入初中，走上学习新阶段之时，学习这样一篇课文，对树立自己的奋斗目标、不畏艰难品质的塑造等是极有启发和鼓励作用的。第三册最后一个单元的引语主题是"走向未来"，这时学生们即将结束初中阶段的学习，进入人生的新历程。课文里为学生设计了三个课题。这三个课题既是本单元课文的导读，又是在引导学生回顾总结初中三年的学习和成长历程，重新探讨自己今后的人生方式，思考人类与社会的现状，树立社会责任感。这一单元第二课《三十五亿年的生命》介绍了许多有趣的科学知识，使学生懂得人与自然界其他生物间的依存关系。第三课《展望二十世纪》的内容对于开发学生思维、展开想象、思索未来都有很好的启发作用。

课文的形式也是不拘一格、新颖活泼的。光村版《国语》第一册第一单元第三课《写给同学》，以新生相互作自我介绍的形式作课文。读这样的课文，学生感到亲切，也容易学，自己写起来也不会有什么困难。第五单元第一课《稍停》，说有一幅图，如果以白色部分为中心，看到是一种图形，如果把目光集中在黑色部分，看到的又是一种图形。结论是，不能拘泥于一见之下的印象，对事物要从多方面反复观察。同类的课文还有第二册第一单元第三课《事物的正确答案不止一个》：从四个图形中，找出一个性质与其他三个不同的图形来。结论是，四个答案都是正确答案。因此，我们要不满足于一个答案，去探求新思路，成为一个富有创造性的人。这种以学生自我介绍、图画、图形作课文的创新形式，突破了传统课文的形式千篇一律的框框，激发了学生钻研课文的兴趣和动力。

2. 练习

光村版《国语》的单元以课文为主干，编排理解课文、口头表达、作文以及语文知识的练习。

（1）理解课文的练习。光村版《国语》课文后除简要的作者介绍、必要的注释、新汉字与读音等辅助内容外，就是相应的阅读理解练习。练习量不大，主要在课内完成，以减轻学生课外作业负担；练习重点是教给学生分析课文的方法，引导学生联系自己的经验和知识去把握课文的思路和脉络，去深入地思考和想象；练习形式是阅读理解、口头表达、书面表达、语言知识等多项结合，熔读、说、写、听为一炉，使课文起到各项能力训练的龙头作用。

（2）口头表达练习。该练习分朗读和讲演两种。① 朗读练习。编者把它作为加深对课文理解的手段，也作为对口头表达能力的训练。相当多的课文后的练习里都有朗读的要求。有的附有朗读知识短文。如第一册第一单元第一课《只要翻过那座山》后的朗读练习指导，就教给学生朗读的方法：注意自己的发声，使别人听得清楚；注意调整声音的强弱与速度的快慢；注意停顿时间的长短。② 讲演练习。这是训练口头表达能力的最主要形式。一部分是课后的讨论题，几乎每篇课文后都有根据课文出的这类练习；另一部分是口头表达能力训练指导，大致每册两课。这些课文对如何讲演指导得非常具体详细。例如，一一指出介绍经验、发表感想、谈心得体会、讨论问题等不同场合的特点和要求。又如，对于每一种场合的讲演，从如何准备内容，到讲演时的姿势、语调、用词、语速，如何运用图表、录像等都详细作了交代，有的还作了示范。第一册第二单元第二课后附有"介绍自己新经验"的短文《怎样说》：采取自然的姿势，轻松而舒展；要看着听众；要考虑好说话时应留的空间；使用一听就明白的语言。

（3）作文练习。这是光村版《国语》练习的重点。量非常大，几乎每课都有"写"的练习，内容主要是写读书感想、读书心得、随感、议论文等。关于"如何写作文"的指导性文章数量也很多，共三册教材，每册都有四篇左右。指导得非常详细、具体，从如何确定主题、收集素材、安排结构，到如何描写场面、人物，乃至初稿完成后如何修改等。作文的每个环节都有具体的说明和示范，使学生容易理解，乐意按照指导作尝试。例如，给一组漫画，让学生看画作文，学生就乐意根据漫画发挥想象力。又如，指导收集资料，以制作资料卡片的实例说明，非常形象、直观、易学。此外，常以学生的作文实例为范文，让学生自己去欣赏、判断和评价。第一册第七单元的作文指导文是《怎样写出内容丰富的读书感想》，要求按照示例制作读书卡片。卡片的横向可设"结构""人物""表达手法"等栏目，把在阅读中感受到的、想到的内容，记录在卡片的相应栏目里，并将各项感想编上序号。对以后写读书感想用得着的重要词句、好的表达手法等，要特别留意，并记录在卡片上。以这样的读书卡片为基础，先动手写《小感想》。写的时候，参考读书卡片，对作品中某些部分可能需要再次阅读，这样会加深对作品的理解，产生新的感想。《读书感想》的基本结构是：整体的印象，对作品主要内容的介绍，作者的看法、想法，自己深受感动的事，从此书中得到的收获。有了这样的框架，加上前面说的《小感想》，那么作文《读书感想》可以写成了。

（4）语言知识的练习。该练习分为词语和语法两部分，词语又分为汉字和词汇两项。每篇课文后列出本课出现的新汉字及新的读音。这是汉字训练的主要形式。在课文以外，还编有专门的词汇和语法讲解与练习。每册书的分布比较均衡，词汇讲练每册六七篇，语法讲练每册三四篇。

此外，光村版《国语》很重视阅读，往往在短课文后面附一长篇文章，供学生自读。文章主题多为对人生、社会的思索，有利于启发学生思维。这样的文章在一、二、三册教材中分别为三、二、一篇。安排这类文章的目的是开展课外读书活动。除这类文章外，每册教材还编有指导课外阅读的文章，引导学生选择课外读物，提高读书效率，取得读书效果。例如第一册第三单元附有一篇6000字的长文《连结太平洋和日本海的樱花树》，又有一篇《好的读书方法——劝你每天读20分钟书》的短文和两篇学生的读书记录范文。

（三）日本语文教材的改革

根据世纪之交颁布的初、高中《学习指导纲要》（教学大纲）的精神，日本初、高中国语教材相应作了改进。

1. 为体现新纲要提高学生的综合能力和独立思考能力的宗旨，教材突出听说读写综合能力和逻辑思维能力的培养。例如，日本教育出版社出版的初一《国语》第一单元第一课《唯一的地球》，介绍地球的简史，并以数据等资料说明地球面临的危机，呼唤人们善待人类赖以生存的唯一的地球。课后的练习是以"自然与人类"为题的听说读写综合训练，要求学生以小组为单位，自定题目，展开调查，查阅资料，撰写发言稿，组织讨论会等。高中《国语综合》课本第十单元第三课以"组织正反方辩论会"为题，具体地介绍了这种活动的组织过程，并以实例引导学生参加与组织此类学习活动。这样的学习活动是听说读写等多项能力的综合运用，能促使学生积极开动脑筋，发挥各自的创造性思维，并在实践中学习如何组织集体活动、如何互相协同合作。

2. 为达到新纲要培养新时代新型人才的要求，初中教材加强阅读指导，扩大学生知识面，引导学生学会收集整理和运用信息，树立与他人积极、正确地交流的意识。（1）加强阅读指导，扩大学生知识面。教育版初中第三册《国语》在课文后有课文导读，说明对课文怎样阅读欣赏，并介绍同一作者的同类主题的其他优秀作品或同类主题的其他作家的优秀作品，供学生在学习和思考同一问题时参考阅读。

有的还列出一些名著里的名句，供学生欣赏和思考。此外，教育版初中《国语》，每册附录中都设置"读书向导"栏目，根据学生程度，按日本文学、外国文学、自然科学等分类介绍若干宜读的书籍，并用简洁的话说明每本书的主题和特点。（2）培养学生信息观念，提高学生收集、整理和运用信息的能力。教育版初中《国语》专门设置了关于怎样收集、整理和运用信息，怎样建立正确信息观念的课文。例如，第一册第六单元第六课《寻找属于自己的信息语言与信息》，具体介绍了如何使用因特网检索信息，如何利用网络和班级的"信息交流版"互通信息和信息求助，如何在图书馆查找图书。又如，第三册第五单元第一课《在信息化社会里畅游》则是一篇评述性文章，对"信息"的定义作了解释，对"信息与知识""信息与语言"等问题作了阐述。这些内容对初中生建立正确的信息观念是十分必要的。（3）树立正确地积极地与人交流的观念。新纲要求指导学生建立积极地与他人交往的意识，并学会正确地与他人交流。为体现这个精神，教材强化了这方面内容。教育版初中《国语》第一册第六单元课文《发人深思的伤疤》，用自己经历的故事生动而有趣地说明了一个道理：在与他人产生矛盾和冲突时，不要总是先责怪对方，有时更需要自我批评的勇气。

3. 高中教材加强了研究型学习的内容。这类内容在高中教材中占到了一定的比例。《国语综合》第四单元第二课《调研与发表》详细具体地介绍了如何确定调研学习题目、如何制订调查计划、如何收集和筛选资料、如何撰写调研报告等各项研究型学习的过程和做法。第四单元第三课《如何作调研采访》、第六单元第二课《如何运用资料》、第七单元第三课和第十一单元第二课《如何归纳总结并形成自己的意见》、第八单元第二课《如何使自己发表的研究成果更具有说服力》等课文，都是围绕研究型学习的各个环节展开的。这几课的内容合在一起，就是一个完整的研究型学习课目的全程指导。

研究型学习课的内容，往往以当今世界最新话题、最热门话题为主题，引导学生进行调查、独立思考、展开讨论、畅所欲言。《国语综合》第十单元第十二课《克隆问题与现代的幻想》，首先以一个哲学家的观点为引子，然后要求学生在充分准备的基础上展开讨论，各抒己见。编者在课文练习中又列出当今世界上与克隆问题相类似的、由生物工程和医疗技术的进步带来的向人类文明挑战的其他几个热门话题——脑死亡问题、人体器官移植问题、使用遗传基因技术治疗问题，要求学生在充分调研、收集资料、分析思考的基础上分别写出自己的研究学习报告。

研究型学习可以培养学生的逻辑思维和创造性思维能力，引导学生学会独立思考，勇于开拓创新。这顺应了国际教育发展的大趋势。

第六章
语文教材的几对关系

一 "文"与"道"

所谓"文",指语言形式;所谓"道",指语言蕴含的内容。用之于语文教材,"文"指语言形式训练,"道"指思想内容教育、人文教育。对于这二者的关系,百年来课程教材建设中时有争议。

早在五四以前,浙江一师就在《国文教授法大纲》中提出了语文课程的目的,认为语文课程目的分两个方面——形式的与实质的。形式方面,使学生能够了解用现代语或近于现代语所作文章,而且能够敏捷、正确、贯通;使学生能够用现代语或口头或书面表现自己的思想感情,而且要自由、明白、普遍、迅速。实质方面,使学生了解人生的真义和环境的现状。浙江一师的这个大纲,进步意义在于:强调培养阅读用现代语或近于现代语写作的文章的能力;提出用现代语写作,文言写作不作要求;把培养口头表达能力放在一定位置;重视思想品德教育,强调学语文就是学做人。但也有不足之处：忽视文学教育，忽视语言知识教育。

1920年，陈启天在《中学的国文问题》一文中，把语文课程的教学目的分为"主目的"和"副目的"。"主目的"有三项："要能说普通语言"，"有意而直接用口道出"，没有语法上的错误；"要能看现代应用文和略解粗浅美术文"，不必学专门的骈文和古文；"要能做现代应用文"，兼做浅近文言的应用文，最好完全写白话文。"副目的"有两项："要启发思想，锻炼心力"，促进学生的思考力、观察力、批评力、研究力等；"要了解和应付人生和自然"，学校中其他课程是供给学生人生和自然的相关知识，语文课程则使学生对于人生和自然了解的程度加深，应付的能力加大。[①]陈启天的见解价值在于：把语文课程的多种目的分清了主次，语文课程的特有的目的为主，语文课程与其他课程共有的目的为次。

1923年，穆济波在《中学校国文教学问题》中，提出与浙江一师、陈启天不同的观点。他主张，"本科教学目的在贯彻中等教育的宗旨，反对专以本科知识与技能为主的教学"，"语文教育本身绝不是教育目的所在"。初中必修国文的教学目的是："（1）在人生教育上，须使明了人生现实之可贵，及社会的共存，与个人应有之责任；（2）在国家教育上，须使明了国民资格之修养，职业的联合，及今日国际的侵略与压迫的危险，起谋自卫；（3）在民族教育上，须使明了民族之特有精神，及现世的堕落现象与其补救的方法；（4）注意社会现象的观察，奖掖青年能力可能以内的救济；（5）注意青年团体的团结，与共同生活应有的知识与修养。"[②]显而易见，穆氏反对语文课程视知识、技能的传授为唯一目的是正确的，但主张以思想内容教育为主就

---

① 顾黄初、李杏保编：《二十世纪前期中国语文教育论集》，四川教育出版社1991年版，第154—156页。

② 顾黄初、李杏保编：《二十世纪前期中国语文教育论集》，四川教育出版社1991年版，第267页。

有失偏颇了。

1925年，朱自清在《中等学校国文教学的几个问题》一文中，对穆济波的主张提出异议："我也和穆济波先生一样不赞成以语文的本身为国文教学的唯一目的，但他似乎将'人的教育'的全副重担子都放在国文教师的两肩上了，似乎要以国文一科的教学代负全部教育的责任，这是太过了！""'中等教育的宗旨'原是全部的，何须在一科内详细规定呢？我以为中学国文教学的目的只须这样说明：（1）养成读书思想和表现的习惯或能力；（2）发展思想，涵养情感……这两个目的之中，后者是与他科相共的，前者才是国文科所特有的；而在分科的原则上说，前者是主要的；换句话说，我们在实施时，这两个目的是不应分离的，且不应分轻重的，但在论理上，我们须认前者为主要的。"①朱自清从各学科相互之间的关系及其功能着眼，把语文课程的目的分解为"国文科特有的"和"与他科共有的"两个侧面，跟上文论述的浙江一师把语文课程目的分解为"形式的"和"实质的"两个侧面，陈启天把语文课程目的分解为"主目的"和"副目的"两个侧面，大有相通之处。当然，朱自清的见解最为精辟，常为后人所称道。

1938年夏丏尊、叶圣陶发表了与朱自清相同的看法："我们主张把学习国文的目标侧重在形式的讨究"，"不论国文、英文，凡是学习语言文字如不着眼在形式方面，只在内容上去寻求，结果是劳力多而收获少"。"时下颇有好几种国文课本是以内容分类的。把内容相类似的古今现成文章合成一组，题材关于家庭的合在一处，题材关于爱国的合在一处。这种办法，一方面侵犯了公民科的范围，一方面失去了国文科的立场，我们未敢赞同。"他们两人编写的《国文百八课》就是"一部侧重文章形式的书"，"所选取的文章虽也顾到内容的纯正和性

---

① 朱自清编：《中等学校国文教学的几个问题》，载《教育杂志》1925年第17卷第7号。

质的变化，但文章的处置全从形式上着眼"。①

　　1944年，叶圣陶在《〈国文教学〉序》中说："五四以来国文科的教学，特别在中学里，专重精神或思想一面，忽视了技术的训练，使一般学生了解文字和运用文字的能力没有得到适量的发展，未免失掉了平衡。而一般社会对青年学生要求的却正是这两种能力，他们要求学生第一要写得通，其次要读得懂。我们根据实际情形立论，偏重技术一面也是自然而然。"②

　　综上所述，在旧中国的语文课程教材目标讨论中，尽管有不同声音，但无论是浙江一师的"形式和实质"分解法，还是陈启天的"主副目的"分解法、朱自清的"独有和共有"分解法、叶圣陶等的"侧重和兼顾"分解法，都十分明确：以"形式目的""正目的""主目的""独有目的""侧重目的"为主，而以"内容目的""副目的""共有目的""兼顾目的"为辅，主辅结合，达到平衡，不可偏失，始为完整。可以说，这已经成为共识。在实践中，大多数教材是按这个共识编制的，但也有教材如叶圣陶所指出的，却是"专重精神或思想一面，忽视了技术的训练"，走到了共识的反面。

　　新中国成立之初，1950年，董纯才在《改革我们的中学国文教学》一文中指出："中学国文教学的基本任务，是要使学生学会了解与运用中国语文，获得一般的文学教养，同时又从学习语文与文学中，获得革命思想与道德品质的教养。这就是说，中学国文教学含有语文教育与思想教育的双重任务。前者是语文课本身独特具备的特殊任务；后者则是各科共同具备的一般任务。"③这一表述，与朱自清、陈启天等人的表述是一脉相承的，不过它前进了一步，指明了语文课程目的的实施策略——思想教育在语文教育的过程中进行。也在1950

---

①《叶圣陶集》（第16卷），江苏教育出版社1993年版，第31—35页。

②《叶圣陶语文教育论集》（上册），教育科学出版社1980年版，第51页。

③张鸿苓等主编：《新中国中学语文教育大典》，语文出版社2001年版，第109页。

年，郭绳武在《中学语文教学改革中的几个主要问题》一文中说："中学国文一科担负的主要任务，乃在于'掌握语文的基本规律和主要用途，以提高一般应用的读写能力'。"[①]早在1946年，陕甘宁边区由胡乔木主编的《中等国文》的《七点说明》中，就提出："本书确认国文教学的基本目的，是对于汉语汉文基本规律和主要用途的掌握。"郭绳武的提法源于陕甘宁边区，这个提法把语文课程目的从理论提升到科学规律的高度。

1949年8月，叶圣陶为华北人民政府教育部草拟《中学语文课程标准》，规定中学语文课程目标分作培养"情操和意志方面"与培养"凭我国语言文字吸收经验表达情意的知能"方面，而"情操和意志方面"的培养要"通过语言文字的学习，从感性的认识出发"。这与董纯才的见解基本一致，又更为明确。

由于20世纪50年代初语文课本片面强调思想政治教育，课文提示侧重思想内容，练习大都是思想题，欠缺语言训练的内容，又由于1958年"大跃进"中语文课本强调配合当时时事政策的宣传，被称为"报纸杂志的集锦"，近似政治性读物，因此降低了语文教学的质量。这种"文"与"道"的失衡，引发了1959年至1961年的"文道之争"。这场争论中的第一篇文章，是上海育才中学语文教师刘培坤撰写的《"文"与"道"——关于语文教学目的和任务之我见》。文章主张以"文"为主，认为语文知识教学是语文学科的基本任务或主要任务，它体现了语文学科的特点，忽视这一特点，就等于取消这门学科。"教学生学会了'文'是语文教学的基本任务，学通了'道'是自然结果。"语文的确政治性很强，但语文不是政治课，而是文化课。语文课不能因为要突出政治，就把思想政治教育定为语文课的主要任务。另一种主张恰恰相反，是以"道"为主，认为"政治是统帅，是

---

① 顾黄初、李杏保主编：《二十世纪后期中国语文教育论集》，四川教育出版社2000年版，第47页。

灵魂"，"教育为无产阶级政治服务"，语文学科有强烈的思想政治性，思想政治教育是语文教育的灵魂，语文学科的最终目的是进行思想政治教育。按照"政治内容第一，艺术形式第二"的文艺批评标准，思想政治教育在语文学科应占首要的、主要的位置。语言形式服从于思想，错字、病句不是原则问题。第三种主张则是"文""道"并重，认为"文以载道"，"道"在"文"中，"文"与"道"无所谓孰先孰后，孰轻孰重。语文知识教学与思想政治教育之间，不是"你主我次""你消我长"的关系，而是水乳交融、亲密无间，不偏重任何一方。1959年8月中旬，教育部副部长林砺儒对这场讨论发表谈话。他说："近年来，大家重视语文教学的思想教育，这是好的；但同时，也应看到当前中小学语文知识质量不尽如人意。我从许多地区的教学情况汇报中看到，在语文教学中，忽视基础知识的情形比较普遍，有的教师离开课文向学生进行思想政治教育，有的教师在教学时只注意时代背景、主题思想、人物形象的分析，而不注意语文的基本训练。""从这个实际情况出发，要提高教育工作质量，语文科的教学应该注意培养学生的阅读能力和写作能力，是正确的。"他认为语文教学的基本任务是语文知识和语文能力的教学，但又指出"学会了'文'自然也就学会了'道'的说法是不妥当的"①。可以说，这个谈话对这次讨论作了初步小结。

1961年1月，《文汇报》又展开了"怎样教好语文课"的讨论，这是1959年"关于语文教学目的任务的讨论"的继续和发展。经过深入讨论，1961年12月3日《文汇报》发表社论《试论语文教学的目的任务》，对这场历时两年半的"文道之争"作了总结。社论指出："根据语文教学的要求，教师指导学生学习课文，不仅要使学生知道所学的课文表达了什么思想，更重要的是要使学生懂得作者是如何运用语文这个工具来表达其思想的，并通过基本训练，使学生学会如何运用语

---

① 《文汇报》，1959年8月13日。

文来表达自己的思想。""语文基础知识教学和思想政治教育就是这样密切不可分离，在统一的教学过程中同时进行的。""语文教学的目的任务应是：使学生正确、熟练地掌握与运用祖国的语言文字，培养与提高学生的阅读和表达能力，并通过教学内容的教育和感染，培养学生具有正确的观点，健康的思想和高尚的品德。"平心而论，社论对语文学科"文""道"关系的分析以及对语文教学目的任务的概括是正确的。

《人民教育》于1961年第8期，发表了洛寒（刘松涛）的《反对把语文课教成政治课》一文。文章批评了当时忽视语文基本训练、片面强调思想政治教育的模糊认识，并提出必须明确的几个问题，关键在于把思想政治教育与语文基本训练统一起来。这篇文章在当时也产生一定影响。

1963年10月，张志公发表了他的重要文章《说工具》。这篇文章围绕语文工具性谈"文道统一"。"语文这个工具跟其它工具有相同的一面，这就决定了语文教学必须教学生切切实实的在训练中学会操纵和使用语文工具，也就是着眼于掌握字、词、句和篇章的运用能力，不容许离开这种训练去空讲大道理，空讲理论知识；它跟其它工具又有相异的一面，这又决定了语文教学必须把训练学生运用字、词、句、篇章的能力和训练学生理解语言所表达的思想的能力结合起来，不容许把二者割裂开来，对立起来。"强调"文道统一"，是语文的工具性决定的。在语文教学中，怎样体现"文道统一"呢？"教一篇文章，必须让学生透彻理解全篇思想内容，并且从中得到思想上的教益，知识上的启迪，感情上的陶冶，不这样是不对的，可是办法必须是带领着学生好好的读这篇文章，一字、一词、一句、一段都读懂，把文章的安排组织都搞清楚，让文章的本身去教育学生；教一篇文章，必须让学生从中学到有用的字、词、句和谋篇布局的方法，从而丰富他的语言知识，提高他的语言技能，不这样是不对的，可是办法必须是指导学生充分理解文章的内容——明了文章所讲的知识或道理，体会文章表达的思想感情，在这过程中学到一些字、词、句、篇的运用。""总之，注意了思想内容而忽视或者降低了语文工具本身的重要性，其结果非但完不成教学生掌握语文工具的目的，更将'事与愿违'，连自己重视的思想教育也会受到妨害；反之，把语言文字同文章的思想内容割裂开来，孤立的去搞字、词、句、篇，非但放弃了进行思想教育的很大的可能性，反而连自己所重视的掌握语文工具的目的也达不到。一句话：文道统一！"①这篇文章对"文道统一"透彻的分析，至今仍对教材编写富有指导意义。

应该说，在20世纪60年代初，对"文"与"道"的关系已经有了比较一致的认识，并体现在当时编制的语文教学大纲和语文教材中。但到了"文革"十年中，语文教育是重灾区，"文"与"道"的关系被歪曲、颠倒，致使语文教育质量滑坡，激起全社会的不满。"文革"风暴过去后，进入改革开放的新时期，语文教育再次确认"文"与"道"的关系，专家学者纷纷发表文章或讲话，表明自己的看法。所达成的共识是：循文明道，因道悟文，"文""道"统一，不可偏失。显而易见，这不过是重申了20世纪60年代初的提法。

到了20世纪90年代，我国思想界、文艺界发起了关于"人文精神"的讨论，这股风也刮到语文教育界。从语文教育自身来说，当时由于应试教育的影响，题海战术、机械训练盛行，语文教材选文偏于陈旧，人文含量不够，有点热衷于知识点、训练点排列布阵，引起有识之士的忧虑。于是乎，1997年起，全国掀起一场对语文教育的前所未有的大批判。正是在这样的背景下，"工具性"与"人文性"之争勃然而起。主要有以下三种代表性的观点：

第一，强调"人文性"。陈钟樑引用联合国教科文组织的报告《教育——财富蕴藏其中》的观点，指出教育应把人的发展作为中

①《张志公语文教育论集》，人民教育出版社1994年版，第25—29页。

心。他期待语文教育转变为"语言——人的发展"。①王尚文强调语文学科是人文学科，人文性是语文学科的本质概括。人文性指对人自身完善的关注与追求，包括人的尊严、价值、个性、理想、信念、品德、情操等方面。②陈军提出写作教学思想的灵魂是人道主义，是为个性、为人生、为民主，主张从尊重人、关怀人、培养人的高度改革作文教学，使之变为"育人教学"。③权曙明认为，按照马克思的"人的全面发展观"，"全面"不但包括主体精神的知、情、意，而且包括与之对应的客观价值真、善、美。语文教学要唤醒学生内心世界的情意变化。王晓明指出，21世纪真正需要的语文教育不但教给人谋生所需要的语文能力，更造就喜爱广阔、多样、创造和自由的"天性"。他批评1996—1998年的高考语文试题有些忽视人文性。④韩军索性主张语文教育就是"精神教育"，新语文的"新质"是以主体的人为核心，通过语言立精神、扬个性、做真我。⑤在强调"人文性"的同时，一些文章还批判"工具性"。李海林认为，工具性和思想性这两个概念有质的对立性。凡是"工具"，就没有"思想"；有"思想"，就不是"工具"。他企图把语文学科的"工具性"从哲学角度加以否定。⑥李维鼎辨析"语言"与"言语"的不同，辨析语文教育界"三老"——叶圣陶、吕叔湘、张志公的原话，其中没有对语文学科"工具性"的直接判断，认为多种因素促使"工具性"成了语文教育的重要障碍。⑦

第二，坚持"工具性"。张志公指出："现在，颇有一些人，认为我们的语文教学中科学因素太多，要加强人文性。我有些不同的想

---

① 陈钟樑：《期待：语文教育的第三次转变》，载《语文学习》1996年第9期。

② 王尚文：《"人文说"和"工具说"的分歧》，载《语文学习》1997年第7期。

③ 陈军：《人道主义——写作教学思想的灵魂》，载《语文学习》1996年第1期。

④ 王晓明：《语文究竟是什么？》，载《语文学习》1999年第6期。

⑤ 陈军：《"新语文教育"论纲》，载《语文教学通讯》2000年第2期。

⑥ 李海林：《语文"工具论"批判》，载《语文学习》1996年第5期。

⑦ 李维鼎：《正本清源说"工具"》，载《语文学习》1997年第10期。

法，我们的语文教学，吃亏在于没有科学性，没有真正的深入调查研究，随意性太强。加强语文教学中的人文因素，我不反对，但把它与科学性对立起来，就走向了极端。过去，我们是人文性与科学性都谈不上，我称之为'四不像'。把多年来语文教学没搞好的原因归纳为强调了工具性，搞多了科学性，就离谱了。科学性和人文性都得加强！"①他还指出，语文教学既不能"喧宾夺主"，也不能"唯主独尊"。培养运用语文的能力，是语文课的"主"，必须完成好。由于语文本身的综合性，捎带还能办不少事，比如思想的感染陶冶，联想力、想象力的发展，思考力、推理力的发展等等。何不也顺手管管呢？现代化要求全面的文化素质。②刘国正在一个报告中回顾了工具论的来龙去脉："记得60年代初否定文学课之后，人民教育出版社的领导向中宣部的一位领导汇报工作，这位领导说：'语文敢不敢不讲政治？语文就是语文，是工具嘛！'我参加了这次会见，所以记得真切。后来，由中宣部一位副部长主持起草语文教学大纲的前言，其突出的特点是写入了'工具性'和'文道不可分割'的思想。在这个大纲指导下，60年代前期的语文教学是比较好的。""语言是一种交际工具，认为语文课具有工具性是合乎科学道理的，理应得到承认和恰当的表述……语文课的基本任务仍然是教育学生理解、热爱和熟练运用祖国的语言文字，这个基本点历久常新，绝非陈旧，在理念、课程、教材、方法的革新中要牢牢地把握这一点。"③他又在《我的语文工具观》一文中指出："语文教学改革的一个重要理论收获是肯定了语文学科的工具性。这是由语言是一种工具决定的。"语言是人类自身的工具；是适应全民使用的工具；是与生活密切相联的工具；是与人的思

---

① 张志公：《提倡两个"全面发展"——答〈语文学习〉记者问》，载《语文学习》1996年第2期。

② 张志公：《工具·实用·现代化》，载《语文学习》1996年第11期。

③ 刘国正：《作文教学的实和活——在井冈山作文教学研讨会上的发言》，载《中学语文教学》2003年第1期。

维和思想感情不可分割的工具，或者说是人类精神的一个组成部分；是技能性很强的工具。[①]董旭午解说了"工具说"的科学内涵及其意义。他引用列宁"语言是人类最重要的交际工具"这句名言，断定语言学科的本质属性是工具性，认为语文教育界"三老"最大的功勋就在于确立、巩固、发展了"工具说"。"工具说"是语文教学的纲，纲不举目则乱。只有坚持"工具说"，发展"工具说"，才能大有作为，大有希望。[②]余应源认为："现在有人提出'工具性'是对语文教学的误导，认为'人文性'才是语文教学的本质。这又是一种片面性，是近几十年来在'左'的影响下片面强调'政治思想性'的变种。产生的根源就是不明确语文课的立足点是言语形式，同时也由于多年来没有科学地把握'工具性'这一概念的内涵。看来要重新认识语文的'工具性'。"[③]

第三，主张工具、人文相融。于漪在1995年指出：语言不但有自然代码的性质，而且有文化代码的性质；不但有鲜明的工具属性，而且有鲜明的人文属性。因此，语文学科作为一门人文应用学科，应该是语文的工具训练与人文教育的综合。[④]1996年4月，于漪指出：语文教学中工具性、人文性皆重要，不可机械割裂。[⑤]1996年8月，她进一步阐述工具性与人文性辩证统一的观点，认为二者不能一增一减，而要沟通交融，互渗互促。[⑥]朱绍禹认为，在语文科内部，工具性和人文

[①] 刘国正：《我的语文工具观》，见《刘征文集》（第一卷），人民教育出版社2000年版，第355—359页。

[②] 董旭午：《"工具说"的科学内涵及其意义》，载《语文学习》1997年第3期。

[③] 余应源：《语文"姓"什么？》，载《中学语文教学》2001年第3期。

[④] 于漪：《弘扬人文　改革弊端——关于语文教育性质观的反思》，载《语文学习》1995年第6期。

[⑤] 于漪、程红兵：《关于语文教育人文性的对话》，载《文汇报》1996年4月15日。

[⑥] 于漪：《准确而完整地认识语文学科的性质》，载《语文学习》1996年第8期。

性既性质不同，相对独立，又相互沟通，彼此补充。①作家梁衡指出，语言首先是一种工具，其次是一种艺术，在发挥工具和艺术功能的过程中，它又远远超出本能而有了全局的、政治的价值。②中国科学院院士杨叔子指出，科学与人文是一个人实现高度完美的双翼，双翼强健，才能万里高飞，长空竞胜。从本质上讲，科学与人文是相融的、一体的。③教育应该是科技与人文的一体化教育。科技与人文应该相融，不应相离。④

上述三种观点——强调"人文性"，坚持"工具性"，主张工具、人文相融，发展趋势是观点渐渐接近。其实，弘扬"人文性"的，大都并不排斥"工具性"；坚守"工具性"的，往往也承认"人文性"。老祖宗传下来的"文道统一"，大家一致认同，无一反对。这场"工具性"与"人文性"之争的成果，已经汲取到新世纪初颁布的语文课程标准中。《全日制义务教育语文课程标准（实验稿）》指出："语文是最重要的交际工具，是人类文化的重要组成部分。工具性与人文性的统一，是语文课程的基本特点。"课标研制组专家解释说："'工具性'着眼于语文课程培养学生语文运用能力的实用功能和课程的实践性特点，'人文性'着眼于语文课程对于学生思想感情熏陶的文化功能和课程所具有的人文学科的特点。指明语文课程的'工具性'和'人文性'，目的在于突出这两方面的功能。""语文课程性质的核心应是'工具性'和'人文性'的统一。"课标组相信："科学与人文的统一，工具性与人文性的统一，可以成为人们的共识，也反映了社会各界对语文教育的共同期望。'工具性与人文性'的提法符合当前课程

---

① 朱绍禹：《从语文科目标看语文科性质》，载《语文学习》1997年第4期。

② 梁衡：《语言文字是民族生命的一部分》，载《语文学习》1996年第2期。

③ 杨叔子：《科学人文相融，爱国创新与共》，载《语文教学通讯》2000年第6期。

④ 杨叔子：《相融则利，相离则弊——简论科学与人文的关系》，载《河南社会科学》2000年第8期。

改革的基本理念，也有利于课程目标的展开和实施。"①

对于世纪之交的这一场"工具性"与"人文性"之争，有些学者的评价不高。他们认为这是20世纪60年代初"文道之争"的重演，只不过"文"和"道"被"工具性"和"人文性"两个概念所取代。究其实质，还是当年"形式"的和"实质"的、"独有"的和"共有"的等等概念在新时期的翻版。"我们认为，对于语文教材建设中'文'和'道'关系的认识和处理，近百年来经过长期的理论跋涉和实践探索，既已基本达成共识，那就不必一有'风吹草动'便又'旧事重提'，仿佛在这里还可能翻出多少'创意'来。正如早年叶圣陶曾对'文道之争'一事发表过的看法：'目前有些同志在争论"文"与"道"的关系问题，我看这是钻牛角尖。把力量还是用在实处。'这不必'钻牛角尖'和'把力量用在实处'，是对语文教科书编制最科学、最实事求是的态度。"②

平心而论，百年来"文道之争"的烽烟之所以不能消散殆尽，一个原因是一些论者持有"文"与"道"二元对立思维。或一味强调"道"，或一味强调"文"，缺乏辩证法，走极端。"文"与"道"本来是一个金币的两面，二元论者却视作可以分离的两样东西。"文道统一"，怎样"统一"呢？统一不是"文＝道"，也不是"道＝文"，也不是"文＋道"，应当是"文"中有"道"，"道"中有"文"，相辅相成，互相促进，而不能互相掣肘，互相干扰。③

"文道之争"的另一起因是社会政治经济因素的影响。人的思想感情、认识水平不可避免地受社会政治经济、意识形态的影响。换言之，一个人对"文"与"道"的认识，必然带有时代的色彩。在"政治挂帅""政治决定一切"的年代，势必是"道"第一乃至"道"唯

---

① 教育部基础教育司、语文课程标准研制组组织编写：《全日制义务教育语文课程标准（实验稿）解读》，湖北教育出版社2002年版，第33、34页。

②《顾黄初语文教育文集外集》（上），江苏教育出版社2013年版，第348页。

③《张志公语文教育论集》，人民教育出版社1994年版，第248页。

一；在强调"双基"的年代，误以为有了"文"自然有了"道"，实际上遗弃了"道"。时代的局限性不必讳言。问题是，能否作出努力，尽可能减少以至于避免局限性。

"文道之争"经过百年沧桑，估计不会就此中止。尽管叶圣陶认为"文道之争"是钻牛角尖，号召把力量用到实处。不错，过去"文道之争"已经达到共识——以"文"为主，"文道统一"。然而，时代在发展，"文""道"也在发展，"统一"也在发展。"文道统一"也有现代化问题乃至后现代化问题。既然如此，"文道之争"不会停息。不过，期待在已经达成的共识的前提下进行。

二　文言与白话

用什么语体，是语文教材编制的一个根本问题。用明白如话的白话，还是用脱离口语的文言？百年来人们一直争论不休，俗称为文白之争。

清末百日维新之后，为适应促进民族振兴、社会进步、国家富强的需要，有识之士发出"开发民智""普及教育"的时代呼声，而第一步就是掀起白话文运动，包括编写白话文教材教育青少年。黄遵宪提出语言与文字合一的问题，认为"语言与文字离则通文者少，语言与文字合则通文者多"，提倡"我手写我口"，力求创造一种"明白晓畅，务期达意""适用于今，通行于俗"的新文体。梁启超攻击和扫荡骈文、八股文和桐城派古文等僵化了的旧体散文，促使吸收生动口语、杂以俚语韵语、通俗易懂的新文体散文的形成。裘廷梁呼出"崇白话废文言"的口号。陈子褒认为"开民智莫如改革文言"，编写过多种白话读本。施崇恩的上海彪蒙书室，也编印白话教材。

民国成立后不久，袁世凯大搞复辟倒退。1913年6月，袁发布《尊孔祭孔令》。1914年6月，他通饬各学校、各书局："国文教科书采取经训，务以孔子之言为指归。"12月，重申这个规定，又饬知教材编审委员："遇有立言诡辩之教科书，驳令修正。"在辛亥革命后的七年中，除袁世凯复古外，还有分别以张勋、段祺瑞为首的两次复古运动。他们都重提"读经""尊孔"滥调，给教材编制带来劫难。

1915年兴起的新文化运动，提倡"民主""科学"精神，高举"言文一致""国语统一"的大旗，反对文言文独霸天下，使白话文在语文教材中取得合法地位。蔡元培认为文言文是"不通于今人喉舌"的"死语"。胡适认为文言"乃半死之文字"，因为"其中尚有日用之分子在"。文言文自然应该退出相当部分领地给白话文。这受到广大中小学师生的欢迎，但遭到一些封建顽固的反对。1920年，浙江省教育会抛出了一个国民小学以上各学校每星期读"经""子"的提案，还在全国教育会联合会审查通过。陈望道、沈定一、邵力子等发表《与全国教育会联合会书》，对这种复古倒退行径给予迎头痛击。在1922年实行新学制以后，白话文和文言文在教材中并存的格局，尘埃落定，并延续至今。

当然，争论还是不休。穆济波主张，初中教白话，高中教文言，初中设文言选科，高中设白话选科。孙俍工主张初中不采用文言，因为文言没有价值。朱自清不同意孙俍工的观点："我是承认文言有时代的价值的。时代的价值者，文言与其所代表的思想是过去文化的一部"，何况"白话的词类、兼词、成语等甚是贫乏，势不得不借材于文言。阅读这些文言，于了解别人文字与自己作文都有帮助"。[①]

当时有代表性的教材，比如1922年商务印书馆版新学制初中《国语教科书》六册，顾颉刚、叶绍钧等编，课文中白话文95篇，占36.5%，文言文165篇，占63.5%。又如1923年中华书局版《初级国语读本》三册，沈星一编，黎锦熙与沈颐校；1925年中华书局版《高级国语读本》三册，穆济波编：这两套书分别配有《初级古文读本》和《高级古文读本》。这是白话文、文言文分编的教材。不可否认，当时仍有一些人反对白话文，坚持编写、使用纯文言文教材。比如1925年大东书局版《初级古文读本》，张廷华、沈樗编写。其"凡例"声称，"小学毕业，升入初级中学，则国文一科，已由语体文而进于文言文，第文言文必以古文为准则，庶乎用笔可免于粗俗"。书中课文只有

---

① 朱自清：《中等学校国文教学的几个问题》，载《教育杂志》1925年第17卷第7号。

旧式圈点，拒绝用新式标点符号，复古、倒退之图谋昭然若揭。

1922年新学制实施初期，白话文进入教材，但与文言文之间的比例关系，课程纲要和学程纲要都没有明确规定，各教材编者可以自行定夺。1929年颁行的《暂行课程标准》，才规定文言文与白话文的比例——初一3：7，初二4：6，初三5：5，高一6：4，高二7：3，高三8：2。当时一般教材都按照这个比例编写，比如1932年上海开明书店版《开明国文读本》（王伯祥编）、1933年上海中华书局版新课程标准适用《初中国文读本》（朱文叔编）、1933年商务印书馆版复兴初级中学教科书《国文》（傅东华编）。也有教材没有严格执行这个比例：或者加大白话文比重，只选少量文言文，比如1932年神州国光社版初级中学《国文教科书》（孙俍工编）；或者加大文言文比重，初二文白各半，初三文言文占十分之七八，比如1932年北平师大附中国文丛书社印行初级中学《国文读本》。至于高中国文课本，大都以文言文为主，也有不选白话、只选文言的，比如1935年正中书局版《高级中学国文》（叶楚伧主编）。

20世纪30年代，由陈望道、胡愈之、叶圣陶、陶行知等人发起过一场"大众语运动"。这是文白之争的延续。引子是汪懋祖和吴研因的论争。汪懋祖于1934年5月4日发表《禁习文言与强令读经》的文章，吴研因发表《驳小学参教文言中学读孟子》作为回应。汪懋祖又于6月1日发表《中小学文言运动》，吴研因用《读汪文〈中小学文言运动〉后的声明》来回击。汪吴之争引起陈望道等人的关注，他们采用"大众语"这个比"白话"还新的名词，掀起"大众语运动"，反对汪懋祖一帮人的文言复古。陈子展认为，所谓大众语，包括说得出、听得懂、看得明白的语言文字。陈望道认为："不违背大众说得出，听得懂，写得顺手，看得明白的条件，才能说是大众语。"[①]陶行知认为：

---

① 陈望道：《关于大众语文学的建设》，见宣浩平编《大众语文论战》，上海书店1987年版，第61页。

"大众语是代表大众前进意识的话语。大众文是代表大众前进意识的文字。""现在通行的白话文只是把文言文的'之乎者也'换成'的吗吧了'，夹了一些外国文法和一些少爷小姐新士大夫的意识造的。这种白话文，写起来，大众看不懂，读起来，大众听不懂。"[①]这场大众语论战，彻底击败了废止白话、复兴文言的论调，促使白话文"更纯粹"、更能"上口入耳"、更贴近大众的口头语，对于教材编写也有较大影响。叶圣陶、朱自清、吕叔湘等编写或指导编写的语文教材，在语言上极力追求接近口语，能说着顺口、听着悦耳。

到20世纪40年代，围绕文言、白话教材的讨论，主要是三个问题：怎样确定文言与白话的界限？怎样确定文言文的教学目的及其选材？怎样编排文言文、白话文教材？

当时，究竟文言是什么，白话是什么，大家都苦于心知其问意而不容易定下明确的界限。而处理教材中的文白问题，则不得不首先弄清这两个概念。吕叔湘于1944年发表《文言和白话》一文，回答这个问题。他从世界各国语言和文字之间的区别和联系谈起，谈到"笔语"同"口语"的离合以及这种离合程度的复杂性，并由此提出了"语体文"和"超语体文"两个概念。每个时代的笔语往往有多种，有的离口语近，有的离口语远。他认为，可以用这个标准把一个时代的笔语分成两类：凡是读了出来其中所含的非口语成分不妨害当代人听懂他的意思的，可以称为"语体文"，越出这个界限的为"超语体文"。他认为，白话是现代人可以用听觉去了解的，较早的白话也许需要一点特殊的学习，文言是现代人必须用视觉去了解的。1948年，吕叔湘又在《开明文言读本·导言》中说："文言和语体的区别，若是我们要找一个简单的标准，可以说：能用耳朵听得懂的是语体，非用眼睛看不能懂的是文言。"同年，孙伏园也给"文言"下过定义：只有

---

① 陶行知：《大众语文运动之路》，见宣浩平编《大众语文论战》，上海书店1987年版，第191页。

看才能懂，用耳听万万不能懂。这正符合吕叔湘的界说。

中学语文教材中选进文言文，目的何在呢？朱自清说："现在的中学生，其实不但是中学生，似乎都不爱读文言文，特别是所谓古文，乃至古书。他们想着读文言文是没有用的。"但是，他又说："我可还主张中学生应该诵读相当分量的文言文，特别是所谓古文，乃至古书。这是古典的训练，文化的教育。一个受教育的中国人，至少必得经过这种古典的训练，才成其为一个受教育的中国人。"①朱自清为此还编著了一本《经典常谈》，并在这本书的序言中说："在中等以上的教育里，经典训练应该是一个必要的项目。经典训练的价值不在实用，而在文化。"②叶圣陶表示赞同，说："一些古书，培育着咱们的祖先，咱们和祖先是一脉相承的，自当尝尝他们的营养料，才不至于无本。"③"就阅读的本子说，最好辑录训诂校勘方面简明而可靠的定论，让学生展卷了然，不必在一大堆参考书里自己去摸索。就阅读的范围说……只要精，不妨小，只要达到让学生见识一番这么个意思就成。"就读法说，既然是学生，就不该跟专家一样；就阅读量说，不能多，就是从前读书人常读的一些书籍也不必全读。他赞成朱自清所说："我们理想中一般人的经典读本——有些该是全书，有些只该是选本节本，——应该尽可能地采取他们的结论；一面将本文分段，仔细地标点，并用白话文作简要的注释。每种读本还得有一篇切实而详明的白话文导言。"④在朱自清、叶圣陶看来，文言文教材主要有两种：古代文学经典，供诵读，供了解和欣赏；浅近的近代文言，作为学写近代文言的范本。因为学生要学写的是报纸公文和书信的那种文言，作为范本的就不该是古代文言，而是应用文言字汇、文言调子、条理

---

① 《朱自清语文教学经验》，教育科学出版社2007年版，第71页。

② 《朱自清选集》（第二卷），河北教育出版社1989年版，第3页。

③ 《叶圣陶语文教育论集》（上册），教育科学出版社1980年版，第48、49页。

④ 《叶圣陶语文教育论集》（上册），教育科学出版社1980年版，第48、49页。

上情趣上与语体相差不远的近代文言，如梁启超、蔡元培写的那些。①

　　对于朱自清、叶圣陶的观点，有人明确表示不同意。1947年，黄绳针对朱自清的观点，说："初中的教材不应有文言文，就是高中的国文教材也不应'以文言文为主'。"还说："朱先生的意思，不单要中学生读很多古文，还要他们读懂几部古书；但就实际情形来推想，假如这样做，一个高中毕业生必至读不懂好些'今书'，写不出表达现代人思想感情的文字，而这才不能'成其为一个受教育的中国人'！所以，所谓'古典的训练'断不能加在学生的身上。"②不仅意见不同，措辞也较激烈。

　　在文言文、白话文编排的方式上，五四以后，多数教材采用混编法，或按选文内容或按选文体裁或按时代先后混合编排。1940年，浦江清主张："把中学国文从混合的课程变成分析的课程；把现代语教育，和古文学教育分开来，成为两种课程，由两类教师分类担任。"③叶圣陶肯定了浦江清的主张，认为文言、白话"在理法上差异很多，在表达上也大不一样，要分开来学习才可以精熟，不然就夹七夹八，难免糊涂。两相比较当然是需要的，但是须待分头弄清楚了才能比较。开头就混合在一起，不分什么是什么，比较也只是徒劳。这个主张着眼在学习的精熟，见到白话文言混合学习不易精熟，就想法改革。效果如何虽还不得而知，值得试办却是无疑的"④。1946年，叶圣陶果然与开明书店同人一起，编制文言、白话分编教材：《开明新编国文读本》甲种本，为白话读本；《开国新编国文读本》乙种本，为文言读本。1947年，《新编开明高级国文读本》，为白话读本；《开明文言读本》，为文言读本。这两套分编教材教学效果良好。

　　1946年，曹伯韩提出了一个先白话文、再现代文言文、再古代文

---

① 《叶圣陶语文教育论集》（上册），教育科学出版社1980年版，第79页。
② 黄绳：《论高中国文教材》，载《国文月刊》1947年第58期。
③ 浦江清：《论中学国文》，载《国文月刊》1940年第3期。
④ 《叶圣陶语文教育论集》（上册），教育科学出版社1980年版，第184页。

言文的三段递进编写方案。他说："学习必须按照一定的步骤，白话文没有学会，不宜开始文言文的学习；现代文言文没有学好，不宜学习古代文言。现在中学教材，白话文言杂在一起，两方面都学不好。而学习文言文，不经过现代文言文的阶段，直接学习古代文言，尤其是造成一般高中以上学生国文不通的主要因素。"[①]有鉴于此，他主张初中教材只编排白话文，高中前两年教材编排现代文言文，高中最后一年才编排古代文学名著。可惜并未有人按照这个方案编写教材。

新中国成立初期，1952年人民教育出版社出版的中学语文课本，初中部分全部是白话文，没有文言文；高中部分选入古代诗文41篇，占课文总数的26.8%，用以培养学生阅读文言文的初步能力。

1956年人民教育出版社编写、出版的文学、汉语分科教材，其中文学教材中多数是我国古典文学作品，而古典文学作品绝大多数是文言文。人民教育出版社文学编辑室制订的《中学文学教材的编辑计划（草案）》提出，古典文学的教学还须养成学生阅读文言文的初步能力。《高中文学教学大纲（草案）》要求"通过中国古典文学作品的教学，培养学生阅读中国古典文学作品的初步能力"。初中文学课本约三分之一是文言诗文，其中较难的译成白话，也有的是文言原文与白话译文对照，较浅的只选原文。高中文学课本中，高一与高二上的绝大部分是我国古典文学，约占高中课文的三分之二；高二上小部分与高三是白话文，约占高中课文的三分之一。这套课本普遍受到师生的欢迎，反映文学经典作品选得多，内容丰富多彩，有教头，有学头。不过，当时初中生没有学过文言文，一升入高中就学习繁难的先秦文学，难免感到困难。初一教材只有几篇文言文，初二教材文言文陡然增多，学生也一下子很难适应。尤其是，当时反右派运动兴起，"三大革命运动"如火如荼，这套教材很快被批判为"厚古薄今，脱离政治，脱离实际"。有的文章批评古典文学教材宣扬了"消极避世、人

---

① 曹伯韩：《对语文课程的一些意见》，载《国文月刊》1946年第48期。

生如梦的颓废思想"，使学生"脱离作品时代，盲目崇拜古代作家的'反抗'精神，'与世横眉'的对立精神"。就这样，这套教材很快就停用了。

1958年"大跃进"时期的中学语文教材，被批评为当时"报纸杂志的集锦"。初中教材基本上每册只有一首古诗，高中教材每册基本上只有一篇文言文或古诗，仅为点缀。可以说，这是白话文教材。

1963年中学语文的文言文教材，根据1963年《全日制中学语文教学大纲（草案）》编写。大纲规定："文言文，要有计划地讲读，培养学生初步阅读文言文的能力，为将来阅读古籍、接受祖国丰富的文化遗产打下初步基础；并且汲取古人语言中有生命的东西，学习一些写作技巧。文言文可占课文总数的百分之四十以上，各年级依次增多。"还规定，高三教材要编入关于文言实词、文言虚词和文言句式的知识短文。教材按照这些规定编写，文言文占课文总数的43%，150篇。然而，1964年，中央召开"春节座谈会"，《人民日报》发表社论，教育部下达通知，提出要精简课程，减轻学生负担。于是，教材中的文言文由150篇减少到132篇，从占课文总数的43%减少到36%。1965年，为了为"三大革命运动"服务，切合工农业生产的需要，克服选文思想性较差的毛病，文言文再减少到90篇，只占课文总数的27.7%。文言文不断减少，白话文不断增加，这不是文言文、白话文自身原因造成的，而是出于外部干预。

"文化大革命"十年中的语文教材，实质是政治教材。文言文或者不选，或者点缀一两篇，还要加批判文字。应该说，是白话文政治教材。

粉碎"四人帮"以后，拨乱反正，1978年中学语文教材继承了1963年教材的精神，重提培养学生"阅读浅易文言文的能力"，文言文重回教材。但在20世纪八九十年代，"反自由化""反精神污染"运动兴起时，因认为文言文不利于向学生进行思想教育，而对文言文进入教材加以一定限制。

文白之争始终没有中止，世纪之交达到高潮。第一种意见，中学生少学乃至不学文言文。在教育部召开的中学语文教材改革会议上，一些中学语文教师提出教材应该增选文言文的建议，北京大学教授王力针锋相对地号召"继续提倡白话文，反对文言文"[①]，甚至建议"再来一次五四运动"[②]。他认为，学习文言文会干扰学习白话文。他说："我常常看见人家的孩子在读小学的时候已经能够写出通顺条畅的文章，等到中学毕业后，写的文章反而不通顺了，多半是受了古文的影响。"中学里"选读了许多古文、古诗，倒反导致学生写不文不白的文章"。作家、语文教育家叶圣陶在20世纪30年代为朱自清《经典常谈》唱赞歌，认为中学生应该经过经典训练，读相当分量文言文，但到了80年代，却说："在三十多年之后的今天，我对朱先生和我自己的这样考虑——就是经典训练是中等教育里的必要项目之一——想有所修正了。"叶圣陶提出中学不教文言文的主张，还在给人民教育出版社主持编写中学语文教材的刘国正的信中说："对于选读几篇文言，我现在想，对学生无多大益处。这是民国十二年（1923）中学国文课程标准里定的方法（我当时是起草人之一），沿用了五十多年，至今还是照旧，想着就感到怅怅。"叶圣陶为什么改弦更张呢？原因是："绝大多数中学毕业生只要把现代语文学通学好就可以了，往后在工作中在进修中都用不着文言文。"浙江师大教授王尚文表示："语文活动与人的生命活动息息相关，生活在现代社会的中国人所应具备的应该是现代语文熏陶出的基本素养，而文言在某种程度上已经与我们鲜活的生命脱离了。目前，在中学语文课程安排上，文言的分量过重，隐含着对现代汉语的轻视。事实上，现代汉语经过近百年的发展，已经成为一种复杂、精致、成熟的语言，充满活力和可能性，比文言更具生命力。"他认为，中学阶段是培养正确语感的重要时期，在语文教

---

① 王力：《白话文运动的意义》，载《中国语文》1979年第3期。
② 王力：《需要再来一次白话文运动》，载《教育研究》1980年第3期。

学活动中应减少文言的分量。[①]学者摩罗呼吁"请文言文退出基础教育",声称"古代汉语已经失去了工具效应",而文言文在中学语文教材中"所占篇幅为三分之一",为了避免"浪费孩子的青春和民族的智力投入",不如干脆放弃文言文教学。[②]

第二种意见,中学生必须学乃至多学文言文。北京师大教授王宁指出,从语言的社会职能来说,文言失去了日常生活中的使用价值,但是,由于文言超越时代、超越方言的特性,它具有记载中华民族传统文化主要工具的资格,它是与中华民族的文明史共存的。而一个民族的文化如要得以传播,必须从新一代也就是青少年开始,教育使这种传播自觉化、科学化。所以,仅有专家的研究,而不落实到普及上,是不可能产生实际效应的。一个受过初级或中级教育的人,在他走向社会从事任何职业的过程中,都会遇到与自己民族历史发生关系的问题。如果没有在中学所受的文言文基本训练,解决这些问题和进一步提高这方面的素养,将是不可能的。[③]武汉大学教授郭齐勇说:"我认为,应增加中小学语文教材中古诗文所占的比重,到初三应有四成,到高三应有六成半的文言文与古诗词。中小学语文教材应选入丰富多样的中国古典文献中的内容,如'四书五经'、先秦诸子、六朝与唐宋文选、宋明理学、历代家训家书中蕴藏着人文价值与人性教养的内容。""希望多有一些国学经典进入中小学课堂,至少让'四书'进教材……让孩子们从小就有'为天地立心,为生民立命,为往圣继绝学,为万世开太平'的抱负理想,并代代相传。"[④]北京师大教授童庆炳指出:"基于我们的学生读完高中,还读不懂浅显的文言文,还不会欣赏精致的书面语言,语文素养残缺不全,我有一个设想,从小学一年级到初中三年级,这九年时间里基本上不学白话文和现代

① 陈香:《中小学生该远离文言文吗》,载《中华读书报》2004年4月29日。

② 摩罗:《请文言文退出基础教育》,载《粤海风》2001年第5期。

③ 陈香:《中小学生该远离文言文吗》,载《中华读书报》2004年4月29日。

④ 郭齐勇:《试谈中小学国学教育》,载《语文建设》2014年第1期。

文。白话文可以在家里学，可以在上网的时候学，可以在市场里学，可以在参加各种活动的时候学，不要像现在这样下这么大功夫让孩子来学。因为没有人不会说白话，甚至那些没有读过书的人说的白话比读过书的人说的还要生动。""我们要把时间用在学文言文上。……在九年内，通过吟诵使学生能够背诵500首诗词，200—300篇古文。在掌握了这么多的诗词和文章之后，学生基本上能够读懂浅易的文言文了。"高中语文教材中选现代文，"鲁、郭、茅、巴、老、曹"，因为高中生理解力强了，能读懂鲁迅的《野草》之类的名家名篇了。[①]北京师大教授刘锡庆认为，小学要打好传统文化（古诗文）的厚重基石，以古为主（古今比例可7∶3），切实"扎好中国根"。课文以古诗文为主，如"三百千"及《笠翁对韵》《幼学琼林》《龙文鞭影》《论语》《孟子》《老子》《庄子》《古文观止》中的精彩篇章等。现代文适宜少而精，以中外儿童文学经典——童话、寓言、科幻、故事等为主，少量实用文求管用。初中要言文并举，古今兼顾（可5∶5），要逐步引导学生贴近生活，了解社会，学会思考。随着学生理解力的增强，引导他们对熟读成诵的诗文予以智性的理解。高中则以今为主（古今可3∶7），多读现当代及外国的典范文学作品，科技、生命、环境等方面文章，强化现代意识，"学做现代人"。总之，"立人总纲"是"多读古诗文，扎牢中国根，学做现代人"。[②]

第三种意见，初中文言文少学，高中文言文选修。吕叔湘先生说："语文课的主要任务是什么？是教会学生读和写现代文。""现代文和文言文比较，现代文是主要的，文言文是次要的。对文言文有特殊需要的，可以另外给他们开课。（我曾经说过，'行有余力，则以学文'，这个'文'应该包括两个'文'，一个'文学'，一个'文

---

① 李节：《语文课应从学习"己所不欲，勿施于人"开始——北京师范大学教授童庆炳访谈》，载《语文学习》2014年第3期。

② 刘锡庆：《抛砖引玉，再说语文教改》，载《中学语文教学参考》2007年第5期。

言文'。）"①他认为，教学大纲规定培养学生浅易文言文的阅读能力，按现在语文课本里的文言文数量和一般的讲解方法，能否达到这个目的，还得打个问号。如果增加课本里的文言文数量，会不会妨碍学生学好现代文，还值得研究。他表示："要是说学点文言文，尤其是念点古诗可以增进学生学习语文的兴趣，我完全同意。""但是也不必太多，有一定数量就够了。"②张中行认为，教学大纲规定中学生具备"初步阅读文言的能力"，既不可能，也不需要，然而都不读文言，将来文化遗产无人继承，当然也行不通。他的意见是，小学高年级念一些文言，初中一、二年级继续念，然后在教师指导下，由学生根据自己学文言的体会决定是学下去还是不再学。可以专给继续学文言的学生编文言教材，上文言课。不再学的学生从此告别文言。③张志公指出："就凭现在所谓占语文课文40%的文言文（包括诗），就要培养阅读浅近文言文的能力，接受我国辉煌的文化遗产，说句不大好听的话，多少有点'花小钱，说大话'的味道。"那些文言课文，用来解决今天和今后青年们普遍需要的语文能力，用处是不大的，甚至是无能为力的。但是，我们的下一代不能对文言文、对祖国文化遗产毫无所知。他认为："初中可以读少量很好的旧体诗词、文言散文、早期白话小说（这其实不是文言文）等等。主要目的在使年轻一代接触一下文化遗产的这个方面，知道我们祖国有这样一种优秀的遗产，但是不作什么要求。""高中可以编一种文言教材"，"不要求普遍的学，可以作为选修教材"。④

通观百年来的文白之争史，联系当下，展望未来，可以得出下列

---

①《吕叔湘论语文教育》，河南教育出版社1995年版，第86页。

② 邹贤敏、王晨编：《重读吕叔湘　走进新课标》，湖北教育出版社2004年版，第84页。

③ 张中行：《关于学文言》，见张定远编《文言文教学论集》，新蕾出版社1986年版，第151—158页。

④《张志公语文教育论集》，人民教育出版社1994年版，第227、277、278页。

几点：

第一，文言必须在语文教材中占重要地位。教育部2021年印发的《中华优秀传统文化进中小学课程教材指南》指出："中华优秀传统文化进中小学课程教材，是强化中华优秀传统文化铸魂育人功能，落实以中华优秀传统文化涵养社会主义核心价值观，实现中华优秀传统文化传承发展系统化、长效化、制度化的重要举措。"对语文科的要求是："语言文字既是文化的载体，又是文化的重要组成部分，能够全面体现中华优秀传统文化蕴含的核心思想理念、人文精神和传统美德。语文学习的过程就是文化获得的过程。语文课程以理解和热爱国家通用语言文字为基础，以涵养高尚审美情趣、厚植中华文化底蕴、坚定文化自信为重点，以全面提高语言文字综合应用能力为目标，在传承和弘扬中华优秀传统文化中发挥着不可替代的重要作用。"而中华优秀传统文化在语文教材中的主要载体形式，是古诗词、古代散文等。由此看来，过去那些学习文言是复辟倒退、文言已经失去学习价值、让文言退出基础教育等论调，都是滚滚东流中的陈年泡沫，必然不可避免地破灭。2014年9月，习近平总书记对中国古代诗词和散文从教材中抽去的现象，明确表示"很不赞成"，说"去中国化"是很悲哀的，应该把这些经典嵌在学生脑子里，成为中华民族文化的基因。

第二，能够使中学生具有阅读浅易文言文的能力。中学语文教学大纲或课程标准大都规定，要培养学生阅读浅易文言文的能力，但是都落了空。原因何在呢？一是放过了小学。尽人皆知，小学是学习语言的黄金时期，也是关键时期，过去小学却是基本上不学文言文。张志公指出，要想具备一点看古书的能力，只是在中学念上三五十篇古文恐怕不行，但多念些古文，时间又不允许。怎么解决这个难题呢？可以借鉴古人"运用韵语知识读物这条经验"，"要是小学生早一点，比如三四年级，念过一些经过仔细斟酌、严格编选的类似蒙求之类的文言文，也许五六年级就能念短而浅的文言文，这样，到了中学就可以不花过多的时间而达到预期的目的了。"①有人担心儿童理解不了文言诗文，余秋雨说："在孩子们还不具备对古诗文经典的充分理解力的时候，就把经典交给他们，乍一看莽撞，实际上却是文明时代的绝佳措施。幼小的心灵纯净空廓，由经典奠基可以激发起他们一生的文化向往。"②二是学习方法不对。张中行说："过去学文言之所以效果不好，主要症结是学习方法不妥当，而不是学习对象太难对付。"③他认为，学文言，熟就能学会，不熟就不能学会。熟由多次重复来，不勤就不能多。好的学习方法就是保证勤。比如说，每天能用个把钟头，或者只是二三十分钟，读，养成习惯，成为兴趣，连续几年，学会文言是不会有困难的。找到了过去学文言效果不佳的原因，只要对症下药，从小学抓起，引导学生掌握正确的学习方法，高中毕业生文言过关应该不成问题。事实将证明，中学生学文言既无需要也无可能的看法是错误的。

第三，文言与白话应紧密联系，相辅相成。把文言、白话对立起来，或者抱住五四时代的观点不放，非将文言扫除干净而后快，这固然不对；认为白话的文化含量不够，忽视对白话的学习，一心一意扑在文言上，这也不对。文言与白话不是对立关系，是白话继承文言，它们之间是血缘关系。文字都是汉字，只是文言中生僻字多一些。语音也是相同多于差异。白话的句式，大部分来自文言。有些文言句式和特殊词组，白话不用了，但在构词法中还保留着。比如文言中名词作状语，白话中没有这种造句法，但在构词法中还有，如笔谈、口服、烟消云散等。"笔谈"是用笔谈，"口服"是用口吃，"烟消云散"是像烟云一样消散，都不是主谓结构。还有文言中的形容词用作名词、名词用作动词、名词形容词意动、宾语前置等，在白话的构词

---

① 张志公：《传统语文教育初探》，上海教育出版社1962年版，第84页。
② 余秋雨：《上海座谈会上的发言》，载《中国青年报》1999年4月22日。
③ 张中行：《流年碎影》，中国社会科学出版社1997年版，第357页。

法中都有遗存。从词汇的角度说，大量文言词直接融入白话，是白话的一大组成部分，有的直接用原义，有的有引申发展。白话中有很多熟语或成语，使用频率极高，都来自文言。文言中相当一部分单音词的古义，只是不再自由运用，而是保留在白话双音词的不自由语素里。比如，"的"，古义为白色的靶心，引申义有"鲜亮""清晰""明白"，在"的确"一词里还保留。[①]既然如此，应该把文言与白话结合起来，一方面，从白话的"已知"出发来认识文言的"未知"，另一方面，用获得的文言知识来加深对白话的理解。因此，白话的学习与文言的学习不应该是两股道上跑的车，各管各，而应该尽可能做到"同轨"。学文言，不仅不影响学白话，而是学白话的一个重要方面。

第四，文言与白话在教材中的编排不拘一格。是混编，还是分编？都不妨一试。区别在于，混编教材，由教材编者把白话、文言搭配好了，分编教材则由任课教师搭配。小学、初中、高中教材中文言文与白话文的比例怎样厘定？可以不求一律，以适应不同条件、不同水平的地区及学校的需要。不过，有一点应该注意，小学与初中一、二年级学生首先应学好现代文，白话的字、词、句、篇基本掌握。在此基础上学习文言文，也许更符合学习语言的规律。因此，小学、初中教材的白话文比例应大一些。过去景山学校的语文实验教材，就是小学教材编排白话文，初中教材编排文言文，教学效果相当不错。

---

① 王宁：《汉语语言学与语文教学》，载《中国社会科学》2000年第3期。

三　　知识与能力

语文基础知识和语文基本技能，俗称"双基"，是语文教材的基础内容。怎样处理"双基"，始终是教材编制的头等大事。

我国传统语文教育忽视知识，清末语文独立设科后，情况开始改变。1903年清政府颁布的《奏定学堂章程》规定："其中国文学一科，并宜随时试课论说文字，及教以浅显书信、记事文法，以资官私实用。"1908年商务印书馆出版的《国文教科书》（吴曾祺编）的《例言》说："学生至入中学堂，多读经书，渐悉故事，此时急宜授以作文之法。"教科书采用我国传统的办法，围绕文章，有总评，有眉批，精采的文句加密圈，就文章讲作法，以利于学生学习写作。1915年中华书局出版的《国文教本评注》（谢无量编），也采用传统的评点，每篇文章大都有评（多关于文章风格的），有节释（段落大意），有眉批（修辞、文章作法）。同题材的文章，注意写法的异同。强调讲述写作知识，以指导学生写作。

1922年实行新学制后，教材中语文知识渐成系统。1929年起，国民政府颁布的一些中学国文课程标准规定，中学国文教学内容包括精读、略读、文章法则、作文练习，其中文章法则涉及语文知识。"初中文章法则"包括"语体文法（词性、词位、句式等），文章体裁（性质、取材、结构等）"；"高中文章法则是文法、修辞、文学欣赏、辩论术"。1933年由商务印书馆出版的复兴初高中《国文》教科书（傅东华编著）就编进了系统的语文基础知识短文，包括语法、文法、文章作法三个方面。此后，同类语文教科书纷纷效仿，把语文知识系统作为语文教科书的一个重要组成部分。比如1938年中华书局出版的《新编国文》（宋文翰、张文治编），每册后面都附有约50页的"文章法则"，讲解文法（包括古汉语语法）、各种体裁的文章作法、修辞和辩论术。在新中国成立以前，在语文知识编排上，做得十分出色的应推《国文百八课》（夏丏尊、叶圣陶编）。这套书的《编辑大意》说，在"文话""文法或修辞"部分，"唯运用上注重于形式，对文章体制、文句程式、写作技术、鉴赏方法等，探讨不厌详细"。这套书较好地编排了语文知识系统。解放区新华书店出版发行的《中等国文》（胡乔木主编），以对汉语汉字的基本规律与主要用途的掌握为主要教学目的，将说明语文规律的知识性文章作为课文，从语文基本规律着眼建立全书语文知识系统。

综上所述，在20世纪上半叶，清末民初的语文教材不编入系统的语文知识，主要用评点法把选文讲透，使学生对选文的字、词、句理解清楚，从而掌握那些字、词、句，通过读写训练达到对语文的掌握。30年代的语文课本，除《国文百八课》这种优秀课本外，多数教材有比重相当大的语文知识系统。但大都存在着显著的缺点：一是注重语文知识的讲授，忽视阅读、写作的技能训练；二是语文知识与课文、与读写训练缺乏内在的紧密联系；三是语文知识内容烦琐，脱离学生实际，学生学不了，学了也没用。40年代的多数语文课本，吸取30年代语文课本的教训，不再编入系统的语文知识，有的只在课文后编一点有关语法修辞的练习，有的把语文知识放在教学辅导书里。

新中国成立以后，1950年，《人民日报》发表短评《请大家注意文法》；1951年，《人民日报》发表社论《正确地使用祖国的语言，为语言的纯洁和健康而斗争》，又连载吕叔湘、朱德熙两位学者合著的《语法修辞讲话》。全国顿时形成了学习语法修辞知识的热潮。在语文课本中，语法修辞知识主要体现在课文后面的提示和练习里。

1956年，《暂拟汉语教学语法系统》问世，为语文知识中的重要组成部分即"语法知识"奠定了基础。1956年《初级中学汉语教学大纲（草案）》把汉语知识分为六大块：语音、词汇、语法、修辞、文字、标点符号。1956年《初级中学文学教学大纲（草案）》和《高级中学文学教学大纲（草案）》把文学知识分为三个方面：文学作品知识、文学理论常识和文学史常识。按照暂拟语法系统和三个教学大纲的要求，诞生了1956年文学、汉语分科教材。这套教材首次建构了完善的语文知识系统。不过，也有一些缺点。文学知识内容偏难，要求偏高，学生难以接受；汉语知识内容过于烦琐，分量偏重，学生难以消化；汉语课本与文学课本不能很好配合，汉语知识与读写训练基本上互不搭界。

1958年"大跃进"运动导致语文教学质量下降，引发1959年、1961年的语文教学大讨论。在讨论中，1961年后，语文教学界提出"加强'双基'"的口号，上海还把"双基"的内容概括为字、词、句、篇、语（语法）、修（修辞）、逻（逻辑）、文（文学）八个字，称之为语文教学的"八字宪法"。1963年，《全日制中学语文教学大纲（草案）》颁布。这个大纲阐明中学语文教学的目的是："教学生能够正确地理解和运用祖国的语言文字，使他们具有现代语文的阅读能力和写作能力，具有初步阅读文言文的能力。"为此，要求教材编写，力求选材面广，课文量多，文质兼美，以加强能力训练。大纲还规定教材编入一定数量的语法、修辞、逻辑等知识短文，在课文里编入一些读写知识，如记叙、说明、议论、查字典等知识短文。语文知识是培养语文能力的辅助手段。1963年版中学语文课本按照1963年版中学语文教学大纲编写。主要是，根据能力训练的重点和步骤组织课文。初一、初二、初三年级，依次分别着重培养记叙能力、说明能力、议论能力；高一、高二、高三年级，依次分别着重培养比较复杂的记叙能力、比较复杂的说明能力、比较复杂的议论能力。同时，配合课文编入语文知识短文，讲述一点语法、修辞、逻辑，以及文言实词、虚词、句式知识。初中讲解的语法知识，分散在课文之后，力求简明扼要，切实有用，并尽量让学生把知识转化为技能。高中配合议论文单元编排四篇逻辑知识短文，不着重逻辑术语和定义的辨析，着重阐释逻辑知识在阅读和写作中的实际运用，把读写训练与知识传授结合起来。

"文革"结束之后，拨乱反正，1978年《全日制十年制学校中学语文教学大纲（试行草案）》出台。这个大纲，与1963年版教学大纲一脉相承。不过，它首次提出了语文学科要对学生"进行严格的读写训练"的要求，并分别规定了初中、高中的读写训练目标；首次在附录中详尽说明了相关的语文知识，并列出各年级语文知识短文安排表。这个大纲规定了"教材的内容"，包括课文，注释、思考和练习，语文知识三个部分。课文是进行读写训练的凭借，注释、思考和练习是为了帮助学生"进行有计划的读写训练"，语文知识"为培养读写能力服务"。1978年版中学语文课本关于语文知识的编排，遵照教学大纲的规定，显现了几个特点：一是语文知识努力做到精要、好懂、有用。精要，指每项知识中最关紧要、最切合实用的东西；好懂，结合读书、作文的实际问题，用通俗的语言讲；精要，好懂，才会有用。二是把逻辑和语言中的词汇、语法、修辞以至篇章组织这几项内容结合起来，统摄于词、句、篇章的基本训练。三是把语文知识与课文密切结合，用语文知识帮助理解课文，课文材料可以印证语文知识。在课文中可以归纳、引申出关于语言运用的若干理性认识，又可以用这些理性认识帮助读好其他课文。四是语文知识要结合课文反复练习。先练习，再讲知识；讲过知识，又做练习。知识和课文，和读写训练，结合越紧密，就越好懂，越有用。上述几点，是从实践中总结出来的，至今仍值得肯定。

20世纪80年代末，有教师发出"淡化语法"的呼声，这就引发了一场关于语法教学的争论。起因是，人民教育出版社编写出版的1987年版初中语文教材，编进了十几篇根据《中学教学语法系统提要（试用）》编写的语法知识短文，教师教学遇到困难。"淡化语法"论者认为，语文教材中语法教学内容烦琐、量大，占用课时多，效果差，不实用。语法教学到了阻碍教学发展的地步。我国古人并不学语法之类的，文章却写得很好。现代的鲁迅、郭沫若等一代文豪也很少注意语法，但写出的文章令人百读不厌。而有些研究文法的先生，却未见他们写出什么好文章。究其原因，语法太束缚人的思想。教材中的语法知识，除了应付考试外很少有用处。[①]有相当多的论者不同意"淡化语法"论者的观点。吕叔湘指出，语法教学不应"淡化"，而是改进。他认为，人们的各种技能很多是靠经验得来的，是不知不觉学会的，可是如果能总结经验，懂得其中的道理，把不自觉的变成自觉的，不但知其然，而且知其所以然，技能就能得到巩固和提高。语言运用也是一种技能。学过语法的人与没有学过语法的人相比，前者文字通顺的比例也总要大些。教材中的语法知识，不是要不要的问题，而是怎么编写的问题。他指出，中学语法教材"要选择重点，首先是最基本的情况，其次是最容易出问题的地方"[②]。"初中：不系统地讲语法。尽早选择重要的语法名目作极简单的介绍，以后以结合作文评改示范讲为主。作文评改示范最有用。"[③]实际上，即使是"淡化语法"论者，也没有全盘否定语法教学的意义和作用。人们认识到，到了20世纪90年代，语文教学再不能满足于"书读百遍，其义自见"这些传统经验，让学生在暗中摸索了。语文教学要现代化、科学化，理应充分利用语法知识，让学生"明里探讨"，更好更快地提高语文能力。重要的是，教材中语法知识必须密切联系中学生学习语言和运用语言中的实际问题。换句话说，语法知识学习必须和语文技能训练融为一体。

在世纪之交的基础教育改革中，有不少人认为，随着知识爆发时代的来临，掌握知识已经不重要了，掌握获取知识的方法才最重要。有人提出，当前中小学要从"知识中心"转移到"能力中心"，从"学

---

① 钱汉东：《语法教学弊多利少》，载《语法学习》1990年第10期。

② 《吕叔湘论语文教学》，山东教育出版社1995年版，第144页。

③ 《吕叔湘论语文教育》，河南教育出版社1995年版，第154页。

会知识"转移到"学会学习"。2001年版《全日制义务教育语文课程标准（实验稿）》规定，语文课程"不宜刻意追求语文知识的系统和完整"。于是"去知识化"之风吹遍全国。语文教材编者遵照课程标准的指令，大大减少了教材中的语文知识。这种情况引起了全社会的关注，有识之士纷纷发声。有大学教授指出："就知识与能力的关系而言，知识也是能力的基础。这是因为，所谓能力，无非是解决某一理论和实践问题的熟练程度。这种熟练程度的高低从根本上取决于问题解决者对问题史的熟悉程度，对解决问题各种方法的掌握程度，对采用常规的或非常规的方法解决问题可能性大小的理解程度。而所有这些，又都依赖于问题解决者所拥有的有关知识的丰富性程度和结构的合理性程度。那些在某一问题上知识贫乏或知识结构不合理的人，必然缺乏解决那一问题的能力。所以，能力问题，最终可以转换为知识问题：一般能力问题，最终可以转换为一般知识素养问题；特殊能力问题，最终可以转换为特殊的知识背景问题。可以肯定地说，无知者必无能。"[1]就知识与方法而言，知识包括"事实性知识"和"程序性知识"，后者就是通常说的"方法"。而前者的获得是以一定的程序性知识为条件的，离开了后者，也就没有了前者。掌握知识与掌握方法之间不是对立的关系，而是有着内在的统一性。无知者必无法。[2]当然，在知识与能力的问题上，语文课程有特殊性。这就是，母语的语言能力可以在大量的积累和实践中以语感的形式发展起来。在这个过程中，不知不觉地掌握语言知识，对这些语言知识有时还说不出来，甚至没有意识到，有人称之为默会性知识或潜意识知识。语言知识教材的一大功能，就在于使不自觉地习得的潜意识语言知识转化为可以言说的语言知识，使学生学习语言从"暗中摸索"上升到"明里探

---

[1] 石中英：《关于当前基础教育改革的几点认识论思考》，载《人民教育》2002年第1期。

[2] 石中英：《关于当前基础教育改革的几点认识论思考》，载《人民教育》2002年第1期。

讨"，不仅知其然，而且知其所以然，语感得以巩固、发展和提高。

知识传授与能力训练的关系，究竟应该怎样处理呢？

第一，教材中要坚持能力训练为主，知识教育为辅，切勿颠倒主次，喧宾夺主。吕叔湘先生说过，"学习语言不是学一套知识，而是学一种技能"[①]，学知识是为学技能服务的。1956年汉语知识教材以知识教育为主，结果用了一年半就停用了。其实叶圣陶先生早有预见。在这套教材酝酿编写时，他就在日记里写道："凡平日留心语法者，如叔湘、莘田、声树诸君，咸谓语法非万应灵药。可以为辅助而不宜独立教学，使学生视为畏途。此大可注意也。"[②]当然，不少人认为，知识是能力的基础，知识转化为能力，无知必然无能。一般说来，这是不错的。但在语文教育中，知识与能力的关系比较特殊。常识告诉我们：人们学习母语，往往不是先学知识，再由知识转化为能力；而是在语文实践中直接获得一定的语文能力，再由知识巩固、增强能力，知识只起辅助作用。鉴于1956年汉语教材的前车之鉴，1963年《全日制中学语文教学大纲（草案）》对此作了明确规定，从1963年中学语文教材起，一律打出了以语文能力训练为主的旗号。

第二，辅助能力训练的语文知识，应以程序性知识、策略性知识为主。现代认知心理学广义的知识观，把知识分为陈述性知识、程序性知识和策略性知识。陈述性知识主要用来描述一个事实或陈述一个观点，是静态的知识。程序性知识主要反映活动的具体过程和操作步骤，可以为实践技能定向，直接指导技能的练习和形成。策略性知识指学习者对学习任务的认识、对学习方法的调用和对学习过程的调控。不必讳言，70年来绝大多数中学语文教材中多数是静态的陈述性知识，而程序性知识偏少，策略性知识更少。1956年汉语教材如此，1987年语文教材也如此。难怪有教师发出"淡化语法"的呼声。陈述

---

① 《吕叔湘语文论集》，商务印书馆1983年版，第315页。

② 《叶圣陶集》（第22卷），江苏教育出版社2004年版，第366页。

性知识不能直接辅助能力训练，应该适当"淡化"，而程序性知识、策略性知识不仅不能"淡化"，反而应该增加。这些知识的增加，利于能力训练的加强。张志公先生曾极力倡导汉语辞章学，这是介于基础理论知识与应用技术学科之间的"桥梁性"学科，旨在建立实用语言知识系统。这实用语言知识其实主要就是程序性知识和策略性知识，与读写听说能力训练是融为一体的。

第三，辅助能力训练的语文知识，还应是综合性的知识。能力训练所需要的，是运用语言文字的规律和方法，而不是文字学、词汇学、语音学、语法学、修辞学、逻辑学等许多相关学科的分门别类的理论。1978年颁行的《全日制十年制中学语文教学大纲（试行草案）》，明确要求"语法、修辞、逻辑以及词句篇章，可以结合的内容尽可能结合起来教学"，"例如，辨别同义词，可以把概念的外延与内涵、概念的相互关系这些因素渗透进去；又如，讲单句和复句，可以把关于判断的问题结合起来等等"。根据教学大纲的这个精神，1978年、1982年版中学语文课本中，编进了《肯定和否定、全部和部分》等一批把语法、修辞、逻辑结合起来的语言知识短文。由于它们是综合的，更加切合能力训练的需要，受到一些师生的欢迎。可惜这在教材史上只是昙花一现。教材史上多数教材的语言知识不是综合性的，导致语言知识与能力训练是两张皮，这种状况急需改变。

除正确处理上述三对关系外，语文教材编制中还要正确处理文学作品与实用文的关系。我国现代中学语文教材在很长时间内大致上是实用文一统天下，直到20世纪八九十年代才开始改观。为什么造成这种现象？早在20世纪上半叶，刘半农、陈启天、宋文翰、吕思勉等先生就主张语文教材应以实用文为主，文学作品只能居于次席。叶圣陶先生说得最为明白：实用文在生活中工作中常常用到，为适应生活和工作的需要，一般人应该掌握，而文学作品的欣赏与创作并非人人所必需；实用文易于剖析、理解，也易于仿效，全体学生掌握实用文的目标在中学阶段应该达到，而文学作品比实用文在方法的应用上繁复得多，只有先弄通了实用文，才可以进一步弄文学。①当然，语文教材应以文学作品为主的主张，从20世纪初开始也一直有专家、学者提出。比如李广田先生，直言"中学国文应以文艺性的语体文为主要教材"，因为文艺可以"启发青年的想象，丰富并平衡青年的感情，增强其生活意志，并可以造就其高贵的人格"。朱自清先生也说，文艺是语文教学的主要教材，至于学生作文需要模仿的实用文，可以到当时的报刊上找。②可惜，李广田、朱自清等先生的主张，长期未能成为主流。直到20世纪末的语文教育大讨论中，实用文统治教材的现象激起一些学者的强烈反对。王富仁先生大声疾呼：语文教育的目的是情感的培养，情感属于审美的范围，语文教材毫无疑问应以文学作品为主；学生的说明、议论能力应由其他学科培养，现在语文教材中非文学类课文太多。③文学作品派一时似乎处于上风，语文教材中的文学作品选文也纷纷增加，但这又引起了实用文派的忧虑：会不会影响实用语文能力的培养？那么，语文教材究竟应该怎样处理实用文与文学作品的关系呢？

第一，实用文与文学作品应该并重。语文教材史已经证明，两类文中偏重哪一类都是不成功的。1956年文学课本，偏重文学作品，排斥实用文：很快停用。1963年以后的教材，在很长时间内偏重实用文，忽视文学作品，即使选一点文学作品，也往往作实用文用：饱受批评。原因是语文教材的目标指向人的全面发展，满足人生真善美的需要。实用文中主要有真，也有善与美；文学作品中主要有美，也有善与真。两类文中真善美的融合，富于人文价值与科学价值，有利于学生学业上及精神上的成长。当然，文学作品比实用文难度大，因而在编排上，从初一到高三，实用文不妨从多到少，文学作品不妨从少

---

① 《叶圣陶》（第16卷），江苏教育出版社1993年版，第61页。

② 《朱自清语文教学经验》，教育科学出版社2007年版，第191页。

③ 王富仁：《语文教学与文学》，广东教育出版社2006年版，第84页。

到多，但整个说来必须并重，不能厚此薄彼。

第二，教材选用文学作品，以培养文学欣赏能力为主，但须以培养语言运用能力为基础，在培养语言运用能力的过程中培养文学欣赏能力。在培养语言运用能力这一点上，文学作品与实用文是一致的。只不过一是文学语言，一是实用语言。有一种意见认为，文学作品应只管文学欣赏，不管语言训练，以免相互干扰，两败俱伤。这种意见恐怕欠妥。语言运用能力的培养有利于文学欣赏能力的养成。实用文与文学作品并重，可以相辅相成。

第七章
语文教材的编写

一　教学目标的确定

早在20世纪30年代，叶圣陶先生就说过："我们以为杂乱地把文章选给学生读，不论目的何在，是从来国文科教学的大毛病。文章是读不完的，与其漫然的瞎读，究不如定了目标来读。"[1]语文教学的无目标，归根到底是由于语文教材的无目标。因此确定教学目标，可以说是教材编制工作的首要工作。

（一）总目标和分解目标

总目标是全套中学语文教材的整体目标。分解目标则是由整体目标分解成的一系列循序渐进的局部目标；分解目标从各个不同的方面共同指向总目标。

制定教材的教学目标的直接依据是教学大纲（课程标准）。教学大纲上的"教学目的"一般就是教材的总教学

---

[1]《叶圣陶语文教育论集》（上册），教育科学出版社1980年版，第177页。

目标。比如，1992年颁布的《九年义务教育全日制初级中学语文教学大纲（试用）》规定的"教学目的"是："在小学语文教学的基础上，指导学生正确理解和运用祖国的语言文字，使他们具有基本的阅读、写作、听话、说话的能力，养成学习语文的良好习惯。在教学过程中，开拓学生的视野，发展学生的智力，激发学生热爱祖国语文的感情，培养健康高尚的审美情趣，培养社会主义思想品质和爱国主义精神。"这个教学目的包括能力培养、智力开发、思想教育、审美教育等方面，是一个内涵丰富、相对完整的初中语文教育目标体系。九年义务教育初中语文教材的总教学目标，就得根据这个教学目的来确定。

教学大纲上的"教学要求"是教学目的的具体化，是教学目的的若干实施细则。因此，教学大纲上的"教学要求"一般可以理解为制定教科书的分解目标的依据。比如，《九年义务教育全日制初级中学语文教学大纲（试用）》中的"教学要求"部分，把阅读能力、写作能力、听话能力、说话能力、基础知识和思想教育等六个方面的教学要求分别列出，把教学目的加以分解而且具体化了。如阅读能力，"读一般的现代文，能领会词句在语言环境中的含义和作用，理解思想内容和文章的思路，了解基本的写作方法，具有一定的语言感受能力。初步掌握精读、略读的方法，培养默读习惯，提高阅读速度。能用普通话正确、流利地朗读课文，背诵基本课文中的一些精彩片段。初步具有欣赏文学作品的能力。读文言课文，要了解内容，能顺畅地阅读，背诵一些基本课文。能熟练使用常用字典、词典。养成读书看报的习惯"。它包括现代文和文言文、实用文章和文学作品的阅读能力，包括阅读的方式方法和习惯。应该说，这个教学要求是比较完整和具体的。九年义务教育初中语文教材的教学分解目标，就得根据这些教学要求来确定。

确定教学目标，必须注意全面，又突出重点。传统教材的教学目标往往忽视开发智力，不提发展学生的观察力、记忆力、想象力，特别是思维力等智力因素；也忽视学生的非智力因素，如意志、性格、感情、习惯等的培养。因此，传统教材的教学目标往往是不全面的。传统教材的教学目标常常是重知识轻能力，关于语文知识的教学目标具体详尽，而语文能力的教学目标则笼统抽象；重读写轻听说，关于听说能力的教学目标或者忽略不提，或者三言两语一带而过。因此，传统教材的教学目标重点就不那么突出。1993年版九年义务教育初中语文教材的教学目标在一定程度上克服了传统教材的上述缺点，基本上做到了既注意全面又突出重点。它的分解目标有能力培养（包括阅读、写作、听话、说话）、智力开发、思想教育、审美教育、知识教养、习惯培养等几个方面，比较全面完整。在这几个方面中，又突出能力培养。义务教育教科书的根本目标是"指导学生正确理解和运用祖国的语言文字"，落实到具体能力上，就是使学生"具有基本的阅读、写作、听话、说话的能力"。其他教学目标，都是在培养能力的过程中实现的。

教学目标要力求具体明确。长期以来，中学语文教材的教学目标往往失之于笼统抽象，其中以能力培养的教学目标最为笼统。刘佛年先生说过："应把教学目标提得更具体一些。比如说，把教学内容确定下来后，还要考虑能力培养问题。这个问题又是我们科研的薄弱环节，很少有人研究能力是怎么回事，能力有多少种，有多少层次。"[1]新中国成立以来的多种教学大纲对中学语文的能力目标都没有具体规定，1988年颁布的九年义务教育初中语文教学大纲的初审稿新增加能力训练一项，是一大进步。1992年4月审查这个大纲时，又把这部分内容表述得更准确、具体些。如阅读能力的教学目标，涉及感知能力、理解能力、鉴赏能力、阅读技能等方面；写作能力的教学目标，有观察、分析的能力，根据目的、对象、场合的不同来写作的能力，

---

[1] 刘佛年：《关于制订教学大纲的几点想法——在全国中小学教材审定委员会闭幕大会上的讲话》，载《课程·教材·教法》1986年第11期。

构思、谋篇和选择恰当的表达方式的能力。语言运用能力和思维能力等方面：听话能力的教学目标，有听话态度、听话理解力、听读能力、听记能力、听辨能力等方面；说话能力的教学目标，有说普通话能力、说话时从容应对的能力、话语连贯的能力、不同场合的交谈能力、运用多种表达方式的能力等方面。而上述每一方面的教学目标，又可以分解为若干更具体的小项。按照这个大纲编写的九年义务教育初中语文教科书，能力训练目标随之也可以比较具体明确了。

（二）总目标和分年级目标

把总目标作横向分，可以分为许多分解目标；把总目标作纵向分，则可以分为分年级目标。

制定总的教学目标，可以概括抽象一些；制定分年级教学目标，要对中学各年级的读写听说能力训练和基础知识教学等提出具体目标。总的教学目标靠分年级教学目标实施，分年级教学目标由总的教学目标统摄。总目标和分年级目标应当是互相呼应、互相配合的关系。

分年级教学目标应该具体明确。在中国的中学语文教学大纲中，确定分年级教学目标由来已久。无论是20世纪50年代的文学、汉语分科教学大纲，还是60年代的全日制中学语文教学大纲，以及1978年、1986年的中学语文教学大纲，无一例外都有分年级教学要求。但其中多数的大纲，内容往往失之于粗疏、笼统，对制定教科书的分年级教学目标似乎帮助不大。1988年颁布的九年义务教育初中语文教学大纲的初审稿，在这方面有了显著的改进。如初一年级的阅读能力要求是："着重培养阅读一般记叙文的能力，能理解文章的思想内容，体会记叙文语言的生动性，了解记叙的要素、人称和顺序，理解详写略写同表达中心思想的关系，能概括段意和中心……"应该说，这样的年级教学要求是比较具体明确的，使教科书编写者制定年级教学目标可以有所遵循。

分年级教学目标应该有层次性、连续性，有科学的序列。就理解而言，先理解了这个才能理解那个，其间有联系、有规律；就运用而言，会运用这个然后才会运用那个，其间也有联系，有规律。师生沿着分年级教学目标步步前进，可以达到教学的终极目标。新中国成立以来编制的历次教学大纲，对这方面都注意不够，只有1988年颁布的义务教育初中语文教学大纲的分年级教学要求才差强人意。例如，阅读能力，"着重培养阅读一般记叙文的能力"→"着重培养阅读一般说明文的能力"→"着重培养阅读一般议论文的能力"。又如，写作记叙文的能力，"能在两课时内写500字左右的记事、写人的文章，内容具体，中心明确"→"写记叙文要有详有略，有一些必要的描写或议论"→"写记叙文能根据需要适当运用说明、议论等表达方式"。这基本上体现了由具体到抽象、由简单到复杂、由易到难的规律性。

分年级教学目标还应该是正确的、科学的。与具体明确，有层次性、连续性相比，这正确、科学是第一位的。前面说过，1988年版义务教育大纲初审稿的分年级教学要求还算比较具体明确，也有一定的层次性和连续性，但对它的正确性和科学性，至今还有不同意见。这个大纲的分年级教学要求承袭了过去大纲和教材的记叙文、说明文和议论文三大文体的格局，尽管作了不少改进，但实质未变。对三大文体的格局，叶圣陶先生早在审阅1978年编写的通用教材时，在给人教社中语室的指示中就提出了尖锐的批评。这以后，叶圣陶先生在不同场合几次说过，60年来中学语文教材面貌未改，他是有责任的，对当时的教材，包括分年级教学目标，表示了相当不满。叶圣陶先生在1979年为中学语文教学研究会成立大会所写的书面发言中说："为了培养学生具备应有的听、说、读、写能力，究竟应当训练哪些项目，这些项目应当怎样安排组织，才合乎循序渐进的道理，可以收到最好的效果。对这个问题，咱们至今还在心里没个数。"又说，对于语文教材，"咱们一向在选和编的方面讨论得多，在训练的项目和步骤方面研

究得少，这种情况需要改变"。①叶圣陶先生主张通过调查研究，通过
教学实验，弄清楚训练的项目和步骤，包括分年级教学目标，然后根
据这些或那些项目、这样或那样的步骤、这个或那个分年级教学目标
来编选中学语文教材。正是在叶圣陶先生的倡导下，冲破当时占统治
地位的三大文体格局的教材纷纷出现，到1992年已呈现出百花齐放的
局面。在这种情况下，1988年版义务教育大纲初审稿中的以三大文体
为基石的分年级教学要求实际上已失去存在的意义。而新的最优化的
一致公认的分年级教学要求一时又难以产生，因此1992年4月审查义
务教育大纲初审稿时，就干脆把分年级教学要求一项删掉了。这样，
各种教材的编制者，便可以根据叶圣陶先生的倡导，发挥各自的创造
性，设计出多种多样的分年级教学目标。例如，有一种三年制初中语
文教材这样设计分年级教学目标：使学生认识语文的运用与生活的关
系，着重培养一般的吸收和表达能力→联系生活，着重培养记叙、说
明、议论的吸收和表达能力→培养在日常生活中运用语文的能力，培
养初步欣赏文学作品的能力。又如，有一种四年制初中教材《阅读》
的分年级教学目标是："阅读与认识"，使学生了解阅读对认识自然、
认识社会、认识人生的重要意义，从而树立正确的阅读观，激发阅读
兴趣，培养良好的阅读习惯→"整体阅读"，使学生能从整体上把握常
见的各类文章的阅读方法，了解文章的中心、材料、结构、线索、语
言运用等方面的特点→"比较阅读"，使学生通过不同文章、不同表达
方式、不同语体的比较更好地把握各类文章的特点及阅读方法→"赏
析性阅读"，培养学生初步的鉴赏能力，培养健康的语文情趣和正确的
审美观念。上述两种分年级教学目标，还不敢说已经是很正确、很科
学了，但无疑比初审稿的分年级教学要求有不少突破。不管怎样，目
前各种教材的各种分年级教学目标，都有待于科学的研究和教学实践
的检验。不过最优化的分年级教学目标必将出现，这是毋庸置疑的。

---

①《叶圣陶教育文集》（第3卷），人民教育出版社1994年版，第214、215页。

（三）总目标和单元目标、课文学习重点

中学语文教材的教学目标，按纵向从大到小分，依次是总目标、学段目标、年级目标、学期目标、单元目标和课文目标（即课文学习重点）。这是一个完整的教学目标系列。其中单元目标是个关键，一是它处于承上启下的重要位置，二是总目标的落实和具体化主要在于单元目标。

制定单元目标，应注意系统性和独立性的统一。所谓系统性，就是说任何教材的单元目标都应该形成一个有层次性、连续性的循序渐进的单元目标系列。这就要求教材的编者把总教学目标中的能力训练目标和知识目标，分解成一系列的"点"，有计划地分散编排在各个单元中。凡总教学目标中涉及的能力和知识目标，尤其是重要的和基本的，在单元目标系列中都应覆盖到，而不致有严重的残缺、遗漏。这个单元目标系列还应该有层次性、连续性，由浅入深，由简及繁，学生循着一个个单元目标拾级而上，就能到达终极目标。所谓独立性，就是说任何一个单元目标，都是一个有相对独立性的整体。制定一个单元目标，就要从这个单元的实际出发，提出读写听说能力训练和知识教学的要求。所谓系统性和独立性的统一，就是说制定单元目标，要形成一个单元目标的系列；制定系列中的任何一个单元目标，既要从这个单元实际出发，又要瞻前顾后，考虑到它的承前启后作用。如果说整个单元目标系列是一条链索，那么某个单元目标就是这条链索上的一个环。

制定单元目标，还应注意共性和个性的统一。一个单元，一般来说都由阅读、写作、听话、说话能力训练和基础知识等组成。设计单元目标，就要把这几部分内容的共性找出来，就共性设立目标。然而，共性寓于各部分内容的个性之中，共性是依个性而存在的。因而，制定共性目标时，应尽量带有各部分内容的个性特点。换句话说，要达到共性和个性的统一。这样的单元教学目标，才能把整个单元统率起来，成为一个单元的纲。

　　课文教学目标是总目标的最具体的体现，是最小的分解目标。课文目标也应该形成一个有层次性、连续性的循序渐进的系列。确定课文目标，在从课文实际出发的同时，要把课文放到整个单元、全册以至整套书的大系统中考虑，以确保课文目标的层次性和连续性。

　　一般来说，一个单元内的各篇课文目标都是体现单元目标的，或者全部体现，或者体现其中的某一方面。但也有例外，有些课文的教学目标，其中主要部分体现单元目标，非主要部分未必体现单元目标。原因是，这些课文可供学习之处较多，其中有一些可以体现单元目标，还有一些归不进单元目标。如果把后者扔掉不管，殊为可惜，所以不妨另立课文目标。这些课文目标不体现单元目标，就放在次要的位置上。尽管它不体现单元目标，但也体现着学期的、年级的以至总的教学目标。如果哪一层次的教学目标也不体现，就意味着脱离了教学大纲，当然不能列为课文学习重点。

　　一个单元内的课文，有教读课、自读课，甚至还有课外自读课。不同类型的课文，它们的教学目标应该有所区别。教读课文担负着落实单元目标的主要任务，自读课文和课外自读课文主要承担着使学生举一反三，把在教读课上习得的技能，在自读课中运用和迁移的任务。至于有些专项训练单元，如作文训练单元、听说训练单元等，单元内各篇例文或各个章节的教学目标，又得根据其具体情况另行制定。

（四）语文教学目标的确定性和模糊性

　　马克思主义的认识论认为，人类对任何一门学科知识的认识都存在着"模糊—精确—模糊"这样一个循环往复、螺旋式上升的过程。对语文教学目标的认识当然也不例外。

　　中国传统的语文教学，向来强调模糊性，有"只能会意，不可言传"之说，主张"读书百遍，其义自见""读书破万卷，下笔如有神""为文有三多""熟读精思""拳不离手，曲不离口""多读多写"

等。这些都是前人留给我们的可贵的经验，实践也证明是有实际效果的。但是，他们的局限性也很明显。正如鲁迅所说，千百年来，莘莘学子就在读、写、读、写这样一条暗胡同里摸索，能够走出这条胡同的人固然有，然而一辈子没能走出这条胡同、始终没能写通一篇文章的人却不知道有多少。①正因为如此，五四以来，一些有识之士就试图建立语文教学目标体系，使语文教学少一些模糊性，多一些确定性。

应该说，由语文学科性质决定的语文教学目标必然带有一定的模糊性。语文学科是综合性、意会性、感受性都比较强的学科，用马卡连柯的话来说，是最辩证、最灵活的一种科学，也是最复杂、最多样化的一种科学。学生学习语文的过程，不是先获得知识，经过一段时间再理解，而后才是运用，而是感知、理解、运用同步进行，互为交叉，互为渗透。过分地机械地进行分析，就难免会使本来处于综合状态的语文知识割裂为支离破碎的东西，以致影响学生语文能力的形成。这是一方面。另一方面，教学目标的确定性的特征之一，是促使教学过程与教学结果量化。然而，语文教学过程是由各个不同层次、不同侧面的程序组成的，并非每一个程序都能够量化。有一位外国学者说过，登黄山，黄山有多高，上山的路有多长，这可以量化，但是登临黄山所览胜景以及登临者的感受却是无法量化的。语文教学不正是这样吗？即使对教学结果的评估也不能仅仅依靠传统的教学统计方法，更多的要借助于现代模糊数学，即总体模糊识别。数学家王梓坤说得好，科学需要严格，也需要不严格。语文学科恰恰需要较多的"不严格"。

汉语文的特点决定汉语文学科的教学目标比西方国家的母语学科带有更多的模糊性。王力先生说过，西方语言的语法靠"法治"，汉语的语法靠"人治"。因此，汉语文教学，尤其是阅读教学，有不少是

---

① 鲁迅：《二心集·做古人和做好人的秘诀》，见《鲁迅全集》（第四卷），人民文学出版社1981年版，第270页。

属于感受性的。不仅情感陶冶、人格培养、审美教育要依靠感受，而且语言在很大程度上也需要感受。传统语文教学之所以强调"只能意会，不可言传"，与汉语文的特点是不无关系的。

模糊性，只是语文教学目标的一个属性；它的另一个属性，是它的确定性。不错，学生在语文学习过程中的各种心理因素和心理能力总是综合地参与和加以整体的显示的，语文能力的培养不一定总是先感知后理解，但是这并不意味着各种心理水平就不能划分层次，心理能力就没有高低之分。再说，中国传统的语文教学崇尚整体直观，往往认为分析是对事物整体的破坏。其实这种整体意识是初级层次的经验性的东西，一般都属于猜测性的思辨，需要经过科学的理性分析阶段才能跃入更高层次的整体综合。教学目标的确定性，可以使传统语文教学的整体性上升为科学的东西。

按照布鲁姆的教育目标分类学说，一个完整的目标体系应由三个主要部分组成，即认知领域、情感领域和动作技能领域。语文学科的基本任务之一是让学生掌握语言技能。正如吕叔湘先生所说："使用语文是一种技能，跟游泳、打乒乓球等技能没有什么不同的性质，不过语文活动的生理机制比游泳、打乒乓球等活动更加复杂罢了。"[1]因此，语文教学目标的确定性，主要是指认知领域和动作技能领域。比如，词汇量、书写质量、阅读技巧、阅读速度、理解能力、表达能力等等一系列语文能力，要有比较确定的指标。近几年来，上海、广东、北京等地的教育科研人员已经分别设计了一些语文阅读、写作、听说能力水平的测试量表，许多语文教师也提出了自己的教学目标体系构想，这些大都已经在义务教育初中语文教材的编写中作了尝试。在语文教学目标确定性的问题上，分歧主要在于情感领域。如那位外国学者所说，登临黄山所览胜景以及登临者的感受是无法量化的。不过，情感状态是可以分出层次的。尽管人的情感变化通常是一个缓慢

---

[1]《吕叔湘论语文教学》，山东教育出版社1987版，第59页。

而复杂的过程，不可能即时即刻地给予精确的测定，然而就一个特定的较长的发展阶段而言，则有可能比较准确地了解学生的情感状态，并且用某种客观的方式表示出来，这里包括分析情感状态所包含的主要因素以及这些因素的发展程度。早在20世纪60年代初，布鲁姆等人就编写出版了教育目标分类学的第二分册《情感领域》。该书将情感目标分为由低到高、连续发展的五个主要类别——接受、反应、估价、组织、由价值或价值复合体组成的性格化。70年代以来，日本教育界对教学目标确定性的研究取得了新的突破。他们主张通过观察、对话、调查、作出分析等多种方式来了解学生达到情感目标的程度。如在"兴趣、态度"评价方面，就在深入分析各单元教学内容的基础上，设计出学年、学期及单元目标的具体特征，如学习态度、行为变化、上课发言、作业笔记等等；归类整理各种特征，分为"积极特征群"与"消极特征群"两类，确定一个评价的基准，如要达到"积极特征"几点，不超过"消极特征"几点。日本专家的研究与布鲁姆等人的研究相比，是青出于蓝而胜于蓝。中国对情意目标的研究也方兴未艾。部分研究者把情意目标分为四个层次：感受→共鸣→领悟→个性倾向。由此可见，情感领域的语文教学目标也是可以指望有某种确定性的。

语文教学目标的确定性和模糊性是辩证统一的。问题是，怎样辩证统一，还需要进一步研究和实验。

（五）语文教学目标的单一性和复现性

多目标即无目标。语文教学目标必须是单一的，但语文教学目标的单一性与语文教学内容的综合性是矛盾的。为了使二者和谐统一，我们必须对教学内容进行认真研究，就其最主要之点提出教学目标，就是所谓"弱水三千，只取一瓢饮"。例如有一种教材，初中第一册标出各单元的教学目标：第一单元为"观察、思考、积累"，第二单元为"主题、题材、体裁"，第三单元为"要素、结构、线索"，第四单元为"顺叙、倒叙、插叙",第五单元为"首尾、过渡、照应"等。还有一种教材,初中第一册制定了各单元的教学目标。第一单元:① 理解记叙文通过人和事反映生活的特点;② 学习生动具体地记叙自己熟悉的事物。第二单元:① 学习把握记叙文的要点;② 体会完整、恰当地记叙事物的方法。第三单元:① 体会诗歌怎样抒发思想感情;② 学习朗读诗歌。第四单元:① 了解寓言和童话的一般特点;② 掌握朗读中的语调、语气,学习分角色朗读。如此等等。这些教学目标基本上具备单一性的特点。

语文教学目标又有复现性的特点,这是由语文学科的性质决定的。语文学科属于应用型学科,着眼于技能技巧的培养,而技能技巧的培养有赖于有计划的训练。在训练过程中,其"运动量"必然大大超过其"发展量",呈螺旋式发展。这是一切认识运动和技能技巧训练都必须遵循的原则,中国"多读多写"的传统经验正是反映了语文学习的这一规律性。由此可见,语文教学目标特别是能力训练目标必须具有复现性。确定能力训练目标,既要注意前后的衔接,又要重视必要的反复。

反复,指重点的能力训练目标不只是出现一次,而是多次出现。例如作文训练目标中的确定中心、选择材料、布局谋篇、遣词造句等能力训练目标,几乎每次作文训练都要涉及,不可避免地要反复出现。其他的,如重点的阅读能力训练目标、听话能力训练目标和说话能力训练目标,也无不如此。当然,这种反复绝不是机械的简单重复,要尽可能使之在新的基础上得到进一步的巩固和发展。例如,有一套义务教育初中语文教科书把语文能力训练目标分为三个大层次:一般语文能力训练目标→记叙、说明、议论能力训练目标→实际运用语文能力训练目标。由初步综合到分解再到进一步综合,由浅入深,由简及繁,能力训练目标就这样在反复中不断加大难度。又如,有一种义务教育初中语文教科书把朗读能力的训练目标分为四个层次:正确清楚→自然流畅→传情达意→熟读背诵。这四个层次的训练目标就在反复中由易到难，从分解到综合，使学生的朗读能力一步步地提高。

能力训练目标有复现性，思想教育目标也有类似的复现性。这同样是由语文学科的性质决定的。1992年义务教育初中语文教学大纲试用版在"教学要求"中规定，"思想教育要依据语文学科的特点，在语文训练中进行"，"熏陶渐染，潜移默化，循环往复，逐步加深"。例如，有一种义务教育初中语文教科书的每一个单元都有思想情意目标，其中爱国主义教育目标占有较大比重，几乎在每个年级每个学期都"循环往复"，同时又"逐步加深"。与语文能力训练目标、思想教育目标不同，语文知识教学目标的复现性不易为人们认识。长期以来，由于知识本身的逻辑系统是线性的、单向的，所以教科书中的知识教学目标系统也大都呈现直线式。且不说现行初中语文教科书的语法知识教学目标，由语素、词类而短语，而单句，而复句，而句群；就是涌现出来不久的各种义务教育初中语文教科书的语法知识教学目标，哪一种越出了这种"从小到大"的直线式呢？然而，这种直线式与学生的认识规律却是相悖的。中学生从低年级到高年级，对语言现象的认识与辨析一般是从整体到局部、由宏观到微观、由模糊到精确，语言单位"由大到小"，这是一方面。另一方面，学生把知识转化为能力，把能力转化为习惯，这中间必然要重复学习某些重点知识和重复某些学习行为。这样看来，语文知识目标系统同样也应该呈复现式。

复现式，根据的是"心理组织法"的原则；直线式，根据的是"逻辑组织法"的原则。前者较多着眼于学生的学习规律和认知心理，后者较多着眼于学科知识的逻辑结构。综观国外语文教材，其教学目标系统毫无例外地都呈复现式。中国语文界的有识之士已意识到复现式的长处，因此各类语文教材的能力训练目标系统大都采用这种方式。但鉴于能力训练目标分层次之难，目标重复容易，在重复中前进不容易，所以呈复现式的能力训练目标系统往往带有直线式的痕迹。

语文知识目标系统之所以长期呈直线式，是由于人们对学生学习知识的认知规律和心理特征，对知识转化为能力、能力转化为习惯的客观规律性缺少足够的认识，没有把语文知识本身的逻辑系统加以改造，使之成为学科教学体系，就硬搬到教材中来。现在，人们对这种做法的弊病看得十分清楚了，正纷纷寻找出路。一些有识之士力倡语法知识目标系统采用从大到小式，有必要的重复。但由于编写技术上的一些难题尚未解决，这种设想一时还未能付诸实践。当然，也还有些同志有另外的设想。可以预见，崭新的语文知识教学目标系统不久将会诞生。

二　课文的选择与加工

（一）课文的选择

1. 选文标准

对于教科书课文的选择标准，新中国成立以来的中学语文教学大纲或课程标准都作出过明确的规定。

1963年《全日制中学语文教学大纲（草案）》："课文必须是范文，要求文质兼美，具有积极的思想内容和优美的艺术形式，是为学生学习的典范。入选的文章，一般应该是素有定评的，脍炙人口的，特别是经过教学实践证明效果良好的。"

1978年《全日制十年制学校中学语文教学大纲（试行草案）》（1980年修订本）："课文要选取文质兼美的文章，必须思想内容好，语言文字好，适合教学。"

1986年《全日制中学语文教学大纲》："课文要选取文质兼美、适合教学的典范文章。"

1992年《九年义务教育初中语文教学大纲（试用）》："课文要文质兼美。内容要有助于增强学生热爱祖国的思想感情，有助于培养学生艰苦奋斗、为社会主义现代化建设献身的精神，有助于学生树立辩证唯物主义和历史唯物主义观点。语言文字要合乎规范，在用词、造句、布局、谋篇等方面具有典范性。课文要难易适度，适合教学，应该是经过一定的努力，教师能教好，学生学得了的。题材和体裁应该丰富多样，能激发学生的学习兴趣。"

2000年《全日制普通高级中学语文教学大纲（试验修订版）》："课文要具有典范性，文质兼美，题材、体裁、风格应该丰富多样，富有文化内涵和时代气息。"

2011年《义务教育语文课程标准》："教材选文要文质兼美，具有典范性，富有文化内涵和时代气息，题材、体裁、风格丰富多样，各种类别配合适当，难易适度，适合学生学习。要重视开发高质量的新课文。"

2017年《普通高中语文课程标准》："教材中的选文应具有典范性和时代性，文质兼美，体现正确的政治导向和价值取向。选文格调要积极向上、健康明快，选文作者必须有正确的政治立场、较高的语言文字水平和良好的社会形象。"

综上所述，文质兼美、适合教学，是新中国成立以来一以贯之的选文标准。只是2017年《普通高中语文课程标准》提出了选文作者要有"良好的社会形象"，这是其他教学大纲或课程标准所没有涉及的。提出这点是应该的，像汉奸文人周作人的作品就不能选。不过选文的主要标准还是文质兼美、适合教学。

第一，"质"好。

选文应体现富强、民主、文明、和谐，自由、平等、公正、法治，爱国、敬业、诚信、友善的社会主义核心价值观。选文既要继承和弘扬中华优秀传统文化、革命文化和社会主义先进文化，有助于增强学生的民族自尊心和爱国主义感情，又要理解、尊重和吸收多元文化，包括我国少数民族文化和外国进步文化，有利于学生成长为具有现代意识和世界意识的公民。选文必须围绕立德树人的总目标，与时俱进，传递正能量，弘扬主旋律，着眼于引导新一代公民扣好人生的"第一粒扣子"，迈正人生"第一个台阶"。

关于"质"好，在过去很长的时间里，仅理解为思想政治性强。选文秉持"政治标准第一，艺术标准第二"，把文艺批评标准作为语文教材的选文标准。这是不妥当的。早在1980年，党中央就提出，文艺工作总的口号应当是：文艺为人民服务，为社会主义服务。这个口号包括了为政治服务，但比孤立地提为政治服务更全面，更科学。因此，文艺批评方面也不再提"政治标准第一"了。那么，语文教材的选文标准更不应该固守那个"第一""第二"了。从20世纪八九十年代起，人们的思想逐步解放，对选文的"质"好的理解不再囿于政治好，也从伦理道德、审美情趣、科学思维、行为习惯等方面考虑。这在新时期的教学大纲或课程标准中逐步明确化、具体化。

当前，人们一般把课文的"质"好等同于人文性强。于是，一大批讲一点小哲理、抒一点小感情的软性散文，据说因为披露了人性的优点或弱点而被视为富于人文性的美文，堂而皇之地涌进语文教材。与此同时，那些歌颂历代人民反抗剥削、压迫的刚性作品，因为宣扬阶级斗争而不被看好，被逐出语文教材。这种现象应该引起我们的注意。不错，过去教材中的外国作品，常常是19世纪批判现实主义作品一统天下；在我国古代作品中，也是反映阶级斗争的作品占绝对优势。这固然不正常，应该加以纠正，不过也不能因此造成一种倾向掩盖另一种倾向的局面，把这类作品斩尽杀绝，全部代之以温情脉脉的所谓人文性强的作品。众所周知，在人类历史的长河中，长期存在着阶级、阶级矛盾和阶级斗争。这些客观事实，马克思主义产生以前的西方资产阶级理论家就已经发现了。在我国源远流长的文学传统中，描写阶级矛盾和阶级斗争的作品始终占有重要的地位。我国文学星空中那些最明亮的巨星，例如屈原、司马迁、杜甫、关汉卿、施耐庵、曹雪芹等，虽然他们不懂得什么是阶级斗争，但多是以描写被剥削被压迫人民的苦难和反抗的作品，深深地感染和教育了一代代的青少年。学生通过阅读这些课文，了解阶级状况，认识社会生活，是十分必要的。如果排斥这些课文，就是砍掉了起支配作用的主要内容，学生对文学、对历史、对社会的认识必然是片面的、不真实的。这与所谓"以阶级斗争为纲"是不搭界的，扯不到一起的。"以阶级斗争为纲"曾经带来一场浩劫，对之深恶痛绝，人同此心。但也不可走到另一极端，一提阶级斗争就嗤之以鼻，把婴儿同洗澡水一起倒掉。实际上，现在社会上十分走俏的带点小哲理、小抒情的软性散文，是不是真的人文性丰富，还是值得研究的。它们的生命力究竟有多强，大可怀疑。我们中学语文教材何必赶这个时髦？这类软性作品可以选一些，但不必多，更不能让它们全部替代那些刚性作品。

所谓"质"好，一般指内容积极健康，这已得到大家的认同。例如某些科技说明文，尽管没有多少思想内容，但它们体现了某种科学的研究方法、思维方法，体现了科学工作者求实创新的精神，应当认为它们的"质"是好的。又如古代一首历代传诵的写景抒情的古诗，它不一定有思想方面的积极内容，但确实创造了一种美的意境，有利于陶冶人们健康高尚的审美情操，也应当承认它的"质"是健康有益的。其实，这选文标准不妨再放宽一些。教育部1963年颁布的《全日制中学语文教学大纲（草案）》就规定：对于古人的作品，思想内容稍有消极因素而艺术水平很高，足以作为学习借鉴的，也可以选一点。这里是不是可以套用一下：对于人文性不是很强而艺术水平很高，足以作为学习借鉴的作品，是否也可以选一点？姑妄言之，供同人们讨论。

第二，"文"好。

语言文字好是我国所有语文教学大纲、课程标准在选材标准上的硬性规定，从来没有打过折扣，丝毫没有回旋的余地。这是由语文课程目标决定的。语文课程既然要培养学生正确理解和运用祖国语言文字的能力，那么对语文课文的语言文字要求，必然是一点儿也不能放松的。

不妨举一个例子。1962年人民教育出版社中学语文室的同志提出把《谈学逻辑》（作者潘梓年）、《在莱比锡审讯的最后发言》（节选自《季米特洛夫选集》）、《在法庭上》（节选自高尔基的《母亲》）、《在狱中》（节选自《青春之歌》）、《怎样评价〈青春之歌〉》（作者茅盾）等七篇文章选进教材。叶圣陶先生却提出不同意见，说这七篇文章"仅为粗坯","实未具语文教材之资格。我人决不宜抱'唯名主义',以为如潘梓年茅盾二位之文,尚有何话说。我人亦不宜盲从市场情况,以为《季米特洛夫选集》《母亲》《青春之歌》行销至广,读者至众,何妨采录其一章一节为教材。……此七篇者,姑谓其质皆属精英,若论其文,则至为芜杂。意不明确者,语违典则者,往往而有,流行之赘言,碍口之累句,时出其间。以是为教,宁非导学生于'言之无文'之境乎"。^①叶圣陶先生对教材课文语言文字的要求是多么严格。

叶先生是实践自己主张的典范。人教社编写的语文教材中的许多课文,都是在叶先生主持下一字一句集体修改而成的。以《最后一课》为例:先由叶先生读一句原来的译文,再请通晓法文的编辑评论译得准确与否,然后大家讨论,琢磨最准确生动的表述。讨论得差不多有结论了,由普通话水平高的编辑评论是否符合普通话的习惯说法,最后由叶先生一锤定音。这样经过四五天的集体讨论,才完成这篇课文的修改。^②像这样经过精益求精加工的课文,才称得上语言文字好。

不消说,从整体来看,现在的语文教材比过去有很大进步。但现在语文教材的一个最大缺点,就是与过去的语文教材相比,语言文字水平大大下降。尤其是选用的一些当代作家的作品和当代中青年翻译家翻译的外国作品,语言文字毛病很多,有的简直是惨不忍睹。毋庸讳言,当代作家和中青年翻译家同老作家、老翻译家相比,语言文字功底差了不少,又处在这浮躁的环境里,很少有人愿意坐冷板凳在语言文字上下苦功夫,他们作品的语言文字水平低是毫不奇怪的。加上我们教材编写者又不具有叶先生那样的文字功力、那样的严谨态度、那样的充裕时间,教材语言文字差几乎是必然的。

---

① 《叶圣陶集》(第16卷),江苏教育出版社1993年版,第155、156页。
② 《刘征文集》(第一卷),人民教育出版社2000年版,第174页。

　　什么样的语言文字才算好？这似乎是不成问题的，但事实上人们的认识并非完全一致。当前的风气是偏好辞藻繁富、语句花哨的语言，像朱自清先生的散文，《荷塘月色》《绿》成了传统课文，而他的后期散文《欧游杂记》中的《威尼斯》等作品，倒没有多少教材选用。实际上，他后期散文的语言比《荷塘月色》之类散文更好、更精彩。他前期散文的语言比较雕琢，带有五四时期白话散文尚不成熟时的一些缺点。夏丏尊先生、朱德熙先生早就指出了这一点，作家叶兆言也呼吁，教材应该选用朱先生的后期散文。

　　第三，适合教学。

　　所谓适合教学，是指课文的可接受性。一篇作品思想内容好，语言文字也好，但不一定适合作课文。作课文的作品还必须符合学生的接受心理和年龄特征。

　　一是难易适度。过难的作品，远远超过学生的认识水平和生活经验，学生无论怎么读也读不懂，当然不适宜作课文。过易的作品，学生一读就懂，像喝白开水一样淡而无味，当然也不宜作课文。还是一句老话：跳一跳，摘桃子。选作课文的作品，应是学生经过努力能够读懂的。

　　当然，不排除每册课本选入少量较难的课文。人教社中语室资深编审、作家张中行先生，曾极力主张每册教材都要选入相当数量的比较艰深的课文，凭此培养学生阅读艰深文章的能力。他认为，一个人在生活中不可能一直阅读适合自己程度的读物，倒是常常接触一些较深的书籍，读起来半懂不懂，这时候就要硬着头皮读，力争多读懂一些，从不懂到懂。教材中有意识地选入难课文，就是为学生在课外、在生活中阅读艰深读物打下基础。

　　二是长短恰当。根据我国教材的编写经验，根据广大师生的意见，根据语文专家的建议，语文教材的字数，大体上语体文初一每篇课文不超过2000字，初二、初三每篇课文不超过3000字，高中每篇课文不超过4000字。因为教材里的课文要做细琢细磨的研读功夫，必须短小精悍。

有的同志说：国外的母语教材一般都像词典一样厚，里边的长课文很多，这怎么解释？这类教材大都是文学教材，为使学生了解文学作品的全貌，选用了长篇文学作品，往往不做或少做删节。然而这类教材只能略读，至多选择长篇中的一些片段作为精读课文。

我国的教材选文，力求短小精悍，但也不排除选用少量长课文用来训练学生的略读能力，同时可布置学生在课外阅读长篇文章和整本书。

三是坚持正面教育。根据学生的年龄特征，中小学思想品德教育适宜于着重进行正面教育。中小学生的知识和生活经验少，是非判断能力差，好奇心和模仿性强，要着重正面引导；他们求知欲强烈，朝气蓬勃，积极向上，对正面教育也容易接受。国家颁发的德育文件，强调用爱国豪杰、民族英雄、文化名人的美德懿行、丰功伟绩教育学生，就是着眼于正面教育。选编语文课文，或者颂扬革命者追求真理、献身事业的高尚理想情操，或者描绘祖国壮丽山河抒发爱国主义热情，或者赞美伟人的崇高道德品质，就是坚持正面教育的原则。选文并不排斥描写爱情的内容，但也应从正面进行教育。例如《孔雀东南飞》《西厢记·长亭送别》《红楼梦·诉肺腑》《罗密欧与朱丽叶》《小二黑结婚》《刑场上的婚礼》等，都是歌颂纯真、高尚的爱情的。不少名作都描写了社会的丑恶现象和畸形人物，这部分内容自然有它们的价值，但并不意味着可以进入教材。在世纪之交的语文教育大讨论中，曾有先生指责语文教材选用了老舍的《在烈日和暴雨下》，却没有选入小福子卖淫的情节，选用了曹禺的《雷雨》片段，却没有选入周萍与繁漪乱伦的情节。这位先生显然不知道教材要对学生坚持正面教育，卖淫、乱伦的内容不适宜在课堂里进行教学。

四是避免成人化倾向，选文要符合学生的心理特征。过去教材的选文，往往只顾到有益和有用，没有兼顾到有趣和有味。思想政治性强的选文多，富于人情味的幽默风趣、轻松活泼的选文少。教材中应多选学生爱读乐读的作品。比如选用文学作品，小学应是儿童文学，初中应是少年文学，高中应是青春文学。

目前，新出版的当代文学作品中，描写社会丑恶现象的内容骤然增加。北京大学曹文轩教授多次忧虑地说现在的文学作品很"脏"，这应该引起教材编者的警惕。

"质"好、"文"好、适合教学，这三条标准之间是什么关系？作为语文教材，语言文字好是最为要紧的。思想内容的重要性，谁也不可低估，但语文教材毕竟不是政治教材，因此思想内容只要积极健康就合乎要求了。艺术水准很高的作品，思想内容稍有消极因素也可以少量入选教材。语言文字好这条标准则没有任何通融的余地，因为学语文主要就是学习语言文字，语言文字一定要堪为楷模。新时期的课标实验教材，大都是按照人文专题编排的，有时为了适应专题需要，只看内容而忽视语言，把思想内容符合专题而语言文字较差的文章选入教材，这是非常不可取的。至于适合教学，是三足鼎立之一足，是硬条件，也不可忽视。

文质兼美、适合教学，这仅仅是共性的选文标准。不同的选文往往有不同的功能，因功能不同而标准也有所不同。换句话说，选文除了有共性标准外，还有一些个性标准。

阅读教材中，特别是文学作品，一般都应是经典性的范文。它们是学习对象，学生可以从中学习语言文字、文学和文化。经典名作凝聚着每一民族和每一时代的精华，汇集人类最美好的创造。正是通过经典名作，人类精神文明成果得以代代相传。经典名作的学习，可以使学生从小就站在大师的肩上，占领精神的制高点；使学生从小受到优美语言的熏陶，提高运用语言的品位。

德国大诗人歌德指出："鉴赏力不是靠观赏中等作品，而是要靠观赏最好作品才能培育成的。……等你在最好的作品中打下牢固的基础，你就有了用来衡量其他作品的标准。"①我国美学家朱光潜先生也认为，要培养高尚纯正的文学趣味，唯一的办法是多多玩味第一流的文艺杰作，然后拿"通俗"的作品来比较，自然会见出优劣。②对于文学课文来说，经典性是它的生命线，打不得一点折扣。

除文学作品外，阅读教材中还有大量的实用性文章，包括记叙性文章、议论性文章、说明性文章和非连续性文本等。这类课文"无非是例子"，是"举一隅"的"一隅"，目的是"以三隅反"。"例子"就是样品，一是要有代表性和典型性，阅读了它们就能举一反三，阅读其他同类的文章，以适应日常生活的需要。二是要有示范性，"文质兼美，堪为模式，于学生阅读能力写作能力之增长确有助益"③。就是说，要求"例子"是"范例"，也是"适例"，不深不浅，恰到好处。这些作为"例子"的实用性文章，能是经典，像《答司马谏议书》那样，当然最好；够不上经典，但只要具备代表性和示范性，也就差强人意了。

在写作教材、口语交际教材和综合性学习教材中，选文则是例文，或作为知识的例证，或作为模仿的对象。"取法乎上，仅得其中"，当然应力求经典名作。但也要考虑是否适合教学，让学生模仿到手。如果过于高深，学生会觉得高不可攀，无从模仿，那就难以达到预期目的。因此，这类选文必须贴近学生"最近发展区"，选入那些能"跳一跳，摘到手"的例文，甚至同龄人的优秀习作。有时也可选用一些"病文"，让学生知道"不应该那么写"。

2. 选文范围

选文体裁、样式上应该丰富多样，应该各种文体匀称。19世纪末20世纪初，我国引进西方的文章分类学，把文章体裁分为文学类和

---

① ［德］爱克曼：《歌德谈话录》，朱光潜译，人民教育出版社2003年版，第44页。

② 朱光潜：《谈文学》，安徽教育出版社1997年版，第37页。

③《叶圣陶集》（第16卷），江苏教育出版社2004年版，第155页

非文学类两大类。文学类分为诗歌、散文、小说、戏剧；非文学类分为记叙文、说明文、议论文和应用文等。现在西方母语教材中，文学类课文的样式越分越细，如戏剧分为儿童剧、广播剧、家庭剧、滑稽剧、肥皂剧，小说除一般的短篇小说、长篇小说（节选）外，还有科幻小说、侦探小说、推理小说等。另有图像课文，主要是由连续的有故事情节的若干幅漫画构成。比如英国母语教材《牛津英语教程》第三册有个专题"生死树"，选自乔叟的《坎特伯雷故事选》。这一专题就用33幅图组成了一个连环画故事体式。随着科学技术的发展，非文学类实用性文章出现了科技说明文、科技小品、科技原理分析、科学研究论文。随着商品经济的繁荣，又出现商业信件、项目策划书、市场调查报告、非连续性文本、广告、经济情报分析等。此外，随着信息技术的突飞猛进，在国外，网络文本开始进入教材，像电子邮件、网络广告、超文本小说、光盘百科全书等，都占有一席之地。这是对以传统文本为主的教材的更新、重构与超越。因此，我国教材应当与时俱进，具备当代品格。建议借鉴国外教材的经验，从国情出发，丰富选文的体裁和样式，以适应学生学习和生活的需要。

3. 选文数量

我国中小学语文教材，一向被讥为全世界最薄，在书架上竖不起来。20世纪50年代，人们惊讶于苏联四年制小学语文教材有80多万字，而我国六年制小学语文教材才20多万字。这种差距，至今没有完全改变。

诚然，对于这种差距，可以用国情不同来解释。我国的中小学语文教材，所选课文一般供精读，需要细琢细磨，因此篇数不能多，篇幅不能长。然而，只有精读课文是不够的，还需要大量的略读、参读文章来配合。此所谓"得法于课内，得益于课外"。吕叔湘先生说："要大量阅读，有精读，有略读（二者的界限也不必划得太清），一学期读它80万到100万字不为多（这里边当然包括语文课本）。"①他还说："同志们可以回忆自己的学习过程，得之于老师课堂上讲的占多少，得之于自己课外阅读的占多少。我回想自己大概是三七开吧，也就是说，百分之七十得之于课外阅读。"②他还说，现在语文水平高的学生，要问他怎么学的，一概回答主要不是从课堂上学来的，而是靠课外阅读。③

叶圣陶先生说，课外读物也是教材。只是一本薄薄的教科书，是无法养成语文能力的，必须由课外读物作辅助。但我国对课外读物一向不很重视，到2000年版的语文教学大纲才有所改观，到本世纪初的语文课程标准才附上《优秀诗文背诵推荐篇目》和《关于课外读物的建议》，规定义务教育阶段课外阅读总量不少于400万字和近10部名著，高中阶段课外阅读总量不少于150万字和近5部名著。平心而论，这个规定比过去有长足的进步，但与国外相比，还有不小的差距。

世界上不少国家，都制定了中小学生必读书目。比如，德国巴符州规定：五、六年级，应阅读歌德等16名作家的诗歌、比克塞尔等8名作家的小说、马克·吐温等作家的青年读物、格林童话和世界童话；七、八年级，应阅读海涅等20名诗人的诗歌、茨威格等11名作家的小说、狄更斯等作家的青年读物、席勒等14名作家的戏剧；九、十年级，应阅读布莱希特等26名作家的诗歌，雷马克等38名德国作家、巴尔扎克等12名外国作家的小说，莱辛等21名作家的戏剧。④又如法国规定：高中二年级，应阅读16、17世纪作家蒙田和帕斯卡尔的作品节选，高乃依、莫里哀和拉辛各两部作品，19世纪巴尔扎克等12位作家的17部作品，20世纪罗曼·罗兰等22位作家的28部作品；高中三年级，

---

① 《吕叔湘论语文教育》，河南教育出版社1995年版，第79页。

② 《吕叔湘论语文教育》，河南教育出版社1995年版，第53页。

③ 《吕叔湘论语文教育》，河南教育出版社1995年版，第46页。

④ 柳士镇、洪宗礼主编：《中外母语课程标准译编》，江苏教育出版社2000年版，第153页。

应阅读16、17世纪作家的作品，18、19世纪雨果等19位作家的30部作品，20世纪普鲁斯特等13位作家的21部作品。[1]像美国这样最注重语言实际运用的国家，也由国会创办的国家人文科学促进委员会，于1984年向全国400多名教授、作家等文化界领军人物作了一项调查，在这基础上列出了美国中学生必读书30部。美国从小学一年级到高中毕业，每个年级都有阅读书目，而且有阅读考查标准。德、法、美等国或者将部分必读书目的主要章节编进教材，或者不编进教材，但一律纳入考试范围。无论是在教材内还是在教材外，都是学生必须学习的内容。

不难看出，我国课标建议的阅读量，跟国外相比，差距究竟有多大。当务之急是，教材应按年级列出必读书目，有计划有步骤地扩大学生的阅读量。

（二）课文的加工

语文教材的课文是供教学用的，而坊间一般读物是供公众自行阅读的，把坊间一般读物选入教材，必须根据教学需要进行加工。除了一些经典作品外，概莫能外。

1. 节录

为了适合精读，教材中的课文要求短小精悍。长篇作品，只能节选其中一部分进入教材。对于节选，要慎之又慎。

叶圣陶先生在1965年5月8日给朱泳燚的信中，答复了朱泳燚提出的《梁生宝买稻种》节选是否得当的问题："承询《梁生宝买稻种》与《乐羊子妻》，此间尚未讨论及之。至于我个人之见，前一篇节取一小段，实不足以见梁生宝之为人，且语言颇生硬，虽略有改动，仍嫌未纯。当时（选入教材）盖欲令学生尝《创业史》之一脔耳。"叶圣陶先生一贯主张让学生阅读整本的书，教材没有选录整本书的条件，那么把整本书的一部分选作教材，让学生"尝"整部作品之"一脔"，

---

[1] 柳士镇、洪宗礼主编：《中外母语课程标准译编》，江苏教育出版社2000年版，第253页。

进而在课外读整本的书，也是一法。但节选要慎重，要足以反映原著的精华和主要人物的精神风貌。

节选的课文既要短小精悍，适宜精读，又要反映原著的精华和主要人物的精神面貌，这是一个矛盾。初中语文教材中曾有节选课文《葫芦僧判断葫芦案》《生命的意义》，篇幅长短合适，但有不少同志不甚满意，认为前者没有涉及《红楼梦》的主要人物和基本情节，后者只是《钢铁是怎样炼成的》中极简单的一个片段。中学语文教材中还有过节选课文《在狱中》，出自《青春之歌》，倒是反映了原著的精华和主要人物的精神面貌，可惜又太长，有16页，8500字，使学生"深感头痛"，以至于遭到叶圣陶先生的批评。当然，也有师生认为节选得好的课文，比如《在烈日和暴雨下》，连作者老舍也没有异议。但这样的"机遇"毕竟不多，何况这段出自《骆驼祥子》的节选还作了精心的增删和组接，真可谓煞费苦心。

节录，也需要认真的态度和深厚的功力。

2. 改编

改编指利用原著的材料进行再创作；除材料取自原著以外，结构、语言一般都与原著有所不同。叶圣陶先生于1932年编写的《开明小学国语课本》，其中一半的课文是改编的。在叶圣陶先生指导下，新中国成立以后编写的语文教材中，尤其是小学，改编的课文相当多。中学主要是说明文，比如《看云识天气》《食物从何处来》《一次大型的泥石流》等。这类课文，一般都在注释中写明：根据有关材料改写。改写，要根据教学目标和学生的年龄特征、认识水平进行。这是一项十分细致、麻烦的工作。改编者必须具有较高的文字水平和较丰富的教学经验。改编得好的课文，往往比选来的现成的范文能取得更好的教学效果。叶圣陶先生曾经主张，小学、初中语文教材的课文全部由教材编者创作和改编，像《开明小学国语课本》那样。由于种种原因，未能实施。不过多改编一些课文，不失为解决选文难的一条途径。

3. 修改

中学语文教材大都选取现成作品作为范文，而现成作品本不是为教材特意撰写的。教材编者从大量现成资料中选取课文，当然要用"语言文字是否规范"这一标尺来严格衡量，其中一部分可能是符合标准的，也可能有一部分因为思想内容好、语文形式基本符合要求但略有瑕疵，因而不忍割弃的。这样，编者就有加工、润色、力求其尽可能完美的任务。1963年《全日制中学语文教学大纲（草案）》规定："入选的文章，除了经典著作、党的文件和早有定评的名作以外，可以根据教学的需要作适当的加工或改写。"国家颁布的《中华人民共和国著作权法》也指出，义务教育教材编者有权对入选文章作适当修改，不过要征得原作者的同意。

对中学语文教材中的一些选文，根据教学需要作适当的文字加工，历来都是这样做的。新中国成立以后编写的第一套初中语文课本的《编辑大意》中说："我们选的课文大都加了点修润工夫：有些材料从长篇作品里节选，前后接榫的地方不得不稍稍变动一下；有些材料一部分的句法和词汇跟口语距离太远，不得不改换一个说法。……我们修改的课文，有商得原作者同意的，也有因为不知道原作者的通讯地址，没有征求同意的。这是要请各位作者原谅的。"以后凡编写语文教材，都是按照这个惯例做的。即使在新中国成立以前，几套有代表性的国文教材，也都有文字加工的说明。例如《开明新编国文读本》的《序》说："既称读本，文字形式上应该相当的完整，所选文篇如有疏漏之处，我们都加上修润的工夫。这是要请各位作者原谅的。"中华书局出版的《新编初中国文》的《编辑大意》中说："本书所采用之课文，遇有篇幅过长及初学难解之处，间有删节或改动处，期合乎教学之用。"可见，对选文作文字加工，是近百年来的老规矩。

叶圣陶先生对于教材的文字加工，不仅身体力行，而且作过很多指示。他指明了修改的标准。选文的语言，要"用词力求正确，造句力求精密，务期与标准语相吻合，堪为儿童说话作文的模范"①。他认为像《青年之歌》《林海雪原》的语言"仅为粗坯"，《创业史》的文字也"颇为生硬"，经过修改加工后才能选入教材。叶先生又指明了修改的态度，必须慎之又慎。教材编者必须深知读书为文之甘苦，必须反复咏诵选文，"熟谙作者之思路，深味作者之意旨，然后能辨其所长所短，然后能就其所短者而加工焉"②。加工是必要的，但要尊重作者，尊重作者的风格，既不迁就，又不唐突。"作者文笔，各有风裁，我人加工，宜适合其风裁，不宜出之以己之风裁，致使全篇失其调谐"③。叶先生又建议多采用集体修改的方式。"譬如五个人一组，一个人读，四个人听。""光用眼睛看，往往只注意文章讲的什么，听别人读，会随时发现多了些什么，或者少了些什么，要改的真是这些地方。这个方法比一个人加工容易得多。"④他在人民教育出版社经常采用集体讨论的方式修改选文。讨论会由他亲自主持，有关的副总编辑、编辑室主任和本册课本的责任编辑参加。他先念一段或一句选文，大家讨论如何修改，如果意见不一，由他一锤定音，责任编辑负责记录。修改一篇选文往往要用好几天，选文的质量由此得以大大提高。

平心而论，上述指示，都是叶圣陶的经验之谈，值得后学者遵照执行。

---

① 《叶圣陶集》（第16卷），江苏教育出版社1993年版，第17、148、158页。

② 《叶圣陶集》（第16卷），江苏教育出版社1993年版，第17页。

③ 《叶圣陶集》（第16卷），江苏教育出版社1993年版，第148页。

④ 《叶圣陶集》（第16卷），江苏教育出版社1993年版，第158页。

三　语文作业的设计

语文作业主要是练习。1990年版中学语文教学大纲规定，练习是为了帮助学生领会课文的思想内容和写作特点，要有计划地进行语文训练，它是思维和操作的演练场。这里指出了练习的作用。

（一）语文作业的分类

根据作用来分类，作业大致可以分为记忆性作业、理解性作业和应用性作业三大类。

1. 记忆性作业

主要指抄写、背诵、复述、朗读等。背诵要求一字不差，复述只要求句子的内容和顺序基本同原文一样，关键性的和必须掌握的词语和句子不能遗漏。读现代文，多用复述的方式，学生能从这种练习中吸收更多的词汇和句式。此外，还有专门积累词语的练习，敏捷地记忆具体材料的练习，如在规定的时间里记住某些数字、名称、警句、结论等。

记忆性作业中，应以意义记忆性作业为主。例如背课文，如果先让学生作层次分析，掌握各层要点和层次间的关系，分层记诵，逐个击破，最后达到整体记诵的目的，这样，既提高了背诵的效率，又加深了理解。又如词义诠释，也要力戒死记硬背。"任弼时同志的整个生活里渗透着原则性"一句中的"渗透"，与其要学生死记住"液体从物体的细小空隙中透过"的释义，不如把"渗透"换成"表现"，让学生判断用哪个词更恰当。这样，"渗透"的词义同任弼时同志的具体形象联系起来了，再经过一番比较、思索，学生不仅可以理解这个词所包含的比喻义，而且还能认识任弼时同志即使在最细小的事情上也必定坚持原则的崇高品质。有些词语，只要记住了其中的一两个语素，就能理解整个词语的含义。"趾高气扬"只要记住了"趾"是"脚"或"脚趾头"的意思，稍想一想，整个成语的含义就出来了：把脚抬得高高的，意气扬扬自得，真是骄气逼人，多用于形容骄傲自满。死记词义的作业，实无必要。

机械记忆性的作业，应该只限于检测对那些本身没有什么内在联系的材料的记忆，如人名、地名、年代、数字等等。

2. 理解性作业

这类作业在语文作业中占有较大比例，包括理解语句、理解段落、理解篇章和理解各类语文知识的作业等。

理解语句的练习，如：根据语脉推断词义的练习；对句子中关键性词语的发现和理解；品味词语的感情色彩和表意特色；根据语境理解词句的意思。

理解段落的练习，如：熟悉段落类型；分析段落构成；把握段落中心句；根据不同目的区分段落内主体部分与附加部分；划分段落内的层次，理清层次间联系；体会段落中的表达方式和有特色的表述手段等。

理解篇章的练习，如：概括文章中心；编写情节、线索、形象、人物、对话、描写、论证提纲；理解全文各部分之间内在的和形式上的联系；熟悉各种文体的特色；体会各种表达方式的特点等。

理解性的作业，应该让学生在感知语词、句子、篇章，进而理解了文章的思想内容以后，再反过来根据表达思想内容的需要，回味咀嚼，理解为什么要采用这样的词语、句子、篇章来表达。就是说，不仅要问"课文写了什么"和"怎样写的"，还要问"为什么这样写""为什么这样遣词造句、结构布局"。这对提高学生的理解能力极为重要。有些词语的深刻内涵，有些句子的言外之意，有些篇章的匠心巧思，离开了表达文章思想内容的需要，往往无从理解。如《孔乙己》末句"大约孔乙己的确死了"，其中"大约"和"的确"这一对看似矛盾的词，如果不能结合孔乙己被封建社会摧残的悲惨遭遇来理解，就无从窥见鲁迅先生用词之深意。因此，根据表达思想内容的需要来回味字、词、句、篇的妙处的理解性作业，不仅不可少，而且要放在重要位置上。

3. 应用性作业

主要指动手动口的作业，小的如造句，大的如作文。这类作业，要注意大小结合。戏曲的学习，吐字、行腔、动作、身段……按部就班，一项一项地练，直至练一出出戏；音乐的学习，学识谱、学乐理、学和声、学对位……按部就班，一项一项地练，直至练一首首曲子：这些都是大小结合。语文作业与戏曲、音乐作业有共同的地方。古代私塾中重视作文，但从对对子练起，这也是大小结合。现在，每学期至少六次作文，但也不要忽视作文片段练习。例如：一篇文章缺少过渡，要求学生试给加上；一篇文章层次混乱，要求学生试着调整；课外练笔，要求学生不拘一格放手写片段。

应用性作业无论大小，都必须创造条件，使学生能"举一隅而三隅反"。如在学生掌握了"旧观"的词义以及它的构词方式（前一语素修饰限制后一语素）以后，安排这样的作业：再找几个以"观"为中心语素的偏正式合成词，并找出解释这些词的基本方法。学生找到了"奇观""外观"等词语，并从词义的比较中归纳出了"×观"等于"……的样子（或景象）"的规律。作业促进了从知识到能力的迁移。

记忆性、理解性、应用性这三种类型的作业往往是相互补充、渗透的。记忆性作业同理解性作业相结合，才能增加学生掌握知识的深广度和可靠性。实际上，纯记忆性作业是不多的。理解性作业同应用性作业相结合，理解了才有利于应用，应用了才真正理解，这便于学生把知识转化为能力。

（二）语文作业的质的要求

中学语文教材的作业要有较高的质和较适当的量。其质，要符合教学目标和学生的实际程度。

1. 目的性

叶圣陶先生指出："大抵出题之先，必明一义，非每课之后必须有数个练习题，第求凑足之即为了事也，盖将就本课之内容与形式，抉其至关重要之若干点，俾学生思索之，辨析之，熟谙之，练习之，有助于阅读能力写作能力之增长也。"①这"至关重要之若干点"一般就是学习重点。作业就要突出学习重点，落实学习重点。程序教学的开拓者霍兰德的实验证明，与学习材料的关键内容关系不大的练习，无助于学习，唯有与学习的关键内容有关的练习，才能促进学生的学习。

2. 启发性

叶圣陶先生指出："于论出题目之一段，我尚欲补陈一义，尝屡言之，教师于课文之关键处，含蓄处，苟能作适当之指点，不为详尽之讲说，而惟启迪其思考，于学生最有实益。学生思之而自通，所通将终身不忘。学生思之而不通，困惑甚深，教师于斯时为之说明，印入之深必逾于寻常听讲。我意课本与参考书中宜列此类材料，或径书一二语，或提出问语，方式不必从同，总之以指点启迪为归。"②这"以指点启迪为归"就是要求作业要有启发性。一是练习题能启发学生运用已经学过的知识去探求问题的答案；二是练习题能启发学生举一反三，由此领悟一个道理，乃至开始养成一个好习惯。练习有启发性，不仅可以学得巩固，而且可以越练越聪明，逐步获得自己独立学习的能力。

---

①《叶圣陶集》（第16卷），江苏教育出版社1993年版，第159页。
②《叶圣陶集》（第16卷），江苏教育出版社1993年版，第161页。

3. 明确性

叶圣陶先生对练习题大而无当、要求不明确，向来很不满意。他曾说："前此数年，我人所出练习题类多空泛，今已共知其无当。近者有所改进，犹未能谓之满意。"[1]现在离叶先生作这指示的时间已数十年了，但教材练习题"空泛"的毛病恐怕还没有完全克服。如问"怎样认识""如何表现""得到什么启发""起什么作用""有什么好处"等，仍时时可见。空泛的题，大而无当，学生答题费时甚多而收效不大。要避免这类空泛的弊病，编者就要抓住课文之关键处、含蓄处、疑难处、精妙处，有重点地设计练习，题目必须具体明确。

4. 量力性

作业的难易要适合学生的实际程度。太易，没有思考价值，固然不好；太难，经过努力，学生还是答不出来，也不好。应该根据量力性原则，让学生在老师的指导下，经过一定的思考，能够较好完成。这就要求教材编者在配置作业时，应根据学生的实际程度和思维特点，考虑到学生是否答得出来、将如何答。当前中国各地教学条件相差较大，学生水平不齐，可以把练习题分作必做和选做两种。必做题按教学大纲的基本要求配置，选做题按较高要求配置，以适应各地区不同条件的学生的需要。

中学语文教材的作业的量一定要适当。一方面，没有一定的数量就没有一定的质量，保证一定的作业量是完全必要的。根据苏霍姆林斯基的研究，就写"字"的练习来说，"学生在小学期间就应当在练习簿里写过不少于1400—1500页"；就朗读的练习来说，"在小学期间（4年）朗读过200小时以上"。另一方面，不能盲目搞大运动量训练，把学生陷在题海里不能自拔。应该根据教学目标，根据教学时间，根据学生精力等诸种因素，最终确定学生的作业量。一道练习题的回答

---

[1]《叶圣陶集》（第16卷），江苏教育出版社1993年版，第159页。

需要多少时间，设计多少练习题学生才能胜任，都要细细打算。现在的普遍问题是，教材的练习过多，学生的负担过重，而教学效果却不一定好。应该看到，任何练习题都是举例性质的，一篇课文的题眼也许很多，但没有必要统统出题。要紧的是，提高作业的质量，一以当十，追求训练的高质量和高效率。

四 导学材料的编写

导学材料是帮助学生有效地进行自学活动的提示性文字说明或图表。如果说，语文教材（音像教材除外）对于学生来说是"不出声的教师"，那么这位"教师"与学生联系的主要渠道之一就是导学材料。

编写导学材料，要讲究文字的清通、精练、示范性，自不待言。除此以外，还要：一、注意学生的认知背景，即学生原有的知识储备和能力基础；二、注意学生的认知心理，努力增强文字的可读性和吸引力；三、注意符合学生的认知过程，即遵循由浅入深、由感性到理性、由搀扶到放手的路径，逐步提高学生智力水平和举一反三、触类旁通的能力。

单元学习要求、单元教学内容支配表和课文学习重点的确定，本书的其他部分已作阐述。这里主要说一说编辑说明、学习提示、注解和资料附录的编写。

（一）编辑说明的编写

编辑说明一般放在语文教材正文的前面。叫法不一，有的叫编辑大意、编辑意图、编辑要旨、编者的话、前言或序等。

编写编辑说明，要注意阐明编辑指导思想，使学生了解教材编写的意图和理论基础。不同的编辑指导思想，会形成教材的不同的特点、不同的风格。有的教材在指导思想上"重视语文教学与生活的联系"，就以语文的学习、运用与生活的联系为编排教材的线索；有的教材编写的指导思想是"以训练阅读能力为主线，全面提高语文素质"，就着力于设计出一个阅读能力训练的序列；有的教材是以"得"（根据教学内容和教学要求使学生学有所得）为指导思想编写的，所以极力体现"一课有一得，得得相联系"的语言训练序列。学生从编辑说明中知道了编辑指导思想，就能知道形成该教材的特点、风格的缘由，从而更好地把握教材。

编辑说明还要揭示教材的特点。比如，有的教材阅读部分的主要特点是：精简课文，减轻师生过重负担；单元组合重视德育渗透；训练题设计有整体考虑。表达部分的主要特点是：注重生活化、情境化、趣味化；铺设训练台阶，结合训练介绍写作知识。又如，有的教材的特点是：全面、扎实地安排听说读写训练，语文知识井然有序，简明实用；智力训练贯串语文训练的始终，渗透思想情感教育。学生从编辑说明中了解教材的特点，就能从教材的特点入手学习教材，从而取得更好的学习效果。

教材的总体结构和体例，也是编辑说明的重要内容之一。不同教材的编辑说明，对该教材总体结构的介绍可以有详有略。详的要介绍各册教学重点的分布。例如，有一套三年制初中语文教材的各册教学重点是：第一册，认识语文与生活的关系，培养语文的一般能力；第二、三、四册，联系生活，培养记叙、说明、议论的能力；第五、六册，培养在生活中实际运用语文的能力，培养初步的文学鉴赏能力。略的也要介绍该教材属于分编型还是合编型。各种教材的编辑说明，对本书体例的介绍一般都比较具体。例如，某三年制初级中学语文课本《阅读》（分编型）的编写体例是：

```
                    讲读课文：  提示和思考 —— 课堂练习 —— 课后练习
          课文
    单元          自读课文：  自读提示 —— 阅读练习
  单元教学要点      （加旁批）

                          比较与思考 —— 读写技巧 —— 推敲琢磨
          单元练习：   书面表达 —— 听说训练
```

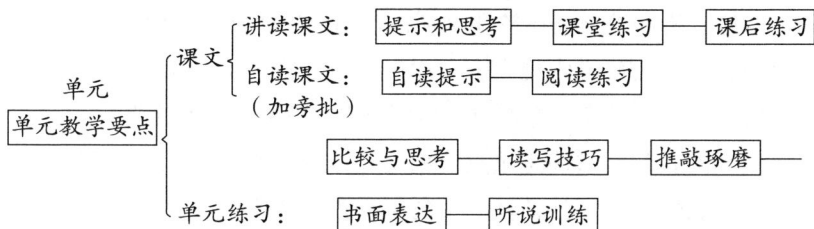

　　学生从编辑说明中了解了教材的总体结构，就能对整套教材有所了解，做到全局在胸，使用到某一册，也就知道这一册在全套书中所处的地位；了解了教材的体例，也就是知道了教材中教学内容的编排方式或单元组合方式，对学习教材有更直接更具体的帮助。

　　综上所述，编辑说明之关键是要让学生懂得从教材里学些什么、为什么要学这些、循着怎样的次序来学，以便提高学生学习的自觉性，提高学习的效率。

（二）学习提示的编写

　　学习提示主要指预习提示、自读提示和作业提示三种。

　　预习提示是指导学生预习课文的。

　　尽管传统语文教育十分重视预习，现当代语文教育家也对预习作了大量探索，然而在教材的范文前面冠以预习提示，还是近十几年来的事；因此，对于预习提示的内容和形式，语文学界的认识也就难免不尽一致。

　　一般说来，预习提示应该激发学生预习的动机，确定预习的内容，指导预习的方法。（1）激发预习动机。可以交代学生必须了解的一些知识，如作家、时代背景、作品的意义和作用等。这样可以避免学生预习中的失误，便于他们在一个明晰的背景下把握课文。这种交代对于距今时代较远的课文尤为必要。也可以设置最能激起学生好奇心、探索欲的问题，引而不发，激起学生寻求答案的积极性。这类问题应是体现教学重点、笼罩全篇的问题，要引导学生围绕这类问题进入预习。还可以联系以前学过的范文，提出求同或者求异的要求，使学生通过分析和综合、比较和鉴别，掌握带规律性的东西。（2）确定预习内容。一是确定常规内容。如字，包括音、形、义；词，包括意义和用法等。二是确定重点内容。预习内容不能"大而全"，要根据单元、课文的教学要求确定重点。如不同体裁的文章要确定不同的预习重点，记叙性课文与抒情性课文的预习重点就不应一样。又如不同作家、不同风格的文章也要确定不同的预习重点，鲁迅的战斗性极强的杂文与朱自清清新优美的散文的预习重点也应不一样。（3）指导预习方法。要指导学生掌握预习的特点、步骤：首先，总体浏览，从整体上感知课文。第一遍速度可稍快，然后再回读部分句、段。其次，要点记忆。重要字词句，要能诵读记忆，再听教师讲解时不至于不知所云。再次，疑点发问。对不懂的问题不能含糊了事，要记下来，进行独立思考或留待以后与教师、同学研讨。最后，难点求索。要在预习中对难点进行一番尝试性的探索，经过动脑、动口、动手，总会有所收获。

撰写预习提示，一定要注意提出的预习要求不能太高，要符合学生的实际水平；提出的预习内容不能太多，要突出重点；设计的预习训练要大体有序，前边课文的预习训练与后边课文的预习训练不是简单的重复，而是螺旋形上升。还要注意预习提示要有启发性：一方面，使学生可以凭借自己的力量掌握部分学习内容，获得成功感；另一方面，使学生可以发现目前独立解决不了的问题，引起探索的兴趣，为进一步深入学习造成一种期待情境。

在预习提示中，不宜把课文的中心思想、写作特点等罗列出来，这样做似乎是提供了学生阅读课文的途径，其实妨碍了学生"动天君"，不利于培养他们的自学能力。也不宜把预习题设计为课文后练习题的翻版，大而难，学生难以完成，又影响了预习的积极性。

自读提示是指导学生自读课文的，一般放在自读课文前边。

自读与预习不同。预习只是学生学习新课前的一种准备工作，预习的方式一般比较简单；自读则是学生在教师的组织下独立进行的阅读训练，自读的方式比预习复杂得多。语文教材的课文一般分为教读与自读两种，以便学生将从教读课文得到的种种经验应用到自读课文中去，把知识转化为能力，这样有计划、有步骤地进行训练，以冀最终达到不待老师讲而学生自能读书的目标。

根据自读和自读课文的特点，自读提示应该包括下列内容：（1）遵照整册课本和单元的教学要求、课文内容和形式的特点、学生的实际水平和认知规律，确定自读课文的学习重点。这些重点可以比教读课文的学习重点要求低一些，容易达到一些。（2）根据培养中学生自读能力的规律，确定自读步骤。一般可以分为六步：认读，出声读课文，框出生字新词，并自查词典解决；辨体，辨明文章体裁，从而根据不同体裁的特点确定不同的自读方法；审题，审明题目的语言结构、含义和作者命题的意图，并点出"题眼"（如《听潮》的"听"、《变色龙》的"变"、《向沙漠进军》的"进军"）；发问，要求学生按依次递进的三个问题（什么？——关于文章内容的问答。怎样？——关于文章表现形式的问答。为什么？——关于作者构思意图的问答），通过自问自答深入地理解文章；质疑，要求学生在认真阅读文章的基础上发现问题，提出问题；评析，要求学生就文章的思想内容、表现形式或某方面突出的特点，作出评论或分析。这六步不必要也不可能一下子要求学生全部照办，而应该根据学生的实际有计划地分步实施。（3）根据课文特点作出自读设计。如：抒情色彩较浓的诗歌或散文，不妨要求学生在反复朗读中涵泳品味；故事性强的课文，可布置学生以复述的方式回答"写了什么"；文词优美而耐咀嚼的课文，则宜要求学生在问答中圈点勾画，继续深思；含义深长的课文，引导学生把自读的重点放在质疑问难或"明知故问"上，可以活跃思维，提高兴趣；逻辑性强的课文，要求学生在问答中着重寻绎作者思路，有助于逻辑思维能力的锻炼；有些同中有异或异中有同的课文，可以让学生在自读中比较异同，摸索规律。总之，具体课文作具体设计。

与预习提示相比，自读提示不妨写得具体些，不过还是要力求精练。与预习提示一样，自读提示不宜把课文中心思想、写作特点等结论性东西塞给学生，不宜有大段的课文分析和说明。自读提示之关键，是真正能利于学生举一反三，增强自读能力。

作业提示，顾名思义是给学生做作业的提示。或者是为了提供某些知识，或者是为了指点解题途径，或者是为了降低作业难度，等等。

学生做作业的过程，是在已有知识的指导下进行实践的过程，是知能转化的过程。在这一过程中，学生也许对知识若明若暗，这就需要在作业提示中阐明有关知识，给学生解题以指导。例如，有道题是这样的："写寂静，可以以静写静，也可以以声写静。这篇课文既说'寂静'，又说'耳朵里有不可捉摸的声响'，正是以声写静。恰恰因为静极了，才听到一般听不到的声音；恰恰因为听到了一般听不到的声音，才说明实在是静极了。你有这样的感受吗？试用一二百字写出来，练习用比喻。"这是课文《老山界》后的一道练习。《老山界》中有一段描写是以声写静，但教师不一定讲到，学生也不一定理解。这里加以提示，从那段描写中提炼出规律性的东西，让学生运用这规律性的东西做练习。这段作业提示有一箭双雕的作用：一是把学生在课文学习中得到的感性认识上升到理论；二是让学生在这理论的指导下做题，把知识转化为技能。

有些作业，学生初次接触，不知道该怎么完成。这时，需要作业提示。例如，有这样一道练习，在说明朗读有助于深入体会文章的思想感情、增强对语言的感受力后，要求参考下面的朗读提示，练习朗读一段课文："'吹面不寒杨柳风'，不错的，像母亲的手⏜抚摸着你。风里带来些新翻的泥土的气息，混着青草味儿，还有各种花的香，都在微微润湿的空气里酝酿。鸟儿|将巢|安在繁花嫩叶当中，高兴起来了，呼朋引伴地卖弄清脆的喉咙，唱出宛转的曲子，跟轻风流水应和着。牛背上牧童的短笛，这时候也成天嘹亮地响着。（提示：'⌣'重音轻读，'‥'重音，'|'小停，'⏜'拖音。开头的词句要字字顿开，'母亲的手'和'抚摸'两重音要处理得语重而情深，令人觉得温煦而舒坦。'泥土的气息'和'青草味儿'读重音，给人以嗅

觉上的美感。'清脆''宛转''应和'，还有'短笛''嘹亮'等词语重读，使人感到耳畔似乎响起一支充满青春活力的迎春交响曲。）"这是课文《春》后面的一道练习。对刚升上初中的学生来说，进行这样的朗读有一定的困难，因此需要告诉学生怎样朗读及其原因。这就既使学生得以完成这次作业，又使学生能把提示中关于朗读的知识运用到以后的朗读实践中，收到举一反三的效果。

有的作业提示，就是为了降低作业难度。例如《背影》后的一道练习题："概括段意、层意。1. 第一部分（第一段）：＿＿＿＿＿＿＿。2. 第二部分（从"那年冬天"到"我的眼泪又来了"）：第一层（从＿＿到＿＿）：＿＿＿＿＿＿＿＿。第二层（从＿＿到＿＿）：＿＿＿＿＿＿＿＿。第三层（从＿＿到＿＿）：＿＿＿＿＿＿＿。3. 第三部分（最后一段）：＿＿＿＿＿＿＿。"在题目中，把段落和段落内部的层次分好，就便于学生概括段意、层意。对于刚刚升到初一的学生来说，这样提示是必要的。

（三）注解的编写

中学语文教材里，注解的内容很广泛，诸凡课文出处、作者简历、作品时代、课文中心、字音字义、词语解释、典故来源以及情况说明等，都有涉及。给教材作这些注解与给一般读物作注解不同，一般读物的注解只是为了帮助读者阅览，而课文的注解是为了辅助教学，就是说，要充分考虑教学的要求。怎样才能给学生恰当的基础知识，怎样才能培养学生的语文能力，怎样才能启发学生的学习积极性，都要认真考虑，力求有所体现。

叶圣陶先生说过：

> 我以为作注之事，略同于上堂教课。我侪虽伏案命笔于编辑室，而意想之中必有一班学生在焉，凡教课之际宜令学生明晓者，注之务期简要明确。所注虽为一词一语一句，而必涉想及于通篇，乃于学生读书为文之修习真有助益。尤须设身

处地，为学生着想，学生所不易明晓者，必巧譬善喻，深入浅出，注而明之，必不宜含胡了之，以大致无误为满足。注若含胡了之，教师亦含胡了之，而欲求学生之真知灼见，诚为缘木求鱼矣。复次，语文课令学生诵习若干文篇，无非"举一隅"耳，意盖期学生"能以三隅反"，阅读其他文篇与书籍也，非诵习此语文课本即毕事也。欲臻此境，教师之导引启发，学生之揣摩练习，皆至关重要，而我人作注，亦与有责焉。作注固在注明此一篇，苟于意义多歧之词语，含蕴丰富之典故，较为繁复之语法结构，颇见巧妙之修辞手段，多写一二句，为简要之指点，则学生自诵其他文篇与书籍，将有左右逢源之乐。总之，我人不宜抱多一事不如少一事之想，凡有裨于学生者，正当不避多事。我此存想，诸公以为然乎？①

这段精辟的论述既指出了教材作注的原则，又提出了具体做法。

其一，编者为课文作注，必须同教师教课一样，心里要有一班学生。（1）"凡教课之际宜令学生明晓者"，而"学生所不易晓者"，要作注。根据教学要求和学生程度，学生应该掌握而自己不易掌握的，不管是作品背景，还是一字一句，都要认真作出注释。（2）"注之务期简要明确"，"巧譬善喻，深入浅出，注而明之"。注文必须十分简要，切忌旁征博引、注中套注、烦琐庞杂；注文要通俗易懂、生动活泼，使学生能接受得了、喜欢看，切忌用文言或者半文半白的语言注，切忌注得晦涩难懂；注文要明晰，一语中的，明明白白，切忌"含胡了之"，使学生似懂非懂，切忌说"绕脖子话"，使学生不知所云。（3）"所注虽为一词一语一句，而必涉想及于通篇，乃于学生读书为文之修习真有助益"。要把字、词、句放在"通篇"这个语言环境中作注，而不要孤立地作注。就是说，不仅要注出字、词、句的一般义，还要注出语言环境赋予它们的特殊义。这样，才能有效地提高学

---

① 《叶圣陶集》（第16卷），江苏教育出版社1993年版，第158页。

生的读写能力，对学生真正有帮助。

其二，注解要考虑到如何培养学生的举一反三的自学能力。"作注固在明此一篇，苟于意义多歧之词语，含蕴丰富之典故，较为繁复之语法结构，颇见巧妙之修辞手段，多写一二句，为简要之指点，则学生自诵其他文篇与书籍，将有左右逢源之乐。"作注的时候要全面考虑，不能只想到"举一隅"，还要想到引导学生"以三隅反"。这就要使"注"起"指点"作用，对语法、修辞等语言规律"多写一二句"，使学生把握这些规律，并能运用到"其他文篇与书籍"的阅读中去。叶先生一向主张，课文无非是一些例子，是"一"，目的是引导学生"举"这"一"去"反三"，为课文作注，也要体现这个思想。

长期以来，叶圣陶先生一再告诫人民教育出版社中学语文室的同志，注释务必要注意科学性，要一丝不苟，马虎不得。还是在"文化大革命"以前，有位资历颇深的老编辑，受当时"左"风的影响，把《硕鼠》中的"素餐"注为"吃白饭"，叶先生批示道：根据何在？似乎没有这样注的。有些同志作注，就是查查字典、词典，把《辞海》《辞源》上的解释抄下来了事，这也是叶先生所反对的。他要求编辑有穷根究底的精神，要找到最原始的出处，不彻底搞清楚不罢休。有些注文尽管已经过千锤百炼，一致公认是正确的，但一旦有新的资料发现，证明这些注文有误，叶先生就要求根据新资料改正。例如，当马王堆的考古发现证明，《触詟说赵太后》中的"触詟"应为"触龙"时，人教社中语室同志继承叶先生时形成的传统，当即把课本中的"触詟"改为"触龙"。

（四）资料附录的编写

为培养学生的自学能力，在教材中编入资料，在新中国成立以前就已经这样做了。较为著名的，就是朱自清、吕叔湘、叶圣陶三位先生合编，1948年开明出版的《开明文言读本》（共三册），在第一册卷首编入一篇《导言》。它不但说明文言和现代语的种种区别，并且罗列了近200个文言虚字，把它们的用法分项举例说明，例句都标明课文所在的页码、行数，便于学生预习时检查参考。

新中国成立以后，在中学语文教材的编写工作中，这种编入资料的做法大大发展了，已不限于编入文言虚字，不限于放在教材的卷首。比如，有一种义务教育初中语文教材，为了提高学生利用资料鉴赏文学作品的能力，在一些文学作品课文的后面，附了关于这篇作品的时代背景、作者情况、作品评论的资料。更多的资料，是作为附录放在教材的最后部分。一般有汉语拼音方案简表、常用标点符号用法简表、语法复习表、修辞复习提纲、多音多义字表、现代汉语常用字表、简化字总表、现代汉语词语表、文言常用实词表、文言常用虚词表、文言常用句式、汉字形体的演变等等。

上述种种资料，其作用主要有三条。第一，起梳理、归纳教材中知识的作用，便于学生复习。教材中的语文知识，散点分布的居多，散见于注释、提示等各处，把它们归归类、分分层次，使之系统化，列表放在附录中，就大大方便学生学习。第二，便于学生查阅。学习语文，常常需要查阅资料，而学生不可能为语文准备大量资料书、工具书。在这种情况下，附录里列一些字表、词语表等，供学生日常查阅，应该说是善莫大焉。第三，供学生自读。附录里有些短文和资料性文字，无须教师在课堂里教读，学生自己读就可以了。比如一些文学知识短文、文体知识短文和常用应用文等。也有一些教材，把若干篇古代诗歌编入附录，供学生在课外朗读、背诵。上述内容，或者是比较浅显，一看即懂；或者是对必学内容的扩展和延伸，不作教学要求的；或者是课堂里来不及讲，但对学生很有用的，因此也编进来。

编写资料附录，一要精要，不能"装在篮子里就是菜"，不是越多越好，而要精选最必要的，对学生确有帮助的；二要好用，或用文字说明，或用图表，都要眉目清楚、主次分明、一目了然，学生用起来顺手；三要紧密配合教材正文，处处与教材正文呼应，不要游离于正文之外，"另立山头"，变成累赘。

五　语文知识的提取和编排

新时期中学语文教学大纲对教材中语文知识的提取原则作了明确规定，即"精要、好懂、有用"。

所谓"精要"，包括两层意思：一是就语文知识的"量"而言，要少而精。中学语文教育是打基础的教育，不是培养专门人才的专业教育。教育的目的在于使学生具备能应付日常生活的语文能力，或者为毕业以后的进一步深造打下语文方面的基础。因此，不必过分强调知识的系统性和完整性。所教的语文知识只能是最基本的。过去的中学语文教材的语文知识内容，一般都嫌多而杂，20世纪末起中学语文教材的语文知识内容已经大为缩减。二是就语文知识的"质"而言，要让学生学习并把握语文知识内在的本质和规律。比如关于汉字的结构知识，汉字的象形、指事、会意和形声等造字法都得介绍，但应以形声造字法为主，对形声字的形左声右、形右声左、形上声下、形下声上、形外声内和形内声外的结构方式及造字规律要着力介绍，因为汉字中绝大多数是形声字。

所谓"好懂"，也有两层意思：一是所介绍的语文知识要适合学生的年龄特征和认识水平。那些深奥难懂的语文知识，学生经过一定努力还是学不到手的，应该毫不犹豫地舍弃不讲。例如过去有些中学语文教材介绍的风格学、辩论术、文字学等知识，显然脱离中学生特别是初中学生的水平，因此是不可取的。二是介绍语文知识要力求深入浅出、化难为易、通俗易懂，变枯燥乏味为生动有趣。语文知识是科学知识，科学知识往往要用名词术语、定义法则等来表述。语文知识中的语法、修辞和逻辑知识，更离不了名词术语、定义法则，学起来难免感到枯燥乏味。这就要求教材编者在介绍语文知识时，尽可能从课文中和日常生活中的具体语言实例出发，归纳出语言规律，不孤立地抽象地去解释一些语言学的名词术语。阐明语文知识的语言，其本身应该尽量做到生动活泼、有声有色，以利于激发学生的学习兴趣。

所谓"有用"，就是指所介绍的语文知识有助于学生形成语文能力，掌握好语文工具。学生理解并掌握了教材上的语文知识，能用来解释学习上和生活中遇到的各种语言现象，能使读写听说的水平得到提高，就会感到语文知识是有血有肉的非常有用的东西，于是就乐于学习、乐于使用。当然，对语文知识的"有用"，也不能作过于狭隘的理解。有些语文知识，学了虽然不能马上用，但到将来必能用得到；有些语文知识，也许不能转化为能力，但作为一种文化素养，学生也是应该具备的，这是另一种意义上的"有用"。

语文知识的项目很多，从中学语文教学的基本要求出发，对语文知识的编排不宜强求一律。有些可以适当注意系统性，写成若干篇相互联系的短文，分别安排在教材的单元后面，或集中安排在每册教材的最后，这就是集中串联；有些可以不求系统，不设专文，点点滴滴地穿插安排在课文的注释中、作业中和提示中，让教师相机讲授，这就是散点分布。

（一）集中串联

首先，要把语文知识分解成若干块，即若干篇短文。分解时，要考虑到诸种因素，如语文教学的目的要求、学生的接受能力、各类知识之间的联系、与读写听说训练的配合等。一般说来，对有些知识的分解分歧不大。如文体知识中，记叙文分解为要素、人称、顺序、中心、详略五块，说明文分解为对象特征、条理、方法三块，议论文分解为论点、论据、论证三块；又如文学知识中，文学体裁分解为小说、散文、诗歌、戏剧四块。但对有些知识究竟怎样分解，长期以来众说纷纭，其中以语法为最。这要靠继续研究和实践来解决。

其次，要把分解出来的语文知识块分出先后，使之有个序列，形成系统。也就是说，要把这些块合理地串联起来。串联得是否成功，要看是否能体现两方面的规律性：一方面是语文知识本身的规律性，另一方面是学生学习语文知识的规律性。例如写作知识，审题、立意、选材、谋篇布局、遣词造句、推敲修改，这个系统就比较符合知识本身的规律性；又如文体知识，初一着重编入记叙文知识，初二着重编入说明文知识，初三着重编入议论文知识，这个系统也比较符合学生从形象思维到逻辑思维的心理发展规律。教材是综合性的，各种语文知识都具有不同的规律性，学生学习这些知识都具有不同的心理特征和心理反应。例如语法知识，有的认为应从小到大（语素→词→短语→句子→句群），这样才符合知识本身的规律；也有的认为应倒过来，从大到小，这样才符合人们学习知识的规律；也有的认为应从中间（句子）突破，带动两头，这样既符合知识本身的规律，又符合学生学习规律。长期众说纷纭，莫衷一是。现在一般认为，应从大到小。因此，教材的编者到底怎样把这些知识块串联起来，才算真正符合知识本身的规律和学生学习的规律，这确是一个十分复杂的课题，需要认真研究。

再次，每块语文知识的编写应注意如下几个方面：一是阐明规律。叶圣陶先生说，语文知识应当讲解基本规律，"务使读者修习之后，对于语言文字的规律具有扼要的概念，并且养成正确地、精当地发表的习惯"。尤其重要的是，知识短文应当"从实际的听、说、阅读之中多提出实例，让学生自己去发现种种的法则"[1]。短文要阐明规律，而且要引导学生去"发现种种的法则"，这是对知识短文很高的要求，然而应当力争做到。二是例句典范。语文知识短文中的例句要求

_____

[1]《叶圣陶集》（第16卷），江苏教育出版社1993年版，第116页。

典范而又切合学生语言实际，能引导学生自己去发现语言规律，学以致用。"最感麻烦的是文法、修辞的例句的搜集"，这是经验之谈。例句选自名家名篇，有好处，但往往离学生语言实践远，学生不易学到手。一般说来，"例子以日常生活中的语言，读本上的文句，作文练习簿上的文句为范围"。三是多设计练习。张志公先生说，如果问学语法有什么窍门没有，答案是：有，学语法的窍门就是勤练。"勤练就是要我们不光死记硬背语法书上的术语、定义，而要密切联系实际。"①吕叔湘先生也说："讲解和练习是不可偏废的。如果忽视练习，绝对不容易提高教学的效果。……少做练习或不做练习，主要因为设计一套有实际价值的练习不是轻而易举的工作……"②因此，每块语文知识短文都应当包括一套"有实际价值的练习"。

当前，集中串联的编排方法仍然未能解决的一个难题是，语言知识怎样同读写听说训练及课文学习紧密结合起来。1978年出版的一种中学语文教材，把几十篇语言知识短文分别编排在几十个单元的后面，企图把语言知识同单元课文结合起来，然而由于缺乏内在联系，被批评为"貌合神离"。1988年编写出版的一种初中语文教材，索性把语言知识切割成五组（每组包括四五块），分别编排在五册教材的最后，于是块与块之间倒是串联得紧密了，可惜与单元、课文游离得更远。看来，这个问题需要从根子上解决。换句话说，从内容上、写法上把语言知识同读写听说训练、同课文结合在一起，你中有我、我中有你，互相融合、渗透。至于块状语言知识究竟放到教材的哪个位置，也就可以连带得以解决了。

（二）散点分布

这种编排方法的长处是显而易见的。由于语文知识是一点一滴地

---

① 张志公：《语法的内容、用处和学习方法》，见《张志公文集》（第三卷），广东教育出版社1991版，第138页。

② 吕叔湘：《语法三问》，载《语文学习》1953年第8期。

穿插安排在课文的注释、练习和提示中，作文训练和听说训练的提示中，所以语文知识自然地同课文、同读写听说训练融合在一起。语文知识所阐明的规律从课文中归纳出来，又直接作用于对课文的分析、对训练的指导之中，学生会感到好懂、有用。由于这个长处，不少语文专家提倡这种编排方法。叶圣陶先生1949年8月编写的《中学语文科课程标准》规定：语言知识"不作孤立的教学，孤立的教学徒然探讨一些死知识，劳而无功，必须就实际的听、说、阅读之中相机提出教材"。吕叔湘先生在给1991年1月中学语文语法教学研讨会的一封信上说："初中：不系统地讲语法，尽早选择重要的语法名目作极简单的介绍，以后以结合作文评改示范为主。"1963年《全日制中学语文教学大纲（草案）》规定："初中阶段通过练习介绍一些基本的语法、修辞知识"，"要通过练习和注解介绍一点最基本的文言语法知识。在课文的注解里简单介绍有关作家和作品等必要的文学常识"。

散点分布法的长处明显，短处也突出。这就是，知识零碎，东一点、西一点，不系统。它只适用于介绍那些不一定讲究系统性的语文知识。对于那些需要注意系统性的语文知识，还得采用块状串联法。

编写散点分布的语文知识，要注意充分发挥这种编写法的长处，克服这种编写法的短处。第一，对散点分布的"点"有哪些、分布在哪里，要有一个通盘考虑。散点分布的语文知识是在"实际的听、说、阅读之中""相机"提出的，稍不注意，就会搞得杂乱无章。我们应该有计划、有步骤地把一个个"点"分布到每册以至整套教材中，使散点分布的语文知识"点"单独分出来是一条线，与课文、读写听说训练合起来是一个整体。第二，语言要极为简明扼要。散点分布的"点"是点点滴滴的"点"，是蜻蜓点水的"点"，因此尽可能三言两语解决问题，切忌啰唆冗长。第三，有些点状的语文知识，在介绍完一个段落之后，最好用附录的形式归纳一下，以对其没有系统的缺陷有所弥补。

六　整套教材的编排

语文教材的编排，大致上可分为整套教材的编排、单本教材的编排以及单本教材内单元的编排。

整套教材的编排，一般分为合编型与分编型。

合编型教材有五大特征：语言、文学合在一起，文言、白话凝成一块，听、说、读、写集于一体，语文知识融入读写，课文、知识、导学、作业、图表、附录六个系统高度综合。合编型教材有五种类型：阅读主线型，比如上海1993年版九年义务教育H版语文教材、王均先生主编的"注音识字，提前读写"语文教材，都以阅读训练为主线；写作主线型，比如叶圣陶先生、夏丏尊先生主编的《国文百八课》，景山学校编写的初中语文教材，都以写作训练为中心；知识主线型，比如张志公先生主编的北京大学出版社出版的初中语文教材就以知识为先导，法国母语教材《文学与表达》也属这类教材；方法习惯型，比如王尚文老师主编的初中语文教材设学法指导120次，上海1993年版九年义务教育S版语文教材也以方法指导贯串全书；多线并行（交织）型，比如张鸿苓老师主编的1992年版四年制初中语文教材是读、写、听、说等七条线齐头并进，人教社1993年版三年制初中语文教材是读、写、听、说等五条线协调发展。

分编型教材是把语文这门课程分成两种或两种以上不同的科目，然后分别编制而成的教材。分编型教材在西方有着悠久的历史，我国则在20世纪初才出现。按照不同的分编标准，分编型教材一般分为四种。文学和语言分编，这在国外非常普遍，我国则只有1956年版《文学》《汉语》分编教材。阅读和写作分编，这在20世纪八九十年代有好多种，比如人教社1992年版初中《阅读》《作文·汉语》教材、中央教育科学研究所1981年编制的初中《阅读》《作文》教材、欧阳代娜老师1992年主编的《阅读》《写作》教材。文言和白话分编，在20世纪上半叶有三套，下半叶只有一套，即人教社1995年版高中一年级语文实验教材，有《文言读本》和《现代文选读》分编。多块内容的分编，一般编成几种乃至十几种教材，分编标准无明确规定。比如某些高中语文选修课教材，在内容上是阅读与写作分编，在语体上是文言与白话分编，在文体上是文学与文章分编；又如我国台湾地区有国文教材，又有中国文化基本教材，书法、应用文、文法与修辞、国学概要等教材。

合编型教材的长处，就在于综合，体现了语言和语言学习的综合性特点，符合中小学生的认知规律。它把所有的内容编排在一起，有明确的目标；由易到难，螺旋式上升；各项内容相互为用，如合奏一曲交响乐，富于整体效应。它便教便学，好像一盘炒菜，各种营养齐全，只要照吃即可，不必再费心加工。它的分量相对较小，有利于减轻学生负担。合编型教材的缺点，也在于综合性。由于把繁杂的内容糅合在一起，弄得不好，往往顾此失彼，眉目不清，线索不明，系统性不强，混乱而芜杂，被讥为"大杂烩""大拼盘"，像编得不高明的杂志。

分编型教材的长处，就在于分编，各种内容按各自的系统编排，因而头绪分明，系列清晰，严整而有条理。这类教材一般内容丰富，文化含量高，训练力度大，学生可以从中多多受益。分编型教材的缺点，也在于分编，各种内容各自为战，处理不好就缺少照应和联系，不利于相互渗透、协调发展。教师同时教两种以上教材，需要自己挖掘教材之间的联系，这会加重教师的负担。学生学两种以上教材，能学到手固然好，但往往因负荷太重而不堪其苦。

这两种类型教材的改革方向很明确，就是各自吸取对方的长处，克服自身的局限性。也就是说，合编型教材要汲取分编型教材的因素，分编型教材要吸收合编型教材的因素，尽可能互相渗透。教材编排要找到合编与分编的平衡点。

就合编型教材来说，固然要把阅读、写作、口语交际、综合性学习和识字写字等内容融会贯通，熔为一炉，但也要使这五部分内容分别保持相对独立，自成系统。就是所谓"合则相互为用，分则系列清楚"。编排这样的教材，第一，要找准各部分内容的结合点。换句话说，就是要解决用什么把各部分内容综合在一起的问题。结合点用知识技能，用过程方法，还是用人文主题，可以百花齐放。问题的关键是，找准的这个结合点能真正把各部分内容糅合在一起。第二，正确处理各部分内容之间的关系，使之和谐共处。一副中药，有好多味药合成，但各味药的地位和作用并不相同，俗称"君臣佐使，各尽其职"。合编型教材也是如此，各部分内容应有主有次，有帅有兵，各自居于适当的位置上。以阅读为主，以写作为主，或以知识技能为主，都不妨一试，但要有所依据，各部分能和谐共处。第三，每个部分内容都自成系统。合编型教材好像一张网，从横向说，各部分内容联结在一起，从纵向说，各部分内容各成系统，都是按一定关系组织成的整体。比如阅读一个系统，写作一个系统，口语交际一个系统，清清楚楚。难怪有人说，这种教材是分编合册。这话在一定意义上可以成立。摆在改革者面前的难题是，怎样真正落实上述三个方面，编排出理想的语文教材。尽管到现在为止，已有敢吃螃蟹者作了尝试，然而离理想境界还相距甚远。

就分编型教材来说，固然要保持阅读与写作、文学与语言、白话与文言等各个系列分明，但也要使各个系列的内容尽可能互相补充、相辅相成，切不可楚河汉界，壁垒森严。比如文学与语言。过去一度把文学当作语言训练的材料对待，确是不对的，但不等于文学教材只能讲文学欣赏。即使只讲文学欣赏，也应突出文学作品的语言因素，首先欣赏语言。这样就加强了文学教材与语言教材的联系，文学教材与语言教材不仅不对立，而且还能相互促进。又如文言与白话。长期以来，过分夸大文言不同于白话的一面，把文言当作外国语来学；改革开放以来有些学者强调文言与白话的相同之处，学习文言联系白话，既有利于学习文言，又有利于学习白话。因此，文言教材与白话教材具有天然的联系，何来对立？要紧的是促使文言学习与白话学习共同协调发展。又如阅读与写作。读写结合尽人皆知，不过这读应该不仅是现代文章的读，还包括文言的读、文学作品的读。阅读文言、欣赏文学作品，也要跟写作结合起来，可以进行扩写、缩写、改写训练，可以写读后感、读书报告、读书评论等。于是，阅读教材、写作教材、文学教材和文言教材四者可以联系起来。分编型教材汲取合编型教材的长处，有很多工作要做，有待于教材改革者的不懈探索和顽强努力。

当前，我们的语文教材是教育部统编版，是合编型教材。国外教材尤其是高中教材，以分编型教材为主。建议在推行国家教育政策、遵循语文学科教育规律的前提下，鼓励研制分编型教材。

七　单本教材的编排

　　单本教材的编排，要服从整套教材的编排。在整套教材决定是合编还是分编以后，再考虑单本教材怎样呈现合编或者分编的内容。一套教材内各单本教材的编排方式，可以相同，也可以不同。按编排线索分类，单本教材基本上有下列五种类型。

　　知识主线型。以语文知识为线索，把若干单元串联在一起。例如叶圣陶、夏丏尊两位先生的《国文百八课》第一册，有18个单元，用18篇阐述文章理法的文话来引领。这些文话是前后衔接的，这18个单元随之构成一个整体。又如人教社1982年高中语文实验课本《文学读本》上册以文学常识——古代诗歌常识、现代诗歌常识、古代散文常识、现代散文常识为线索组织全书，依次统领古代诗歌、现代诗歌、古代散文、现代散文四个单元。知识主线型教材有两个特点：一、知识是系统的，在全册形成一个序列，它是教材的主脑部分；二、知识统领教材的其他内容，引领读、写、听、说等语文实践活动。

　　方法引导型。以学习方法为线索，把若干单元整合在一起。例如洪宗礼先生主编的2004年版课标实验教材九年级下册，共五个单元，依次以比较与辨微、迅速捕捉阅读信息、疑为学之始、知人论世读经典、横看成岭侧成峰等五种学习方法来引领。日本光村出版社和教育出版社编写出版的初中语文教材，以及德国的中学母语教材《德语·思索》，基本上也采用这种编排方法。这种编排的特点：一是学习方法系统、有序地安排在若干单元，便于学生学习把握；二是用学习方法统领教材其他内容，以利于在读、写、听、说等语言实践中运用这些学习方法，最终形成语文能力。

技能训练型。以技能训练为线索，把各个单元连贯成一书。例如上海1993年版九年制义务教育语文H版六年级上册，在六个单元中，其中三个单元由易到难地训练朗读技能，三个单元从简到繁地训练默读技能，以朗读和默读技能的训练来统领全书的内容。20世纪90年代的初中语文教材，虽然品种不少，但几乎都是根据1992年版义务教育初中语文教学大纲中列出的48项能力训练点，来确定技能训练点，然后据以编排教材内容的，因此可以一概称之为技能训练型教材。这类教材突出了工具性，着力于学生掌握语文工具。

人文主题（话题）型。以人文主题为线索，使全册书各个单元成为一个有机的整体。例如北师大2005年版七年级上册，按照童年梦痕、秋日撷英、亲情歌吟、品行善恶、生命礼赞、性灵愚慧六个人文主题来编排。当时其他课程标准语文实验教材，也大都采用这种编排方式。在国外，例如美国哈克特和布莱斯公司出版的中学六年级（相当于我国的初中一年级）文学教材《文学宝库》，就采用了以文学作品表达的主题为线索的编排方法。这种编排追求工具性与人文性的统一，关注学习中的非智力因素，使人文主题与学生身心发展相结合，有利于学生融会贯通地学习语文，知识、技能和情感协调地发展，获得语文素养的整体提高。

活动板块型。与前几种类型都不同，一册书里分作几个板块（单元），这些板块相对独立，相互之间没有联系，也没有前后次序，它们的学习目标不同，内容也不同。例如德国韦斯特曼出版社于20世纪末出版的初中《现代德语》，共设七个板块，以不同颜色来表示区别。这种类型的教材给教师提供了更大的活动空间；教师可以根据教学条件和学生情况，灵活掌握学习内容和进度；可以利用教材的范例，自行设计各种激发学生思维和促进学生学习的练习形式。这种教材也给学生开辟了更广阔的自主学习的天地。

上述五种编排类型，都有其或多或少存在的价值，但都还需要改革。其中知识主线型的改革尤其迫切。至今为止，人们对知识主线型的《国文百八课》一直好评如潮，殊不知叶圣陶先生自己却说这套教材的教学效果并不好，初中教材的编制要"重起炉灶，重辟途径"[①]。大家知道，学生主要在自主的言语实践中形成语文能力，知识只能起辅助作用，而且要在一定条件（学生已具备一些语感）下，用一定方式讲述，比如"随文讲"，才能起到辅助作用。《国文百八课》"知识主线型"在某些方面与这些原则相悖。这种编排类型的改革，不妨做到：精选能够作为"先导"的方法性知识，把这些知识排成系列，用精要、好懂的语言表述这些知识。最要紧的是，应引导学生自己在言语实践中归纳、比较、建构这些知识。

方法引导型的命运与知识主线型相反，人们始终对它齐声喝彩。其实方法也是一种知识。由于它所涉及的知识只是方法性知识，没有其他知识混迹其中，从而获得较好效果。但这并不意味着这种编排方法不需要改革。至少应该考虑以下方面：精选学习方法；把学习方法排成系列；用简明的语言阐述这些方法；引导学生在言语实践中正确运用学习方法，最终形成适合自己的学习方法。要紧的是，通过反复实践，使方法迁移为能力，成为习惯。此外，方法引导型编排方法适用于初中高年级及高中教材，也就是说，在学生有了一定语文基础以后再教方法，容易见效。

技能训练型现在基本上已被抛弃，但不少人对它怀念不已。香港一位教授甚至为它撰文著书，历数它的长处。新世纪语文课程标准尽管不再把训练作为语文课程的核心概念，但还是主张"注重基本技能的训练"。可见，只要还需要技能，技能训练是绕不过去的，技能训练型依然有生命力。鉴于这技能只是"三维目标"中的"一维"，还有过程和方法、情感态度和价值观这"二维"，因此这种类型教材除了有技

---

① 《叶圣陶集》（第24卷），江苏教育出版社2004年版，第185页。

能训练线，还需要兼有过程和方法线、情感态度和价值观线。应以技能训练线为主，其他两条线为辅，三股线交织在一起。这样，庶几能克服被人诟病的弊端，充分发挥它的长处。

人文主题型是新世纪课程标准实验教材普遍采用的编排类型。与上述以知识、方法、技能训练为主线不同，它以人文主题（话题）为主线，力图一举达到"三维"目标。尽管对它的赞扬声响成一片，然而质疑声也不绝于耳。问题出在它竖起了工具性与人文性统一的旗帜，旗下却过于青睐人文性，而怠慢了工具性，技能训练未成系统，致使学生的实际运用语文的能力下降。显而易见，以人文主题为主线，不能只顾人文，还得兼顾知识能力和过程方法。比如日本光村图书出版社株式会社20世纪90年代初编写的初中语文第二册，就是这样编排的："走向新世界——思考学习方法""文学的乐趣——抓住对事物的看法和感受""自然中的奇特现象——掌握文章的结构和条理""祈求和平——领会情境和人们的心情""在生活中——抓住对事物的看法和想法""接触古典文学——养成阅读古典文学的习惯""少年岁月——领会人物心情，触及作品主题"。人文主题型的改革应朝"一主两副"的方向发展：主线为人文主题，副线为技能训练、方法习惯培养。

活动板块型教材，能见到的就是德国的一种。它的每个板块，类似于我国教材中的专题、综合性学习。把这些板块无序地拢在一起，成了一册书。在某些人看来，这是毛坯，不是成熟的教材。它要求教师发挥创造性，根据当时当地的条件改编教材，完成编者没做完的工作。教师也成了教材编者。做得好，能成为理想的教科书，有很好的效益；弄得不好，可能把教材搞成一团糟，难以收场。鉴于我国国情，活动板块型不妨缓行。但它的先进理念应该吸收，前卫做法可供研究参考。也许若干年以后，这种类型能成为我国教材的创新点。

理想的整套教材和单本教材的编排，应该是怎样的呢？下边提出几种设想：

第一，按照学生的身心发展和学习语文的规律编排教材。这意味着我们的教材应致力于学生知识、技能、情感齐头并进，引领学生有个性地全面发展。教材编排为什么从知识主线型、技能训练型，发展到今天人文主题（话题）型、活动板块型，就是因为后两种类型更符合学生的心理特征。语用能力的培养，必然伴之以情感的熏陶、价值观的渗透。换言之，培养语用能力必须寓于发展整个身心之中。教材编排形式改革就要进一步深入研究学生心理，把握学生心理和语言学习规律，以充分适应学生需要。

第二，培养语言运用能力是语文课程的基本任务，是开设语文课程的目的，当然不可稍有忽视。必须构建语用能力训练系统，把课文作为语用能力训练的凭借，让语文知识为语用能力训练导向。语用能力训练系统是教材的主体。这个训练系统，如上文叶圣陶先生所说，可以分成若干项目，从低到高、由小到大、从简单到复杂，有序地编排。最终目的是养成语用能力。

第三，教材编排可以以语用能力训练为主，以语文知识线和人文素养线为辅，三条线索或并行或交织，把整套教材贯串成一个整体。这样可以兼顾学生身心发展、学科知识能力结构和社会需要三个方面，有利于学生语文素养的整体提高，"三维"目标的全面达成。

八　单元的编排

　　单元编排是由整套教材、单本教材的编排所决定的。单元编排要正确处理单元内容各要素之间的关系和呈现方式。大致上说来，单元编排有下面四种类型：

　　多元组合型。这种单元编排指确定一定的知识点和能力训练点，配以适当的范文，编入相应的语文知识和作业练习，把读写听说等所有内容组合成一个整体。这种类型遵循三条原则：第一，以单元为整体。在纵向上，由首、腰、尾三部分组成。首，即教育教学目标（知识传授和能力训练，情感、态度和价值观培养）的确定；腹，即目标实现的过程和方式；尾，即目标实现程度的检测。在横向上，把学习语文知识、掌握学习方法、提高语文能力等结合在一起，形成具有整体教学效应的"集成块"。至于单元合成的具体方式则多种多样，或以阅读为主，或以写作为主，或以语文知识为主，或以学习方法为主。这种多元组合，符合读写听说相互联系、互相促进的规律。第二，以目标为核心。多元组合要以特定的教学目标为核心和依据。单元内容的综合性与单元目标的单一性是一对矛盾，能否正确处理这个矛盾是多元组合成败的关键。以恰当、明晰的目标为核心，才能有效地把各项内容组合成整体。第三，以知能转化为依归。多元组合要按照知能转化的要求精心设计。课文分为精读、略读、参读。作文分整篇作文、课外练笔、日记，随文讲语文知识，练习题分感知理解、积累运用、探究拓展，等等，都为了助推学生在语文实践中完成知能转化。20世纪八九十年代语文教材的单元编排，大都采用这种多元组合型。这样编排，有利于学生训练语文技能，提高语文能力，培养良好的语文习惯。

主题—情境型。主题，指根据学生的生活经验、学习兴趣及汉语丰富的表意功能和独特的文化内涵来确定的语文学习主题，它统摄一个单元中所有的阅读材料及语文实践活动。情境，指围绕主题设计的一系列语文实践活动的背景。情境由主题生发，主题又以情境呈现。这种类型单元的主体不是课文，而是语文实践活动。课文只是作为引发阅读活动的材料，它依然重要，但要服从于语文实践活动。怎样把语文实践活动设计成单元的主体，是编制主题—情境单元的关键。这种类型的单元，有三个长处：一是把语文实践活动置于情境之中，缩短学生与教材的距离，便于激发学生的学习兴趣，突出学生在学习中的主体地位；二是依赖情境呈现学习内容，增强语文与生活的联系，强调在实践活动中学习语文，注重语文学习的过程；三是便于在语文学习中开展平等对话，进行对话教学，还便于开发更多语文课程资源，使语文学习内容丰富多彩。与多元组合型着力于训练学生的语文技能不同，它致力于学生知识、能力、情感等语文素养的全面养成。当下的语文教材的单元基本上采用主题—情境型编排方式。

专题型。在欧美，称为"专题或设计学习""多元文化联系""跨学科学习"；在日本，称为"综合学习实践"。在这里，姑且统称为"专题"，相当于大单元，但又有特殊性。专题，是国外母语教材的亮点。英国牛津大学出版社1991年出版的《牛津英语教程》，在三册书中设立20个专题，其中最典型的是生存演习"在岛上"；德国2000年出版的高中教材《德语·思索》中也有专题，如"举行专题晚会"。我国多种义务教育课程标准实验教科书《语文》设计有专题，如苏教版就有"狼""荷""长城"等十个专题。这种专题基本上分为四类：一是研究性学习。模仿和遵循科学研究的一般过程，选择和确定课题，通过课题研究、考察测量、查阅文献等途径，收集大量资料，运用科学研究方法，提出研究方案，并撰写研究报告，展示研究成果。二是设计性学习。一种实际应用的学习，侧重实际运用和设计。三是体验性学习。一种学习活动，接触社会，深入社会，增进对社会的了解，对社会生活经验的积累，对社会物质文化、精神文化和制度文化的理解、感悟和体验。四是实践性学习。作为一项社会活动，这种编排注重引导学生参加实际的生活、生产、服务活动，以获得实践经验。专题型单元的特点是：第一，综合性。体现为语文知识的综合运用，听说读写能力的整体发展，语文课程与其他课程的沟通，书本知识与生活实践的紧密结合。第二，实践性。联系生活中的实际问题开展学习活动，在实现语文学习目标的同时，增强在与自然、社会和他人的互动中的应对能力。第三，自主性。重视学生主动积极的参与精神，主要由学生自行设计和组织活动，注重学生在教师指导下的自主学习。第四，探究性。从培养创新能力着眼，专题设计力求开放、多元、跨领域、跨学科，富于学习和创造的广阔空间，有利于学生建构探究的学习方式。由于专题具有传统教材所没有的优越性，因此设置专题已成为国内外母语教材编制的共同发展趋势。

学习任务群型。这种单元设计与以往教材的内容单元的设计有所不同，它依据的不只是内容，而是立足学科核心素养，整合目标、任务、情境与内容的教学单位。换言之，一个单元就是一个指向核心素养的、相对独立的、体现完整教学过程的课程细胞。一个语文学习任务群就是一个基于语文核心素养的大单元。

可以说，学习任务群型是专题型的发展与提高。（1）以核心素养为纲的大单元设计，体现了对三维目标的融合与提升。2003年版普通高中语文课标提出了"知识与技能、过程与方法、情感态度与价值观"三维目标，但没有明确指出三维目标融合的途径。学习任务群大单元设计解决了这个问题。比如，任务群大单元"语言积累、梳理与探究"，以发展学生"语言建构与运用"素养为主，同时，也重视学生"思维发展与提升""审美鉴赏与创造""文化传承与理解"素养的发展。在这个过程中，语文知识与技能、语文学习方法与习惯、情感态度与价值观都融为一体，难解难分。（2）学习任务群型大单元有机整合了诸多语文要素。以往语文教材往往按照"字、词、句、篇，语、修、逻、文，听、说、读、写"12个方面，组成一个个清晰的知识能力体系。学习任务群大单元，一是根据新的知识观技能观，对这12个方面进行改造和更新；二是把12个方面融合在一起；三是引进、融合更多语文要素。（3）按主题选择与组织大单元内容。学习任务群大单元在主题统领下，以学习为主线，把诸多语文教育元素有机融入主题单元，形成新的秩序。高中语文18个任务群大单元，由18个主题统领。每一个任务群大单元，都选择与组织了诸多语文教育元素，12个方面的知识和技能样样不缺，按学习主线组合在一起，这是一种新的奇异的秩序。①

多元组合型是教材单元的传统编排类型，在20世纪90年代盛极一时，到21世纪基本上被遗弃，为主题—情境型取而代之。然而，主题—情境型并非一路高歌，没有多久便招来不少批评。在批评声中又夹杂着对多元组合型的肯定声，多元组合型似有东山再起、卷土重来之势。平心而论，多元组合型不应完全打倒，它的长处可以继承下来；主题—情境型不必完全另起炉灶，可以大量渗透多元组合型的因素。主题—情境型的长处是力图实现工具性与人文性的统一、三维目标的达成、学生语文素养的整体提高，但实际上，学生语文运用能力的培养是它的短板，从而影响了它总目标的实现。而语文技能训练正是多元组合型的强项，何不把它融入主题—情境型？当然，不能照搬，需要改造，就是把技能训练与精神、态度和价值观联系起来。这样，把技能训练寓于精神发展之中，技能训练就摘掉过去在多元组合型中的单纯技能训练的帽子，升格为科学训练，与学生整个素养的提高熔为一炉了。不妨在多元组合型和主题—情境型的基础上，创编一种较为完善的单元编排类型。

---

① 陆志平：《语文学习任务群的特点》，载《语文学习》2018年第3期。

专题型教材有旺盛的生命力，前景远大。但在试用过程中已发现一些问题。第一，过于强调跨学科，反而在其他学科的汹汹来势中，语文学科退避三舍，淹没在其他学科中。目前教材中的一些综合性学习，重点转到了音乐、美术、生物乃至体育。这是急需改进的，需找到语文学科与其他学科的结合点，并始终坚持"以我为主"。第二，过于强调探究性，把大学生甚至研究生的研究题目放在综合性学习中让学生探究。或者由老师、家长越俎代庖，或者流于形式主义，由学生走过场草草了之。第三，过于突出少数尖子学生的作用，由他们主导、策划、组织、活动，多数学生参与少，后进学生当陪客。这也是专题活动中需要克服的不正常现象。对专题型的改革也不可掉以轻心，应该对症下药，让专题型教材更加健康地发展。

理想的单元编排类型，至少应具备三个条件：设计语言运用实践活动的情境，制定语言运用实践活动的操作程序，扩大语言运用实践活动的空间。

第一，设计情境。语文课程的一大特点是实践性，学生的语文能力必须在语言运用实践活动中养成，而语言运用实践活动都是在一定的情境中进行的。这种情境最好是生活中真实的情境。但是生活情境不可重复，不能搬进教室，因此教材只能虚拟生活情境。关键在于这虚拟的情境要具有真实性，尽可能与真正的生活情境相一致。我们可以利用录音、录像、电脑、电视、手机和网络，把语言实践活动的情境电子化，用电子模拟出逼真的语言实践活动的情境。现在的主题—情境型已经设计了情境，但尚需完善。

第二，制定程序。新世纪语文课程标准跟过去语文教学大纲的一大区别，就是课程目标中增加了"一维"——过程和方法。关注学生的学习过程，引导学生发挥主动性，在学习过程中不仅掌握知识，还了解知识如何生成。单元编排中注重制定语言运用实践活动的程序，就是注重学习过程，引导学生有计划有步骤地开展语言运用实践活动，最后达到培养语言运用能力的目的。我国教材的各种单元编排类型一向都缺少这种内容，当然要弥补这个缺陷。

第三，扩大空间。以语言运用实践活动为主体，专题大单元编排立体、多元，给学生提供更大的活动空间、更多的自由探索和实验的条件。学生可读可写可口语交际，可调查可考察可访问，可课内可校内可走向社会，可查书上网，可自学讨论，等等。引导学生在生活的广阔天地里学语文用语文，随时随地地学语文用语文，成为一个语文人。

第八章
语文教材的使用①

一　使用语文教材的前提

正确使用和处理教材的前提，是了解、把握教材，而要了解、把握教材，首要条件是明白教材编写的科学依据和指导思想。

（一）教学大纲（课程标准）的要求

《教育大辞典》指出：教材是"根据教学大纲（课程标准）编写的教学用书"。编写教材的主要依据就是教学大纲（课程标准）。教学大纲（课程标准）规定了教材的教学目标、教学内容和教学方法。新世纪的语文课程标准还专门辟有《教材编写建议》一节，具体说明教材编写的有关事项。教材编写的过程就是落实这些事项的过程。

随着时代的发展、国家教育改革的推进，教学大纲（课程标准）也不断地修订或重编。教学大纲（课程标准）修订或重编一次，教材也跟着修订或重编一次。例

---

① 本章由顾黄初教授撰写，选入本书时作了增删。

如，1963年中学语文教学大纲提出培养学生"正确理解和运用祖国语言文字的能力"，强调"双基"，于是1963年中学语文教材突出语文的工具性，注重语文的基本能力训练。又如，2017年普通高中语文课程标准提出立德树人，以核心素养为本，设计18个学习任务群，于是2017年高中语文教材按照18个学习任务群编写，致力于发展学生核心素养，促进学生全面而有个性地发展。

总之，要使用好教材先得把握课程标准（教学大纲）。

（二）教育思想的指导

教育思想是指人们对教育工作的根本观点，也称教育观。编制教材的人，自己未必从事学校教育工作，但是他所编制的教材是供教师和学生在教育活动中使用的，因此他的全部工作必须有正确的教育思想作指导，并通过教材对师生的教育活动起指航导向的作用。

从当前人们对教育工作的基本认识看，以下四点是编制中学语文教材的重要依据。

1. 有利于立德树人

党的十八大、十九大报告提出，把立德树人作为教育的根本任务。语文教材无疑要为落实这个根本任务发挥独特作用。从这样的教育思想出发，2019年统编高中语文教材确立了以人文主题和学习任务群两条线索结构单元的新的教材框架体系。其中人文主题线索，围绕"理想信念""文化自信""责任担当"三大精神主线，分解出若干人文主题，作为单元组合和内容选择的重要依据。必修上册涉及的人文主题有：青春激扬、劳动光荣、生命的诗意、我们的家园、乡土的中国、学习之道、自然情怀和语言家园。这些人文主题一方面体现社会主义核心价值观，另一方面与学生个体关切、社会发展密切关联，有利于落实立德树人的根本任务。

2. 有利于提升学生的语文核心素养

教育部颁布的多个文件提出，语言建构与运用、思维发展与提升、审美鉴赏与创造、文化传承与理解是语文学科四大核心素养；还提出语文学习任务群，要求根据学习任务群的特点和学习任务群的组合等整体设计学习活动，实现学习任务群对发展高中学生语文学科核心素养的综合效应。根据这样的语文教育思想，当今的统编高中语文教材运用学习任务群，改变了以往教材以"双基"为纲或者以文本为纲的思路，坚持以核心素养为纲，体现了对三维目标的融合与提升。

3. 有利于指导自学

传统的教学观把教材视为"教本"，教材编制的着眼点是便于教师的"教"，不是便于学生的"学"。现代的教学观则不同，它把教材既视为"教本"也视为"学本"，而且更主要的是"学本"，教材编制的着眼点不单是便于教师的"教"，而且要便于学生的"学"。因此，把讲授学习方法，包括讲授读写听说方法引进教材，把提供自学材料、自学门径引进教材，重视助读系统的建构，已经成为当今教材编制的发展方向。在中学语文教材中，为各单元编写"单元导语"，为每篇课文编写"教学重点""自读提示"或"预习要求"，在一些重点课文中编入夹评夹注的文字，为学生完成作业提供例题，为学生检查自学成果编写自测题，如此等等，其目的就是开辟"有利于学生自学"的多种渠道。

4. 有利于训练能力

语文学科就其性质和任务来看，它的教学重点不在知识的传授而在能力的训练，传授必要的基础知识的主要目的是有效地提高运用语文工具的能力。因此，中学语文教材的编制，既要重"知"更要重"能"，应着力于学生语文能力的训练和良好的语文行为习惯的培养。从这样的教学思想出发，对作业系统的科学设计，就成为一套理想的语文教材的不可缺少的环节；对范文系统作教读、自读、课外阅读等等的分类，也不失为一种"有利于训练能力"的构想。

（三）教学对象的特点

教材是供学生学习的主要文字材料，因此教学对象的特点也应当是编制教材的重要依据。

1. 符合青少年生理心理的特点

青少年的生理心理特点，是包含着丰富内容的复杂课题。就编制中学语文教材来说，下列一些特点应当予以重视：

（1）求知欲强烈。青少年的求知欲望特别强烈，一切未知的、新奇的、具有引人入胜的魅力的东西，他们都感兴趣，都愿意吸收。语文本身就是一种重要的信息载体。语文教材中，无论是范文系统还是知识系统，都要重视青少年的这一心理特点，在给他们提供知识信息的时候，不但要注重"有益""有用"，而且要注重"有趣""有味"。所谓"有趣""有味"，一是要避免陈旧，力求新颖；二是要避免狭窄，力求丰富广泛。因为只有新颖的、丰富的、广泛的知识，才能引起学生学习的兴趣，才能满足学生强烈的求知欲望。

（2）嬗变性显著。青少年时期的一个重要特征就是"一切都处在逐步成型之中"，它是一个人从幼稚期向成熟期、从经验型向理论型、从依赖性向独立性逐步过渡的重要时期。这个过渡时期，从在校学习阶段考察，只有短短的五六年时间。这五六年时间的变化却是十分显著的，不但初中阶段和高中阶段呈现出明显的不同，就是初高中各年级之间也往往有鲜明的嬗变迹象可寻。这种嬗变，包括兴趣指向、注意焦点、思维特征、语言状况、知识视野等各个方面。因此，编制中学语文教材，不能只着重于知识本身的科学系统，还要相应地考虑学生的接受心理，使教材的内容和形式尽可能与初高中各阶段、各年级学生心理的嬗变相适应。

（3）创造意识增强。小学生的重要心理特点之一是模仿，中学生的重要心理特点之一则是自由和创造。一个小学生一踏进中学大门，就自然地产生一种"我长大了"的意识，而且随着年龄的递增和年级的递升，这种意识日益增强。因此，中学语文教材的作业系统中，模仿性作业应逐渐减少，创造性作业应逐渐增多，以识记内容为主的作业应逐渐减少，以知识迁移、知识重组、知识应用为主的作业应逐渐增多，以此与中学生自主意识、创造意识逐步增强的特点相适应。

2. 符合现实社会对青少年的要求

青少年生活在一定的时代和一定的社会环境之中，他们的群体特点往往会烙上鲜明的时代和社会的印记。例如，在现代信息社会，中学生获取信息的渠道日益增多。当今，信息源的空间域和时间距，对中学生来说，都已经远比往昔缩小和缩短。他们从书本上、网络中、影视里，不但多侧面地了解了世界，而且多侧面地了解了历史和未来。正因为如此，随着社会生活的开放格局取代了封闭格局，当今中学生的思想显得空前的活跃。习近平新时代中国特色社会主义经济的发展、现代科学技术的进步和普及，又使青少年的观念在不断更新，思维模式在不断变化，甚至语言材料和语言表达方式也在不断丰富。面对这样的教学对象，中学语文教材就不能不要求自身尽可能体现出鲜明的时代性。

处于中学时代的青少年，社会对他们的实际需求已经日益迫近。初中毕业生中，有一些人要出校从事社会劳动或社会生产；高中毕业生中，也有一部分人出校从事各种职业。语文，作为一种社会交际的重要工具，在各行各业中将发挥它应有的社会功能。社会要求中学生能成为善读善写、能说会道、能运用语文工具满足社会交际需要的人。因此，中学语文教材就不能不要求自身尽可能体现出鲜明的实用性。

社会生产劳动的内容和社会上各种职业，又往往同一个地方的经济发展状况和社会环境、自然环境相联系。中学毕业生中，一部分人将留在家乡工作，为振兴家乡的经济、文化服务。因此，全国通用的中学语文教材要适合国情，而地方采用的同类教材就得适当注意"乡情"，要有一定的乡土气，要显示一定的地方特色。课程标准（教学大纲）中规定，在使用全国通用课本的时候，各地可以根据需要适当补充一些乡土教材，原因就在于此。

语文教师除了要了解编者编制教材的依据，还应当了解编者的编制原则。

在我国，新式中学语文教材的编制，已有一百多年的历史，积累了相当丰富的经验。特别是新中国成立以来七十多年的教材编制经验，具有承前启后的重要价值。根据历史提供的丰富经验，借鉴国外母语教学的某些理论观点，一般的中学语文教材都要遵循下列一些编制的原则。

第一，取材原则。（1）文质兼美。这是范文系统编制的一条重要原则。范文的"范"，就是指典范、示范、模范。作为范文，它无论在思想内容方面还是在语文形式方面，都要堪称范例。（2）适合教学。这是范文系统、知识系统、作业系统编制的普遍原则。教材中的范文、知识和作业，都是为教学需要选编的，教学要尊重可接受性原则，所以凡属编进教材的内容都必须适合教学。（3）覆盖有度。这也是适用于范文系统、知识系统和作业系统编制的一条普遍原则。中学语文教学与其他各科教学相比，有个显著的特点，那就是涉及的知识范围非常广泛，需要培养的能力也相当复杂。从知识范围说，包括与教学目标直接有关的一系列语文基础知识，以及与教学目标间接有关的百科知识。尤其是后者，其领域可以说是无限的。从能力要求说，包括与教学目标直接有关的读写听说能力，以及与教学目标间接有关的观察、分析、综合、判断、推理等思维能力。一套中学语文教材，对于上述种种知识和能力，凡属基本的、必要的都应当能覆盖，而不致有严重的残缺、遗漏；但又不能指望巨细无遗，主次不分，囊括一切。要使内容的广泛性和内容的适合性统一起来，使教学领域的无限与教学时间的有限统一起来，努力做到覆盖有度。这"度"的重要标志就是基础性。

第二，编排原则。（1）循序渐进。教材的编排方式之一是所谓直进式。直进式的基本特点是各种知识只学一次，起始知识是后继知识的基础或准备条件，后继知识是起始知识的发展或延伸；知识之间不再重复，只是连续，形成一条知识链。这条知识链是循序渐进的。根据这一编排原则来编制教材，前提是要列出知识的合理序列，使之形成系统。中学语文教材的编制，重要的问题不在选取范文而在确定教学或训练的项目和步骤。教学或训练的项目和步骤科学地排列出来了，配以适当的范文，设计适当的作业，成功便有望了。因为确定项目，便于"循序"；确定步骤，便于"渐进"：这是循序渐进这一编排原则所要求的。（2）循环加深。教材的又一编排方式，就是所谓螺旋式。螺旋式的基本特点是某些知识不止一次地出现，让学生反复学习，使他们对这些知识的理解能逐步加深。语文教学与历史教学不同。历史知识按历史实况直线推进，先秦汉后魏晋，不可能交叉，更不会重复；语文知识与语文能力，一部分可以直线推进，大部分则往往互相交叉，你中有我，我中有你，它们之间不是简单相加的关系，而是循环加深的关系。这样，在按照循序渐进原则编制语文教材的同时，还必须有意识地考虑循环加深的原则。现行中学语文教材，对初中一、二年级的内容安排侧重在循序渐进，对初中三年级、高中两个阶段之间的内容安排，侧重在循环加深。

第三，组合原则。中学语文教学内容的复杂性决定了教材编制上必须注意多元的组合。无论是分编型还是合编型，都要注意把范文系统、知识系统、作业系统用适当的方式组合起来，使各个系统本身在纵向上、横向上都有联系，使各个系统之间又能相互配合。

二 使用语文教材的立场

对于语文教师中的绝大多数人来说，了解教材的结构类型以及编制的依据和原则等等，其目的都是为了更好地使用教材，让教材在教学中发挥其应有的效能。从这个意义上说，教师对待教材应站定"自主"的立场，其关键就在"善于驾驭"。张志公先生曾经对教师这样提醒："教科书是教材编辑工作者编写出来的，但是一旦编出来，印成了书，就成了一个客观存在的物，和音像设备一样的置于教师支配运用之下的物了。到了这时候，教师有了双重性：既被教材所制约，又反过来制约教材。教材终于产生什么样的效果，在相当程度上取决于教师怎样使用它。"①因此，一个具有高度责任感的中学语文教师，在教材问题上应当做到正确地对待、认真地研究和合理而灵活地使用。

（一）正确地对待教科书

早在1918年，就有学者指出："善用教科书而不为教科书所用。教科书，死物也。教授国文舍而弗用固不可，用之不当其害立见……故以教科书为文字之借径则可，以儿童为教科书之奴隶则不可。"②这是在新文化运动的影响下产生的新的教材使用观。我国有过把教材神圣化、把《教材》视作《圣经》的传统，教材的使用上只是照本宣科，唯教材是从。从20世纪初开始，教材使用观才起了变化，尤其是

---

① 《张志公文集》（第五卷），广东教育出版社1993年版，第51页。

② 范祥善：《国文教授革新之研究》，见饶杰腾编著《民国国文教学研究文丛·总论卷》，语文出版社2016年版，第85、86页。

到了21世纪初，经过一场"教教材"与"用教材教"的争论后，绝大多数教师对教材的态度经历了由"教"到"用"的变化。教师不再被教材所俘虏，而是教材的主人，可以解释、评价、驾驭教材。这种教材使用观的变化，是从"六经注我"到"我注六经"的变化。而且，教师不仅是教材的使用者，还是教材的批判者和编写者。当今报刊上常见教师撰写的评论和批评教材的文章，不少教师参与编写地方教材和校本教材。

当然，也不要把"教教材"与"用教材教"对立起来。叶圣陶先生说："教科书，工具也。工具自当期其尽善，而如何使用工具，以达到所悬之目标，则视工具尤为重要。"[①]又说："教学不能不从课本入手，可是绝不能限于课本里的语言文字，课本里的语言文字原是实际的反映，必须通过它而触及实际的本身。"[②]就是说，教学需要教材，把教材教好；但又不局限于教材，要从教材延伸、扩展开去。这从教材延伸出去，比教材本身还重要。但教材本身也忽视不得，有没有教材这个凭借，毕竟是大不一样的。一句话，要教教材，更要用教材教，要辩证处理这二者关系。

（二）认真研究教材

应当对教材作认真研究，为制定教学实施方案做好准备。

1. 研究教材的总体结构

教师实际使用的只是某套教材中的一册，但是要教好用好这一册书，必须对整套教材的总体结构有所了解，做到全局在胸。只有这样，才能够明白这一册书在整套教材中所处的地位以及它所应完成的任务，也才能够明白教这一册书的原有基础怎样、今后的发展条件又怎样。研究教材的总体结构，要注意做好两件事：首先，要认真研读教材的助读材料，特别是"编辑说明"以及编者在其他材料上对这套

---

① 董菊初：《叶圣陶语文教育思想概论》，开明出版社1998版，第382页。

②《叶圣陶集》（第11卷），江苏教育出版社2004年版，第223页。

教材所作的介绍。一般说，在教材的"编辑说明"里，编者对本书的总体结构总有或详或略的介绍，详的要介绍各册教学重点的分布，略的也要介绍本书属分编型还是合编型等，以便教师把握教材的基本结构。其次，要认真通读整套教材。"编辑说明"中介绍的内容，在整套教材中究竟怎样体现、怎样落实，需要教师通过浏览通读才能真正了解。在浏览通读的过程中，教师凭借自己所具备的关于中学语文教材基本结构类型的知识，可以进行独立的分析与思考，从而在编者提示的基础上获得具体切实的感受，并力求有所发现。只有对教材的总体结构有了自己的感受和发现，教师才能在实施教学的过程中得心应手，运用自如。

2. 研究教材的体例特点

教材的体例主要是指教材中教学内容的编排方式或单元组合方式，它与教学活动的关系更为密切、更为直接。一般的教材，编者在"编辑说明"中都要对本书的体例作比较具体的介绍，教师根据编者的说明可以用列表的方法来显示它的体例特点。例如江苏教育出版社1992年编辑出版的江苏省九年制义务教育初级中学"单元合成整体训练"课本《语文》（合编型）的编写体例是：

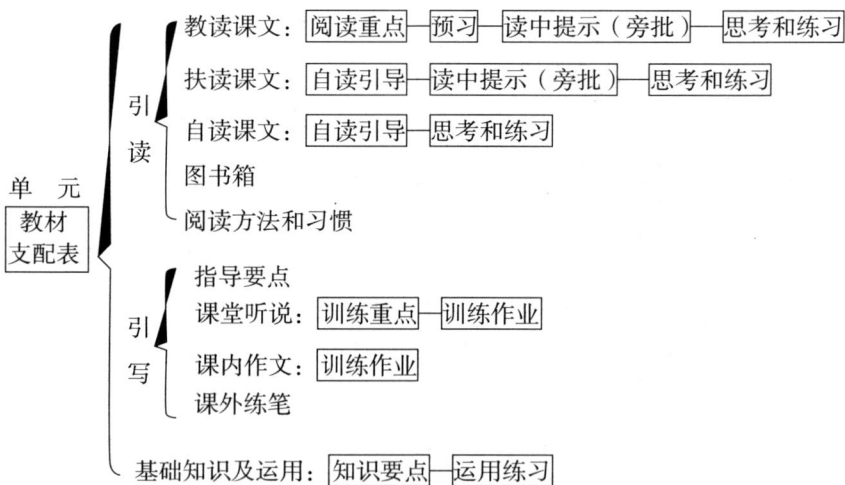

单元教材支配表

引读
- 教读课文：阅读重点—预习—读中提示（旁批）—思考和练习
- 扶读课文：自读引导—读中提示（旁批）—思考和练习
- 自读课文：自读引导—思考和练习
- 图书箱
- 阅读方法和习惯

引写
- 指导要点
- 课堂听说：训练重点—训练作业
- 课内作文：训练作业
- 课外练笔

基础知识及运用：知识要点—运用练习

从上表中可以看出，这套合编型的初中语文教材在体例上的特点是：（1）有明确的单元教学目标，以"教材支配表"的形式分项列述；（2）把读写听说训练和基础知识讲授，综合地组织在一个单元里，有利于教学发挥整体效应；（3）课文分教读、扶读、自读三种，由教到扶，由扶到放，重视自学能力培养；（4）用"读中提示（旁批）"和"思考和练习"来制约教读课文和扶读课文的教学过程，便于讲练结合，落实单元目标；（5）用"图书箱"和"课外练笔"使读和写的训练向课外延伸；（6）强化方法的传授、习惯的培养和知识的运用。从总体上看，这套教材教学目标明确，内容的整体性较强，给学生举一反三的余地较大。教师对教材的体例特点作这样一番研究和分析，就为教好用好教材奠定了基础。

3. 研究教养、教育和发展的任务在教材中的具体体现

任何一门学科都有教养、教育和发展的任务。就教材的编者来说，他们在编制过程中总要有意识地把教养、教育和发展的任务合理地安排在每册教材、每个单元和每篇课文及其作业之中。使用这套教材的教师，就要通过研读和分析去发现这些任务，把握这些任务的质和量，以及它们之间的衔接和联系。中学语文教学的教养任务，就是指导学生学习语文知识，养成语文能力。这些知识和能力被分解成一系列的"点"（知识点、能力训练点），有计划地分散编排在教材中。教师要善于发现这些"点"，并把它们变"分散"为"集中"、变"隐含"为"外显"，使之成为"点点相连"的珠串。这样，就可以在教学的进程中清醒地、牢牢地把握住特定阶段的教养任务，实现语文教学的基本目标。中学语文教学的教育任务主要是思想教育，包括审美教育，它们一般都体现在范文系统及其相应的作业当中。教师要在认真阅读范文的基础上，明确各单元思想教育的重点。中学语文教学的发展任务，主要是良好的语文行为习惯和良好的思维品质的培养，以及一般文化素养的提高，它们一般都体现在教材的助读系统和作业系统的设计安排当中。教师要在认真研究教材体例特点的同时，认真

细致地分析研究教材中的助读系统以及各种类型的作业，明确特定的体例在促进学生习惯形成和智力发展方面的作用，把握某些作业在培养习惯、激发思维方面所应发挥的功能。教师要努力做到对于每个单元的教养、教育、发展任务都能了然于胸。

（三）合理而灵活地使用教材

所谓合理而灵活地使用教材，就是要求既忠实于教材，又尽可能让教材"为我所用"，做到受控性和灵活性的统一。具体说来，要注意做好如下三件事：

1. 合理分配课时

教材是课堂教学的主要文字材料，课堂教学有课时规定。因此，为了用好教材，就得根据教学内容合理地把课时分配好。课时分配的合理性主要应当反映在：（1）重点内容与非重点内容分配合理；（2）讲授知识与训练能力分配合理；（3）师生共同活动与学生独立活动分配合理；（4）课内作业与课外作业分配合理。在分配好课时以后，用《全学期教学内容课时分配表》把它固定下来。在一般情况下，严格按照计划进行教学；只有在实施过程中出现意外情况时，才作必要的调整。这样，才能避免时紧时松，使教学活动始终保持一种合理的节奏。

2. 合理安排教学程序

教学程序，可以从不同层次上去理解：按照课时分配计划，安排好一个学期的教学程序，这是一个层次；按照教材上的单元划分，安排好单元教学的程序，又是一个层次；按照一篇课文或一个知识点，安排好一堂课或几堂课的教学程序，又是一个层次。从合理使用教材的角度来说，在确定了全学期课时分配计划之后，重点是要合理安排好单元的教学程序。因为各种中学语文教材单元组合方法不尽相同，而不同的单元组合方法对教师的教学活动都有制约作用。不过这种制约作用是相对的，教师在通过自己的钻研对整个单元的内容及其组合有了全局性的了解之后，就可以根据教学需要来灵活地安排教学程序。比如有些教材，把知识讲授的文字材料编排在一个单元的开头部分，接着才编排讲读或自读的课文；有些教材则相反。究竟是先让学生学习课文，然后再学习理论知识，还是先让学生学习理论知识，然后再学习课文，这可以相机处理。又如一个单元安排的作业练习，是集中完成还是有机地分散在整个教学过程中完成，各有利弊得失，也可以根据本单元教学内容的特点灵活处理。总之，教材上单元组合的方法一般应当作为安排教学程序的依据，但也容许作必要的变通。

3. 合理补充、删减、修正

根据教学需要，教师在使用教材的同时也可以适当提供一些补充材料，以增加信息量。补充材料，包括对比性材料、佐证性材料、实例性材料、扩展性材料等等。补充材料，质要精，量要少，避免加重学生负担。教材上的内容，一般都应当指导学生学习并掌握，但遇到学生基础较差、接受有困难的情况，教师也可以对某些难点作删削或简化等变通处理，使学生能集中主要精力把最基本的东西学到手。教材讲究内容的科学性，但也不能保证绝无疏漏或错失。比如理论表述的准确性、作业要求的清晰度、正音释义的正确性等等，可能会出现未必尽如人意的情况，教师在确有把握的前提下对教材上的疏漏或错失应当作必要的修正。

三 使用语文教材的方法

欣赏舞蹈家们表演华尔兹或探戈，常不免要触发起种种联想。舞池对舞蹈家们来说无疑是一种限制，他们随着伴奏的音乐翩翩起舞，要求不能越舞池一步，只能在舞池划定的范围内活动。然而，这有限的舞池，在高明的舞蹈家眼里，仿佛是一个无限的空间，他们尽可以在那里自由地旋转，在那里如海鸥般地翱翔。而且，几对或十几对的舞伴，在同一首美妙乐曲的旋律中可以表演出神态各异的舞姿，给人以色彩缤纷的美的享受。限制与自由之间的辩证法，在这里得到了充分的艺术的体现。

教材和教师之间，也存在着这种限制与自由的辩证法。同一个年级的教师，用的是同一种教材，这一种教材对所有教师都"一视同仁"地具有制约作用。然而，不同的教师在同样的限制下使用这同一种教材，却可以设计不同的教学过程，采用不同的教学方法，并取得相应的教学效果。教学过程设计得合理的，教学方法运用得恰当的，教材的"潜能"就发挥得充分；反之，教材的"潜能"就得不到充分发挥。成功的、出色的教学活动，常被人誉为"艺术"，原因就在于此。在教材的限制下取得教学活动的自由，是每一位教师应当追求的目标。

（一）教材的处理

对教材的处理，应有整体观。一套语文教材，在编者的心目中，必定有一个完整的教学目标体系。这个目标体系被一一分解，按直进式和螺旋式的不同方式，分别落实到每一册和每一单元之中；全部的教学内容就在这个目标体系的支配下被组织在整套教材内。教材中的每一个局部都是整体中的有机组成部分。一般地说，使用某一种语文教材的教师，都应当在正确把握这套教材的总体构思的基础上，按照编者在教材中体现出来的整体思路来设计教学过程，运用相应的教学方法。

教师在教学活动中直接使用的，总是整套教材中的某一册。然而，教师自己总得有点"战略眼光"，总得做到"心中有全局"，总得十分清楚地意识到自己执教的"这一册"在整套教材中的地位和作用。只有这样，才能够使"这一册"的教学既有自己的独立性，又有前后衔接的相关性。从这个意义上说，"要教一册书，先读整套书"，这话有一定道理。因为只有这样，教师在教"这一册"的时候，对于"该教什么""该教到什么程度""该怎样从旧知导入新知"等才有可能心中有数，既避免"过"也避免"不及"，真正做到恰如其分。

再进一步说，教师的教目的都是为了指导学生更好地学。因此，教材的总体构思以及整个教学目标体系的安排，教师不但需要正确把握，还要通过适当的方式和途径让学生能有大致的了解。著名教育家赞可夫曾提出过他的实验教学五原则，其中有一条原则是"使学生理解学习过程"。所谓"使学生理解学习过程"，具体内容有两条——一是理解"学什么"，二是理解"怎样学"，目的是增强学生学习的目标意识和自觉性。辽宁省著名语文特级教师魏书生创造性地运用了这条原则，要求学生"学会读整套书"，即通读整套教材，并在通读的基础上指导学生采用"画知识树"的办法，形象地勾勒出语文学科的知识目标体系，使学生在学习每一册书的时候都能理解"这一册"在教学全过程中的地位和作用，在前进的每一步中都能理解自己已经走过了哪些地方、正在走的是什么地方、将要走的是哪些地方，因而大大提高了学习的自觉性和学习的效率。对于教材的这样一种处理方法，其特点是在宏观上受教材的制约，在微观上却取得了充分的自由，而这种自由又不流于散漫无序。

还有一种教材处理法也许有更大的自由度，那就是教师按照自己的教学总体构思来使用教材，让教材"为我所用"。例如安徽省语文特级教师蔡澄清进行的"年段分科教学实验"，他按照自己的教学总体构思，在初中一年级分设"阅读与写作"（5课时）和"汉语知识"（2课时）两科，在初中二年级分设"阅读"（5课时）和"写作"（2课时）两科，在初中三年级分设"现代文读写"（4课时）和"古文阅读"（2课时）两科。在分科教学中，他同时采用了两套教材，同时增选了一批中学生的优秀作文，把这两套教材中的课文和优秀作文，按分科教学的需要统一调整，重新组合，编排成一系列教学单元。这样的处理方法，其特点是把原来的教材看作是他建构自己的教学体系、安排自己的分科教学内容的重要"素材"。原教材的总体构思与己吻合的部分可以成块地采用，与己不合的部分可以调整、增删，把它们纳入到自己的教学轨道上来。

以上两种处理方法，前者是"我"向教材靠拢，后者是教材向"我"靠拢，二者在不同的方向上都充分地发挥了教师的主动性。

（二）单元的处理

以往的语文教学（主要指阅读教学），都是以单篇的课文作为基本单位来设计教学过程的。当时，教材编者的注意力也大多集中在课文的选择和编排上。现今的情况则不同，教材编者的用力处不仅在课文的选择和编排上，而且在单元的组合上。使用这样的教材，教师就必须以一个个教学单元作为基本单位来设计教学过程，使教学单元的整体布局在单元教学中发挥出整体效应来。因此，单元的处理方法就成了教师必须研究的课题。

把一个个教学单元作为基本单位来看待，教学就有了更为广阔的活动天地。在中学语文教材中，每个教学单元往往包含课文阅读、作文训练和听说训练、语文基础知识讲授及其他辅助性材料等等，内容是综合的、多元的。教师对于上述种种内容，既可以按教材的编排顺序依次组织教学过程，也可以按自己的教学思路适当予以调整，这里就具有一定的自由度和灵活性。

语文教学单元的处理，同样也要注意整体性。为此，应当重视以下的操作要求：

1. 确定目标

确定目标，使单元教学目标成为组织教学活动的一种支配力量。单元教学的整体性，在很大程度上是借助单元教学目标来实现的。换言之，没有目标或者虽有目标（例如教材上有明确的规定）而师生双方目标意识都不强，这样的单元教学充其量不过是单篇教学的凑合或各种知识内容的杂拌，而不是有机的整合。

所谓增强目标意识，含有两重意思：第一是要重视目标的层次性，即在不同的层次、不同的环节上都要显示教学目标。要知道，为实现一定的教学目标而组织起来的教学活动，总是有层次的，有逐步推进的一个个环节或步骤。单元教学的整体性，要求在学生的每项学习活动中，注意力都能指向目标。例如这样一个教学单元，它的单元教学目标之一是"了解记叙文中写景与抒情的关系"。在教学的起始阶段，教师根据教学目标扼要地讲述了记叙文中"景"为依托、"情"为灵魂的关系，提示学生这是学习本单元所应注意的目标。这是一个较高层次的目标，即学习这一类记叙文（或散文）的总目标。接着，根据本单元所选的几篇课文的各自特点，提出若干个具体目标，如"了解以写景为主、借景以抒情的写法""了解以抒情为主、情景相交融的写法""了解抒情的直接法和间接法"等等。这是第二个层次的目标，即分别学习本单元几篇课文的具体目标，这些目标都是总目标的派生物，是总目标的分解物。当学习第一篇课文的时候，在整体感知阶段，用朗读法，在朗读前要求学生注意朗读中的感情处理，注意何处为写景、何处为抒情、何处为景中情、何处为情中景等。这是第三个层次的目标。其余依此类推。关键是要在整个单元教学的设计中，每个环节、每个步骤，都要让学生知道"该做什么""怎样去做""为什么要这样做""做的目标是什么"。第二重意思是要重视过程的完整性。从一个单元的角度说，目标的提出—围绕目标组织教学活动—目标实现程度的检测是一个完整的过程。单元中的每一篇课文的教学、每一项能力的训练、每一种知识的讲授，也都应该有这样的一个完整过程。这样，就可以保证教学步骤的分明和教学思路的清晰。

2. 寻找联系

一个单元之中，各篇课文、各项训练之所以编组在一起，正是因为它们在特定目标制约下具有某种或某些联系，教材的使用者就要努力找出这种或那种、这些或那些联系。所谓"联系"，主要表现在：第一，相似与相异。同样是以写人为主的记叙文，《回忆我的母亲》《一面》《任弼时同志二三事》写法完全不同。找出相似点，便于落实单元教学的总目标；找出相异处，便于落实单元的分解目标，并使总目标的实现在内容上更显丰富、充实。第二，基础与延伸。单元教学中，非常注重"举一反三"。"举一反三"中的"一"，就是基础，就是基本规律；"反三"的"三"，就是延伸，就是向相关的方面扩展。第三，基本式与变式。文章或者段落的结构方法，有基本式，也有在基本式的基础上演变出来的变式。句子的格式也同样如此。能看出哪些是基本式、哪些是变式，也就找到了它们之间的联系。第四，知识与运用。单元中，有些部分的教学旨在提供规律性的知识，有些部分的教学（包括作业指导）旨在知识向能力的转化，重在知识的具体运用。联系，可以从不同的角度去发现。联系一旦被发现，整个单元的教学就能显示出整体性。同时，这种"寻找联系"的做法，也有利于培养和发展学生的辩证思维能力和创造性思维能力。

3. 整体设计

教学目标的确定，主要是个科学问题；而教学目标的实施，即在目标制约下组织教学活动，却需要创造性的教学艺术。因此，单元教学的过程，必须进行整体的设计。尤其是语文学科，它的教学过程必须要体现整体性，追求一种综合的效应，而不能像数理化等学科那样用科学的逻辑的切分方法，追求分析的效应。

对于单元教学的整体设计，要建立起这样的两个观念，或者说是两个指导思想：第一，目标可以分解（例如列出三项或四项），而教学目标实施的过程却必须是整体的、综合的。如果认为目标是分解的，我们用"对号入座"法，也把教学过程分解，与目标一一对应，让目标一一落实，凡是与目标"无关"的，一概不管；那么其结果必然是教学内容的支离破碎。范文教学的情况，更是如此。要知道，落实目标（如"了解人物心理描写的方法及其作用"之类）更多的是理性分析、理性思考的结果，而语文教学（尤其是范文教学）却必须有"情"参与，必须追求知、情、意的和谐统一；落实目标，更多的是要求在某些"点"上着力，而阅读理解一篇课文，却必须强化整体的感知、感受和感悟，光注意了"点"而忽视了"面"，光注意了局部而忽视了整体，不但使学生得不到对课文的完整印象，而且这个"点"也会因为缺少了一个活生生的背景而失去生命。第二，单元教学过程必须在实现两个"转化"上下功夫。一个是教读向自读转化，以利于培养学生的自读、自学能力；一个是理解向表达转化，把读和写、听和说贯通起来。这种贯通，需要整体设计才能实现。

（三）课文的处理

范文系统是中学语文教材内容的主体。语文教学的目标，很大程度上是通过范文的习读和研讨来实现的。因此，把一篇篇课文处理好、教好，是用好教材的关键。对于课文的处理，我们在实践上要注意如下一些问题：

1. 找出外部联系，明确课文在本单元中的地位和作用

一篇课文的外部联系，大致包括这样一些内容：第一，它与单元教学目标的联系。即从实现单元教学目标的角度，看清楚课文所应当肩负的任务以及课文的教学重点。第二，它与本单元其他课文

的联系。一个单元中，可能安排三至五篇课文，它们有的被规定为教读课文，有的被规定为课内自读课文或课外自读课文。课文的类型不同，它们在实现单元目标过程中的任务和作用也不同，而且课文与课文相比较，其内容不同，形式也各有特点，因此教学重点必然不一样。第三，它与学生以往所学知识（语文方面的以及其他学科方面的）的联系。学生学习任何一篇课文，都应当有一定的知识和经验作基础。教师在对课文作教学法处理的时候，必须充分了解课文的内容和形式有哪些是学生已知的，然后有意识地从旧知导入新知。学生以往在作业中（包括作文）普遍存在的问题，凡与课文学习有关的，也应当属于关注的范围。只有对课文的上述种种外部联系做到心中有数，处理课文时才能有针对性，才能比较充分地发挥课文的教育教学功能。

2. 把握课文自身的特点以及课文各部分之间的内在联系，明确课文的教学重点该如何落实

一篇课文，是作者的思想感情、生活体验、语言功底、写作技巧等等的综合反映；而单元教学目标所规定的教学重点，只是取其某个局部或某个方面。教师在对课文作教学法处理的时候，首先必须对课文的内容和形式有全面的、深刻的了解，对作者在课文中体现出来的写作思路能有清晰的、准确的把握。有了这样的基础，才有可能在教学过程中既突出了"点"又照顾到"面"，并且使"面"的分析讲解处处扣住"点"，使"点"更为突出。

3. 统观课文前后的助读材料和作业设计，明确课文的教学思路

教材的编者，在课文的前后往往编有必要的助读材料。这些材料或指示预习要求，或提示阅读重点，或引导思考方向，总之处处反映出编者对课文处理的一些意图。在课后编配的思考题或练习题中，也体现出编者希望学生能掌握的"知"和"能"。这些材料和设计，应当是教师对课文作教学法处理时的重要参考。以此为基础，教师再加上自己的某些独特构思，便可形成一篇课文的教学思路。

使教材编者的编辑思路、课文作者的写作思路和教师自己的独到见解结合起来，才能形成科学的、合理的教学思路。这是课文处理必须解决好的关键问题。

（四）读写听说训练的处理

实行单元的整体教学，为读写听说的全面训练提供更为有利的条件。语文教材的教育教学功能是否发挥得充分、有效，在很大程度上取决于教师自身的素养，同时也与教师是否有明确的训练意识有关。语文学科固然要讲授一些必要的知识，但讲授知识的重要目的在于更有效地训练能力。有人说，语文课不是"知识课"而是"训练课"，这话虽然说得未必全面，但在课内外的教学活动中强化训练因素是完全正确的，必要的。

在教材的编制中，读写听说训练可以作单项安排。例如某个单元中规定要训练朗读或翻查工具书的能力，要训练集中注意听话的能力，要训练用倒叙法写事的能力，如此等等。凡属这样规定的，当然要按规定讲述方法要领，并组织训练。但是，在更多的情况下，读写听说活动是交织着进行的，是贯串在教学过程的各个环节之中的。前者，体现出训练的重点和一定的系统性，应当十分重视；后者，体现出训练的综合性和经常性，同样不能忽视。

在课文的阅读分析过程中，要求学生根据教师的提示去阅读，其中既包含着读的训练，也包含着听的训练（听清楚教师提出的要求）；要求学生自读后回答教师的提问，其中既包含着读的训练，也包含着说的训练（口头回答）或写的训练（书面回答）。在作文训练过程中，先要求学生根据训练重点阅读若干篇例文或其他资料；然后指定几个学生口头简述自己的初步构思，师生共同讨论，评长论短；最后各人分头执笔，完成自己的作业。在这个过程中，写的训练固然是重点，然而其间明显地穿插着读的训练、听的训练和说的训练；因此就全过程而言，它带有综合训练的性质。

　　读写听说的综合训练，尽管人们在日常的教学活动中都是这样做的，但是细细考察起来，指导思想有明确、模糊之分，教学态度有自觉、不自觉之别，二者的效果大不一样。只有指导思想明确，教学态度自觉，我们才能对学生的读写听说活动严格要求，增强训练的力度，取得训练的实效。

第九章
语文教学指导书的编写及使用

广义的教材，包括教科书、自读课本、挂图、录音磁带、投影片等，这是教师和学生共同使用的；还包括教学指导书，这是教师单独使用的。如果说，教师是乐队指挥，那么，这教学指导书就是乐队指挥心中的谱。它指导教师去理解教科书和使用教科书。因此，在这里对教学指导书的性质、作用、类型、编制要求和使用方法作一番探讨，还是很有必要的。

一　语文教学指导书的性质和作用

语文教学指导书，近代中国就有，主要有两类：一类指语文教师在教学中参考的书籍，有知识方面的、练习方面的、复习方面的、指导学生课外活动方面的、教学理论和教学方法方面的等等，著名的如夏丏尊、刘薰宇的《文章作法》，叶圣陶的《文章例话》，洪为法、胡云翼的

《国文学习法》，孙起孟的《写作入门》；一类是按照语文课本分册编写的辅助教师教学的用书，称为《教授法》，一般是一册附有一本，内列教学要点及教法提示等，但内容都比较笼统、简单。前一类书对教师的教学有一定指导作用，但跟教科书上那些具体课文联系就不那么紧密，不那么直接。后一类书与教科书上具体课文联系紧密，但因内容粗疏而作用有限。

因教学指导书的缺陷和其他一些原因，近代中国的语文教师在教学上基本上是在"暗中摸索"。对课文的分析，对教法的选用，大都"各自为政""自出心裁"，差别很大。

新中国成立以后，我们力图编写出既直接联系教科书，又具有一定的理论概括，且便于举一反三的语文教学指导书，以帮助教师准确地把握教材、选用教法，从"暗中摸索"的胡同里走出来，做到"明里探讨"。这个过程是漫长而曲折的。1956年文学课本教学参考书，为讲授作者生平和时代背景编写了大量的材料，并且主要是从文学的角度出发，对课文作了详细的分析。1958年语文教学参考书，关于时代背景和作者生平的介绍仍然不少，课文分析也相当多。这两套教学参考书指导了教师进行作品分析，但又导致了把语文课上成文学课，对提高学生读写能力有作用，但作用不大。1963年语文课本教学指导书打出纠正前两套教学参考书"分析过多"的弊病的旗帜，极力主张写得精要，为了帮助教师掌握关键和重点，解决备课中的困难，只提供确实必要的教学参考资料。这套教学指导书的效益较好。十年动乱以后，人民教育出版社中学语文室委托湖南、湖北、广东、广西、江西五省（自治区）编写了一套配合当时语文课本的教学参考书。1988年，对这套教学参考书作了修订。这套教学参考书发扬了1963年教学指导书的长处，写得比较精要。课文分析的周密、教法建议的实用、有关资料的充实，都胜过过去的教学指导书。但也有一个弊病，就是多数课文的分析都是段落大意、中心思想、写作特点三大块，千篇一律，一个模式，以致课堂教学也是千课一律——段落大意、中心思想、写作特点。这种状况使得语文教育家叶圣陶先生十分不安，他呼吁改造教学参考书，甚至不要弊多利少的教学参考书。有鉴于此，义务教育初中语文教科书（1993年秋季开始在全国使用）的教师教学用书，在过去教学指导书的基础上，又作了比较大的改进——把过去的"课文说明""课文分析"改为"课文评点"，分为旁批、夹批、小结三个方面。旁批，引导理解关键词语，体会词句的深层含义以及语言运用的妙处。夹批，从结构入手，理清文章的思路。小结，可长可短，就课文的重点、难点、特点作一些分析、归纳，从思想内容、写作特点、语言运用等方面对旁批、夹批进行补充。评点立足于点拨，言简意明，既引导理解课文，又留有钻研余地。这样一来，文字也精要了，"三大块"也打破了，教师由此能够"明里探讨"了。

从上面的概述中可以看出，语文教学指导书大致有如下作用：第一，帮助教师把握教材、选用教法。20世纪80年代，随着我国教育事业的高速发展，为破解师资力量严重匮乏的困境，一大批业务水平不能达标的人员补充进了教师队伍。据统计，当时我国的教师队伍中有三分之一的人经过培训后能当教师，还有三分之一的教师经过培训也胜任不了教师，只能改行。对这两部分教师来说，完全依靠他们自己的力量独立地把握教材、选用教法显然是有困难的，只能用教学指导书来助他们一臂之力。他们有了教学指导书，进课堂给学生上课才不至于茫无头绪，才不至于出错。第二，给教师提供参考资料。1987年，华东师大受国家教委委托，在全国调查中学语文教学状况，发现有21%的初级中学全校没一张报纸、一本《新华字典》。对于这类学校来说，教学指导书上的有关资料，岂不是雪中送炭？再说，书报资料较多的学校的教师，平时工作忙，也没有精力到处去找、去选参考资料来读。教学指导书上编有现成的、切合实用的资料，正可以节省他们的时间和精力。第三，教学指导书不仅能解教师的燃眉之急，直接帮助他们备课、写教案、上课，而且还有助于提高他们的专业水平，对他们长远的发展也大有裨益。

二 语文教学指导书的编制要求

编制语文教学指导书，要融汇三种思路：语文教师教学的思路、学生学习语文的思路和教材编者编写教材的思路。

语文教学指导书又叫语文教师教学用书，是供教师教学用的，因此首先要顾及教师教学的思路。我国幅员辽阔，情况复杂，各个地区和学校语文教师的水平差别很大，语文教师教学用书就要面向70%以上的大面积的教师。

教学指导书的主体是课文说明。课文说明的编写就要从教师的实际水平出发。对教师容易把握的课文可以写得简明些，对教师把握起来有难度的课文应该多花笔墨加以讲解。估计到有些教师看不出课文的重点，就要一一指出重点在哪里，并分别加以说明。估计多数教师理解起来有困难的地方，尤其要讲解清楚。例如《杨修之死》一文中曹操性格的复杂性，估计是教师理解这篇课文的难点，因此教学指导书中特地写明："篇末写曹操于败北之际，'方忆杨修之言'，并'厚葬'其尸，是追悔，抑或是故作姿态？从文章中看，似乎两种成分都有：这就是《三国演义》塑造的一世奸雄曹操的为人。"这样，对教师来说，难点就不难了。就像教师的教学是要使学生掌握课文一样，教学指导书这个书面的老师也是要使一线教师掌握课文。课文说明编写者的心目中，应该时时刻刻有教师在。

教学建议的编写也要针对教师的实际需要。一篇课文如何教，可以有各式各样的方法。教师水平高的，有水平高的方法；水平低的，有水平低的方法。教学指导书应该根据大多数教师的水平，设计切实可行的教学建议。可以多设计几种教学方法，适应不同地区和学校的需要，使大多数教师能从中有所得，促进他们的教学。

有关资料的编写也要有的放矢，以教师的需要为原则。教学指导书是帮助教师把握教材、选用教法的，不是培养文学评论家的。一般来说，文学课文的赏析文章，可以有一些，但不宜太多；关于文章的某些问题的争论，可以让教师了解，但不宜介绍过细过繁。教师需要"一桶水"，但要适可而止，因为时间、条件不允许。总之，有关资料能有助于教师把握教材，理解课文的重点、难点和精彩之处，也就达到目的了。

教学指导书中其他部分的编写，应与课文说明、教学建议和有关资料一样，要首先顾及教师教学的思路。

其次，编写教学指导书要重视学生学习语文的思路。语文教学指导书的最终目的，是指导教师教好语文，使学生把语文学好。从最终目的说，编写语文教学指导书应把学生放在第一位。

教学指导书中教学要求、学习重点的确定，就要切合学生的实际。看课文的哪些方面应当作为重点指导学生学习；同时又要兼顾学生的水平，看学生能把课文的哪些东西学到手。

课文说明，固然是为了帮助教师深入钻研课文、把握课文，但也不妨看作是给教师作示范——如何向学生指出课文的重点、难点，对重点如何分析，对难点如何讲解。编写课文说明，不仅要考虑教师的需要，还要考虑站在教师后面的学生的需要。

关于练习，其中的一项内容是指导教师如何引导学生灵活答题。编写这项内容，要先揣摩学生在答题时可能会出现的困难，什么地方容易卡壳，什么地方容易挂一漏万，什么地方容易搞错等，然后指导教师对症下药。

再次，编写教学指导书要融汇教材编写者编写的思路。教学指导书是根据教材内容编写的，主要目的在于帮助教师钻研和掌握教材。因此，要注重阐明教材的编写意图，例如教材编写的指导思想、教材编排的原则、范文的选用标准，乃至练习的设计目的等。例如，义务教育初中语文教科书（人教社1993年版）在编写的指导思想上重视语文的学习、运用与生活的联系；教材的编排，如初中语文第一册以课文表现的生活内容编排单元，八个单元依次为家庭生活、学校生活、社会生活、革命生活、自然景物、经济文化生活、科学世界、想象世界；范文的选取，除文质兼美、适合教学外，还要密切联系生活，反映当前时代的风貌；练习中，联系学生的学习、生活，联系当前"热点"的，占相当比例。这套教材的教学指导书，把这些编辑意图交代清楚，教师就能顺着编者的意图去把握和钻研教材，这比靠自己去摸索、去体味、去归纳，显然能大大提高效率。

语文教学指导书的编写者，要把教师、学生、教材编者三方面的思路有机地融汇在一起。其中，教师的思路为主，学生的思路则是归宿点。语文教学指导书的水平，反映了三方面思路融汇的水平。

三　语文教学指导书的编写类型

比较流行的语文教学指导书，有直接配合教材的，有与教材联系不那么紧密，但也能指导教学的，例如备课手册、教案选、课文分析集等。两种书的编制类型，大致上有下面几种：

（一）提示说明型

该种语文教学指导书会对课文的思想内容、结构层次、写作方法和语言特点作极为简要的提示性说明，对课文的重点和难点作稍为细致的概括说明，使教师既全面又有重点地理解和掌握课文。

例如，《一件小事》中的第一、二、四段是这样提示说明的：

我从乡下跑到京城里，地点。一转眼已经六年了。时间。其间耳闻目睹的所谓国家大事，从反面陪衬"小事"。算起来也很不少；从反面陪衬"一件"。但在我心里，都不留什么痕迹，从反面陪衬"使我至今忘记不得"。倘要我寻出这些事的影响来说，便只是增长了我的坏脾气，——老实说，便是教我一天比一天的看不起人。"国家大事"的影响。从反面陪衬"却于我有意义，将我从坏脾气里拖开"。

提出"很不少"的"国家大事"在心里不留痕迹来从反面陪衬一件小事。

但有一件小事，却于我有意义，用"却"，突出对比作用。这一件小事的所以值得写就在于此。将我从坏脾气里拖开，"拖开"一词有分量。使我至今忘记不得。

转入正题。

…………

　　跌倒的是一个女人，花白头发，衣服都很破烂。写出老女人的阶级地位和处境。伊从马路边上突然向车前横截过来；写明老女人的跌倒不是由于车夫不注意。车夫已经让开道，写明车夫的注意。但伊的破棉背心没有上扣，微风吹着，向外展开，所以终于兜着车把。跌倒的原因。幸而车夫早有点停步，再写明车夫的注意。否则伊定要栽一个大斤斗，跌到头破血出了。跌的程度。下文"料定……并没有伤"的根据。

　　这里吸取了过去文章评点的某些有用的方法，在课文的关键处作了提示性的说明。有人把这种方法比喻为导游率领游客游览，凡是重要的景点，凡是游客自己看不明白的地方，导游都一一加以说明，要言不烦，点到为止，以利于游客在导游的指点下发挥观赏的主动性。

　　如果只是评点，难免显得零碎，因此在全文评点以后，就有一个小结。这小结根据课文的重点、难点和特点，从思想内容、层次结构和语言运用等方面对评点进行归纳和补充，文字力求精要。例如，《小麻雀》的小结：

　　本文叙述了一只带伤的小麻雀又被猫咬伤的遭遇，字里行间洋溢着对被损害的弱小者的深切同情，暗示弱小者应该从小麻雀的遭遇中悟出一点道理，那就是要以抗争求生存。

　　本文的特点是形象逼真，感情真挚，语言生动。

　　形象逼真。由于作者观察极仔细，他具体细致地描写了小麻雀开始时、被猫咬伤后和结局时的外形、动作和神态，特别是它的眼神，把小麻雀的形象写得栩栩如生，楚楚动人。

　　感情真挚。……

　　语言生动。……

　　这么一小结，就有利于教师从整体上把握课文。

（二）疏解分析型

提示说明型的教学指导，一般比较概括，长处是精要，但有时难免失之于笼统粗疏；疏解分析型的教学指导，则要求对课文作比较具体细致的分析。课文是一个综合体，对课文的思想内容和表达形式进行分析，有利于教师，特别是水平较低的教师掌握课文。

叶圣陶、朱自清两位先生撰写的《精读指导举隅》是优秀的教学指导书。书中每篇文章的"指导大概"，就是对文章进行分析。例如欧阳修的《泷冈阡表》，"指导大概"一开始就点出该文意念发展的线索："这篇文字，通体只有一条线索，就是一个'待'字，为什么直到父亲葬了60年，才给他作墓表呢？因为有所等待。为什么要等待？因为作者的母亲说过'有待于汝'的话……"其次分析该文的取材："意念发展的线索既已成立，同时就把取材的范围也规定了。这一篇文字属于碑志类。所谓碑志类，是就它刊刻的方式而言，实际上也就是传记。传记叙述一个人的生平有牵涉得很广的，为什么这一篇仅叙父亲的孝行与仁心两端呢？还有，作者在四岁的时候，父亲就去世了，对于父亲的生平，当然只能间接地从母亲方面得知；但是母亲对于父亲的生平，平日一定琐琐屑屑讲得很多，为什么这一篇仅叙母亲讲到父亲的孝行与仁心的一番话呢？原来作者认为孝行与仁心是父亲的两大'善'，只此两端，就足表见父亲的全貌。……"然后再取归有光的《先妣事略》一文来同该文相比，看出"作者意念发展的线索不同，取材范围也就不一样"。这样层层剖析，如剥茧抽丝，确实能给教师以多方面的启发。此外，"指导大概"还特别着重于文字锤炼的研究，而且往往借研究某篇课文的文字阐发编者某些十分精辟的见解。例如徐志摩的《我所知道的康桥》，虽说是白话文，并且写得风格鲜明，但毕竟文白相糅，不能算是理想的、纯粹的白话文。叶、朱两位在"指导大概"中用大段文字剖析了这一现象，说："本篇里不单是字眼，就是语调也有非白话的，如第九段里的'想象那一流清浅'与第十段里的'更不烦殷勤问讯'两语便是。这两语都是词曲的调子，如果用在词曲里，是很调和的；现在用在白话文里，就不调和了。……这种情形，不只本篇有，初期白话文差不多都有；因为一般作者文言的教养素深，而又没有要写纯粹的白话文的自觉，大都与本篇作者相同。但是，理想的白话文是纯粹的，现在与将来的白话文的写作是要把写得纯粹作目标的。必须知道这两点，才可以阅读初期白话文而不受初期白话文这方面的影响。"对白话文的发展过程及其前景，阐述得既清晰又深刻。

疏解分析型的教学指导，分析课文固然比较具体，但也要讲究突出重点、文字精练，切忌流于烦琐，也要讲究启发性，写法应灵活，切忌形成程式，呆板划一，面目可憎。

（三）分课教案型

教案是教学的实施方案，也称课时计划。一篇教案，大致包括如下项目：教学目的、重点难点、教学时数、课时分配、预习要求、启发诱导的方法步骤、板书设计、教后评等。

教学目的一般包括课文的思想内容、语言文字和写作特点三个方面。例如，钱梦龙老师的《岳阳楼记》教案规定的教学目的是：词语积累（包括"赋"等10个实词、"夫"等5个虚词、"百废俱兴"等14个词组）；句式学习（包括"得无异乎"等三个句式）；学习本文寓情于景、卒章显志的写作特点；了解我国古代进步文人"先天下之忧而忧，后天下之乐而乐"的崇高思想，从而使学生受到教育和感染。第一、二条是语言方面的，第三条是写作方面的，第四条是思想内容方面的。这个教学目的体现了大纲的精神，又突出了课文的特点。

教学的重点难点，应顾及教材的实际和学生的实际。例如，于漪老师的《"友邦惊诧"论》教案把"时代背景——当时错综复杂的形势"作为难点，把"针对谬论层层驳斥；论战性与艺术性的和谐统一"作为重点。这样规定，是结合学生水平和课文特点考虑的。

教学时数，一般教读课文二至三课时，自读课文一课时。教学时数的分配，要使每个课时的容量保持基本平衡。

教学方法，根据教材特点、学生水平和教师教学风格来确定。一般说来，内容相同而体裁不同，或者表达方式不同，或者表现角度不同的课文，采用比较法；抒情性强、语言优美的诗歌、散文，采用朗读法或者背诵法；人物性格鲜明、对话生动的课文，采用分角色朗读法；内容切合学生实际、学生容易对问题产生分歧的课文，采用讨论法；演讲稿、发言稿，采用讲演法；戏剧剧本，采用表演法；等等。教案中不宜硬性规定一种教学方法，要以一种教学方法为主，兼用其他教学方法。

教学步骤，包括预习要求、导入新课、简介作者、检查预习、学生质疑、启发提问、小结、布置作业等项目。预习要求包括阅读课文、查字典了解生字、提出疑难问题等。导入新课力求激发学生学习兴趣，把学生引入良好的学习情境之中，或者从作者，或者从作品背景，或者从课文内容导入。简介作者，一般十分简要，与课文有关的内容可以多说几句。检查预习，是根据预习要求逐项检查。学生质疑，包括学生向教师质疑、学生之间的质疑，教师多多鼓励学生开动脑筋质疑，使学生成为学习的主体。启发提问，在上述几个步骤的基础上，教师作归纳并提出有一定深度的问题。小结，归纳一堂课的内容。布置作业，根据已经讲过的内容和下堂课要讲的内容确定，力求使学生有效地复习旧课并顺利进入新课。

板书设计，一般有明确的目的性、周密的计划性，能体现教材的特点，力求写得端正、醒目、简要。

教后评，是教课之后记录的经验教训或心得体会。于漪老师倡导于课后"静思回味，仔细总结，写下教学后记"，这应是教学过程中不可忽视的工作。

以上是一般教案的大致内容，其中各个项目的粗细详略可以因文而异。

与提示说明型、疏解分析型相比，分课教案型是最具体详尽的教学指导书，对教学条件差的学校的教师最有实用价值。

除上述三种类型的教学指导书外，还有资料摘编型，例如四川教育出版社出版的课文信息集、天津教育出版社出版的课文资料集、华东师大出版社出版的语文课外资料集、天津人民出版社出版的中学课本中鲁迅作品资料汇集，以及广东教育出版社出版的课文分析集等。这些指导书的编者，广为搜集资料，又下了一番分类整理、去粗存精的功夫，集中了当前对语文课文的研究成果，不仅能指导教学，免去教者搜集资料之辛劳，而且对提高教师的业务水平也有重要的意义。

在直接配合教材的提示说明型的教学指导书中，往往也有"有关资料"一项。近几年来，随着这类教学指导书在总体上的不断完善，"有关资料"一项也不断丰富充实起来。例如，《从百草园到三味书屋》的教学指导书的有关资料就包括：作品时代背景介绍；作者鲁迅介绍，重点是少年鲁迅介绍；百草园变化情况介绍；三味书屋变化情况介绍；鲁迅在三味书屋读书情况介绍；课文中提到的动植物介绍；三味书屋的先生寿镜吾介绍；关于"仁远乎哉"等文言句的标点、解释和出处；对课文主题思想的几种不同理解；等等。当然，资料的丰富还要与精要结合起来，文字不能太多。

教学指导书的编制类型，还有一种是辞书手册型，例如上海教育出版社出版的《中学语文教师手册》、人民教育出版社出版的《小学教师之友·语文卷》、陕西人民教育出版社出版的《中学语文教师备课手册》，以及品种繁多的《语文辞典》等。资料摘编型的教学指导书是直接配合教材的，对教师理解和掌握课文十分有用，但与教师的教学不是贴得十分紧。辞书手册型教学指导书，多数是远距离配合语文教学，它旨在提高教师的业务水平，打好教师的语文根底。

至于流行于书店地摊的"读法""写法"之类书籍，从广义来说，也是教学指导书。如果条件许可，教师翻翻也不无益处。

四　语文教学指导书的使用

　　语文教学指导书是供教师教学时作参考用的。因此，使用语文教学指导书有一个前提，就是成竹在胸和目中有人。

　　所谓成竹在胸，就是教师要独立钻研教材，对教材的整体和局部能做到了然于胸。一是通晓语文教材的体系。首先要通晓全套教材，从整体上把握教材的编写意图、编排体系，包括弄清语文教材的结构、类型和体例，了解范文系统、知识系统、作业系统和助读系统的组合方式及纵横联系。其次要精读全册教材，把握单元组合的规律，使每个教学单元的读、写、听、说训练点和语文知识点，联成全册的读、写、听、说训练线和语文知识线。二是在了解全套和全册教材的基础上，深入钻研每篇课文，了解它在教材中所处的地位和在教学中应有的作用。对每篇课文的研究，应包括：逐字逐句理解课文；着重研究每篇课文的重点、特点和难点；对精华段或者重点段的语言作分析；从语言文字中体会思想意义和美的感染；把课文讲读与讲授语文知识，进行听、说、读、写训练适当地结合起来，并确定重点练习。

　　所谓目中有人，就是教师要了解学生——了解学生对语文学科的态度、习惯、兴趣、爱好等；了解学生的语文基础，包括识字数量、阅读速度、使用工具书能力、写笔记能力、分析理解能力、书写能力、写作能力、口头表达能力等；了解学生对每篇课文的疑难问题；了解学生喜欢什么样的教法和学法；了解学生课外学习语文的情况。了解学生，特别要了解学生学习语文的心理特征和认知规律。

在钻研教材和了解学生的基础上，教师就可创造性使用教学指导书，合宜者取，不合宜者舍，把教学指导书加工改造成教师自己的东西。

使用教学指导书，有几个忌讳：

一忌照本宣科。同一篇课文，教什么，怎么教，要根据教师情况、学生水平、教学设备等种种因素来决定。不管三七二十一，拿起教学指导书就照着讲到底，是典型的无的放矢，教学效果绝不会好的。

二忌生搬硬套。教学指导书不等于教师自己制定的教案，它只是供教师在编写教案时作参考。它好像是拐棍，可以帮助教师走路，但不能代替教师走路。教学指导书上的课文分析，不等于教案上的教学内容；教学指导书上的教学建议，不等于教案上的教学方法。再说，教学指导书不见得句句是真理，它本身也在不断修改完善。因此，对教学指导书，只能取其合用的东西，然后经过消化，成为自己的东西。

三忌先入为主。前面说过，要在成竹在胸和目中有人的基础上使用教学指导书。如果倒过来，先看教学指导书，再钻研教材、写教案，就容易先入为主，被教学指导书牵着鼻子走，势必影响教师发挥主动性和积极性，不利于提高教师的业务能力和教学水平，不利于提高教学质量。

四忌故步自封。不要把教学指导书当作终点，在终点上裹足不前；而要把教学指导书当作起点，进行创新和开拓的起点。现在正处于新技术革命时代，传声技术迅猛发展，"说写"技术也已诞生，这都冲击着学校教育。语文教学大变革的局面即将形成。因此，现在比任何时候都需要教师们具有创新精神。

后　记

　　早在20年前，我还没有退休，诗人、杂文家和语文教育家刘国正先生嘱咐我撰写一部《语文教材论》。我一方面因为杂务繁忙，另一方面因为能力有限，迟迟不敢动笔。后来语文教育家顾黄初教授邀我同他合作撰写了《语文教材的编制与使用》《语文课程与语文教材》两本书，这就为我撰写《语文教材论》奠定了基础。与此同时，我撰写、发表了不少语文教育及教材方面的文章，也为我写作《语文教材论》作了准备。到2019年，山东师大曹明海教授为山东教育出版社主编一套"名家论语文丛书"，其中一本《语文教材论》，约请我写。恰逢人民教育出版社总编辑郭戈先生号召我等中语室退休老同志撰写《语文教材论》。于是，我酝酿多年的这部《语文教材论》，终于正式动笔了。

　　撰写的过程十分曲折，先是有其他杂务干扰，后来是因为健康状况欠佳，心有余而力不足。现在终于能够完成这部书稿，要感谢人民教育出版社老领导刘国正先生、新领导郭戈先生，感谢"名家论语文丛书"编委顾之川先生、主编曹明海先生，感谢山东教育出版社教育理论编辑室周红心先生、孙文飞先生。特别是顾之川先生、曹明海先生、周红心先生对我的关心和帮助太多太多了，说一万声感谢也不够。

　　书稿草成，肯定问题不少，诚请大家指正。

顾振彪

2021年3月5日